Markus Vogt, Ivo Frankenreiter (Hg.)

# Mensch werden

Christlicher Humanismus
zwischen Philosophie und Theologie

Schwabe Verlag

Gefördert vom LMU Open Access Fonds.

Open Access: Wo nicht anders festgehalten, ist diese Publikation lizenziert unter der Creative-Commons-Lizenz Namensnennung, Weitergabe unter gleichen Bedingungen 4.0 International (CC BY-SA 4.0)

Bibliografische Information der Deutschen Nationalbibliothek
Die Deutsche Nationalbibliothek verzeichnet diese Publikation in der Deutschen Nationalbibliografie; detaillierte bibliografische Daten sind im Internet über http://dnb.dnb.de abrufbar.

© 2024 Schwabe Verlag, Schwabe Verlagsgruppe AG, Basel, Schweiz
Dieses Werk ist urheberrechtlich geschützt. Das Werk einschließlich seiner Teile darf ohne schriftliche Genehmigung des Verlages in keiner Form reproduziert oder elektronisch verarbeitet, vervielfältigt, zugänglich gemacht oder verbreitet werden.
Abbildung Cover: „Studien für die libysche Sibylle", Michelangelo Buonarroti, Italian, ca. 1511.
Cover: icona basel gmbh, Basel
Layout: icona basel gmbh, Basel
Satz: 3w+p, Rimpar
Druck: CPI books GmbH, Leck
Printed in Germany
ISBN Printausgabe 978-3-7965-5133-8
ISBN eBook (PDF) 978-3-7965-5139-0
DOI 10.24894/978-3-7965-5139-0
Das eBook ist seitenidentisch mit der gedruckten Ausgabe und erlaubt Volltextsuche.
Zudem sind Inhaltsverzeichnis und Überschriften verlinkt.

rights@schwabe.ch
www.schwabe.ch

# Inhalt

*Markus Vogt, Ivo Frankenreiter:* Mensch werden – eine Einführung ..... 7

**Kapitel 1: Quellen des Humanismus**

*Maximilian Forschner:* Die Ethik der Stoa als wegweisendes Erbe
für den Humanismus ............................................. 15
*Volker Gerhardt:* Die Humanität der christlichen Botschaft ............ 25
*Arnd Küppers:* Theozentrischer Humanismus.
Impulse von Jacques Maritain – noch heute relevant? ................ 35
*Amit Kravitz:* „Menschenbild" oder „Menschenbilder"?
Eine mögliche jüdische Deutung ................................... 49

**Kapitel 2: Christlicher Humanismus**

*Ursula Nothelle-Wildfeuer:* „Der Mensch im Mittelpunkt". Das Konzept
des christlichen Humanismus in der Sozialverkündigung der Kirche ..... 59
*Jochen Ostheimer:* Eingebettetes Menschsein. Man apart from nature –
man as part of nature ............................................ 81
*Marianne Heimbach-Steins:* Die Praxis der Menschenwürde –
eine christliche Perspektive ...................................... 99
*Markus Vogt:* Das Christliche Menschenbild als reflexionsbedürftiger
Kompass des Humanismus .......................................... 111

**Kapitel 3: Zukunft des Humanismus**

*Julian Nida-Rümelin:* Plädoyer für eine normative humanistische
Anthropologie ................................................... 133
*Stefan Lorenz Sorgner:* Plädoyer für einen Metahumanismus.
Reflexionen zwischen Trans- und kritischem Posthumanismus ......... 143
*Markus Vogt:* Kritik des Post- und Transhumanismus.
Eine Antwort auch auf Stefan Sorgner .............................. 155
*Alexander Flierl, Kerstin Schlögl-Flierl:* KI, moderne Technik und
menschliche Selbstoptimierung – eine tugendethische Annäherung ..... 171
Verzeichnis der AutorInnen ....................................... 179

# Mensch werden – eine Einführung

*Markus Vogt, Ivo Frankenreiter*

„Was heute, vielleicht dringlicher als je zuvor gebraucht wird, ist *angewandte* Religion, *angewandtes* Christentum – oder, wenn Sie es vorziehen, ein neuer, religiös gefärbter Humanismus, der es sich aggressiv zum Anliegen macht, des Menschen Stand und Zustand auf Erden zu verbessern, während er sich zugleich in ehrender Andacht vor dem Geheimnis verneigt, das am Grunde aller menschlichen Existenz liegt und niemals heraufgehoben werden darf [und wird], weil es heilig ist."[1]

Die 1954 im kalifornischen Exil niedergeschriebene Mahnung von Thomas Mann ist gegenwärtig auf neue Weise aktuell: *Politisch* werden die Unbedingtheit und Universalität des Gedankens der gleichen, unabhängig von Geschlecht, Nation und sozialem Status geltenden Menschenwürde in rechtspopulistischen Debatten und Praktiken vielfach in Frage gestellt. Sie müssen sich in der Migrationsgesellschaft sowie den kontroversen Debatten um Minderheitenschutz und Wokeness neu bewähren.[2] *Religiöse Zugänge* zur Begründung der unbedingten Menschenwürde haben in der zunehmend säkularen Gesellschaft sowie angesichts der mangelnden Umsetzung von Menschenrechten in der Kirche an Plausibilität verloren. Als Mindestbedingung wird von religiösen Positionen gefordert, dass sie pluralitätstauglich sein müssen. *Ökologisch* wird die Fixierung auf den Menschen als anthropozentrischer Gattungsegoismus kritisch betrachtet. Ganz *praktisch* ist humanistisches Denken – um ein weiteres Beispiel zu nennen – durch die Digitalisierung und andere Techniken unter Druck geraten: Eine radikale Erweiterung menschlicher Entfaltungsmöglichkeiten scheint in greifbarer Nähe, die traditionelle Vorstellungen des Menschseins in Frage stellt und von den einen als „Transhumanismus" willkommen geheißen, von den anderen aber heftig abgelehnt wird. Leben wir schon in einer posthumanistischen Zeit?

---

\* Der vorliegende Band geht zurück auf eine Tagung, die im November 2022 an der Katholischen Akademie in Bayern unter dem Titel „Mensch werden. Ausgangspunkte – Grundlagen – Entwicklungen" stattfand. Ein Teil der Vorträge wurde bereits in der Akademiezeitschrift „zur debatte" (1/2023) veröffentlicht und für die Buchpublikation nochmals überarbeitet; wir danken Stefanie Siemens, Lisa Riller und Cecille Müller für die Unterstützung beim Korrekturlesen und Aufbereiten der Beiträge.
1 Mann 1986, 791.
2 Zur Wokeness-Debatte vgl. Marguier/Krischke 2023.

Soll der Humanismus, der die Geschichte Europas sowie die Ethik der Vereinten Nationen ganz wesentlich geprägt hat, für die Zukunft bewahrt und im Blick auf die kritischen Anfragen weiterentwickelt werden, muss er sich neu seiner Grundlagen, Kontexte und Herausforderungen vergewissern. Die in ihm wirksam gewordene Synthese zwischen theologischen und philosophischen Zugängen wird nur dann Bestand haben, wenn sie heute unter veränderten Bedingungen neu ausgelotet und interreligiös erweitert wird. Der vorliegende Band begibt sich auf eine Spurensuche hierzu, wobei er sich bewusst auf einige Tiefenbohrungen beschränkt, die von exemplarischer Bedeutung für Christliche Sozialethik in pluraler Gesellschaft sind. Methodisch wird dabei das Konzept der „Öffentlichen Theologie" angewendet, das traditionsbewusst, in Bezug auf religiöse und säkulare Ausdrucksformen zweisprachig, sachgerecht, mit globalem Horizont und in Bezug auf praktische Herausforderungen des Zusammenlebens kritisch-konstruktiv zu sein beansprucht.[3]

Die anthropologische Frage, was es heißt, Mensch zu sein, ist grundlegend für jede Ethik: Die Antwort auf die Frage, was wir tun sollen, hängt ab von der Vorstellung, wer wir sind und was gelingendes Menschsein ausmacht.[4] Dabei ergibt sich eine paradoxe Erfahrung. Das Menschsein ist uns zugleich vorgegeben und aufgegeben: Wir sind von Anfang an Menschen und doch zugleich ein Leben lang unterwegs zu uns selbst. Wir sind ein „uneingelöstes Versprechen"[5]. Einerseits spiegelt die von jüdischer Seite bisweilen als höchstes Prädikat zu hörende Anerkennung „Er war ein Mensch" die ethische Erfahrung, dass das ganz Einfache manchmal das Allerschwerste ist: menschlich handeln. Andererseits sind es nicht besondere Leistungen oder eine hervorgehobene soziale Stellung, die unsere Würde ausmachen, sondern das schlichte Menschsein. Die Gleichheit als Mensch ist grundlegend und vorrangig. Was es jedoch heißt, menschlich zu handeln, muss stets neu gegen vielfältige Verführungen und Systemzwänge gesucht und verteidigt werden.

Die Idee der unbedingten Würde des Menschen gehört zu den prägenden Merkmalen der europäischen Kultur. Auch wenn ihre menschenrechtliche Konkretion eher gegen die Kirche als von dieser erkämpft wurde, gilt sie heute als Kern christlicher Sozialethik. Sie ist die Grundlage der liberalen Demokratie. Seit einigen Jahren ist der universale Anspruch der Menschenrechte jedoch philosophisch und politisch umstritten. Sie stehen in einem engen Zusammenhang zum Vorrang der Freiheit und des methodischen Individualismus, der dem westlichen Zivilisationsmodell zugrunde liegt. Manche außereuropäischen und posthumanistischen Perspektiven sehen darin die Wurzel einer selbstfixierten Egozentrik sowie einer Dynamik ökosozialer Selbstzerstörung. Haben wir die

---

3 Vgl. Bedford-Strohm 2008, 349–351 sowie Vogt/Schäfers 2021.
4 Honnefelder 2007.
5 Biser 1995.

Einbettung des Menschlichen in Natur und Kultur vergessen? Über eingebettetes Menschsein schreibt *Jochen Ostheimer*.

Bei all dem ist freilich zu beachten, dass der Humanismus nicht ohne einen Rückgang auf seine Wurzeln in der antiken Philosophie erfasst werden kann. Über die Ethik der Stoa als prägendes Erbe für den europäischen Humanismus denkt *Maximilian Forschner* nach. Den ersten Entwurf einer über den binnenkirchlichen Raum hinaus politikfähigen christlichen Ethik hat Lactanz, der Berater und Erzieher am Hof von Kaiser Konstantin war, an der Schwelle zum 4. Jahrhundert formuliert. Sein Ansatz ist die Synthese biblischer Tradition mit dem von Cicero übernommenen Humanitätskonzept. Dieses verpflichtet auf Menschenliebe, Toleranz, Frieden und Vernunft. Wie die Spannungseinheit christlicher und humanistischer Tradition im Sinne von zwei sich wechselseitig beobachtenden und bereichernden Perspektiven im 21. Jahrhundert gedacht und gegen floskelhafte Entleerungen verteidigt werden kann, skizziert *Volker Gerhardt*. In Anknüpfung an zeitgenössische Philosophie plädiert *Julian Nida-Rümelin* für eine normative humanistische Anthropologie. Er versteht diese als Basis einer praktischen Philosophie mit universalem Horizont.

Im Schatten des Personprinzips blieb der Humanismus bisher ein Stiefkind in der systematischen Reflexion der Christlichen Sozialethik. Wenn jedoch das Personprinzip vom Humanismus losgelöst wird, steht das ganze Fach auf wackeligen Beinen. Denn wegweisend sind nicht substanzontologische Aussagen über das vermeintlich unveränderliche Wesen des Menschen, sondern die humanwissenschaftlich zu erforschende Unbeliebigkeit menschlichen Seinkönnens.[6] Für die Katholische Soziallehre fruchtbar gemacht hat den Humanismus insbesondere Jacques Maritain, der für entsprechende Passagen in der Pastoralkonstitution *Gaudium es spes* von 1965 Pate stand. Dazu fasst *Arnd Küppers* aus sozialethischer Sicht zentrale Gedanken sowie Aspekte der Wirkungsgeschichte Maritains zusammen. Zuvor lotet *Ursula Nothelle-Wildfeuer* aus, wie tragfähig und eventuell erweiterungsbedürftig das Konzept des christlichen Humanismus ist, das seit Johannes Paul II. als Markenzeichen der katholischen Soziallehre gilt. Inwiefern die damit verbundenen Ansprüche an eine angemessene Praxis der Menschenwürde gerade heute häufig nicht eingelöst werden, wird von *Marianne Heimbach-Steins* beleuchtet.

Christliche Spiritualität ist nicht durch den Aufstieg zu elitärem Menschsein und einer abgesonderten, rein geistigen Gottesnähe gekennzeichnet, sondern durch den Abstieg Gottes bis in die Armut und Abgründe des Menschlichen, symbolisiert durch den Stall an Weihnachten sowie das Kreuz am Karfreitag. Das Nachdenken über Gott ist auf den Weg des Nachdenkens über

---

[6] Zur geschichtlichen und naturalen „Unbeliebigkeit" menschlicher Normativität und dem ethisch-systematischen Verständnis einer Ethik, die auf Geschichte und Natur Bezug nimmt, ohne sich als Ableitung aus deren Vorgaben zu verstehen, vgl. Korff 1985, 62–112.

die Rätsel, Widersprüche und Hoffnungen des Menschseins verwiesen. Theologie im Zeichen der Inkarnation ist ein Versuch, besser zu verstehen, was es heißt, Mensch zu sein und human zu handeln. Franz Kamphaus drückt dies in einem Weihnachtswunsch kurz und bündig so aus: „Mach's wie Gott, werde Mensch." Ebenso prägnant bringt Mouhanad Khorchide den „neuen islamischen Humanismus" auf den Punkt: „Gott glaubt an den Menschen"[7]. *Amit Kravitz* betont in besonderer Weise den Partikularismus der jüdischen Anthropologie, der nicht zuletzt als Schutz von kontextgeprägter und pluraler Vielfalt fungiert. *Markus Vogt* skizziert einige Merkmale des christlichen Menschenbildes und seiner gesellschaftspolitischen Bedeutung. Angesichts der Tatsache, dass dieses häufig als Grundlage der Katholischen Soziallehre und Ethik apostrophiert wird, ist es erstaunlich, wie wenig systematische Reflexion es hierzu gibt.

Eine weitreichende Infragestellung sowohl des säkularen wie des von den abrahamitischen Religionen geprägten Humanismus ergibt sich derzeit aus der Digitalisierung: Wesentliche Elemente dessen, was klassisch als Rationalität definiert wird, können heute von Künstlicher Intelligenz (KI) effektiver geleistet werden als vom menschlichen Gehirn. Sind wir evolutionär betrachtet nur eine Zwischenstufe in der Entwicklung höherer Formen von Intelligenz? Wird die Menschheit künftig von einer kleinen Elite, die sich der KI bedient, beherrscht werden? Werden dadurch – wie Yuval Harari meint[8] – die sozialen Ideale des Humanismus technisch unterlaufen? In das spannungsreiche Themenfeld des Post- und Transhumanismus führt *Stefan Sorgner* ein. Mit der These, dass die radikale Infragestellung des Humanismus im Namen einer vermeintlich freiheitlich-liberalen Ethik voller Selbstwidersprüche ist, antwortet *Markus Vogt* darauf kritisch. *Kerstin Schlögl-Flierl* und *Alexander Flierl* ergänzen die ethische Auseinandersetzung zu den neuen technischen Möglichkeiten durch eine tugendethische Annäherung an KI, moderne Technik und menschliche Selbstoptimierung.

Insgesamt entsteht so das Panorama eines „religiös imprägnierten Humanismus", dessen Verhältnis zum Christentum asymmetrisch ist: Wer für sich in Anspruch nimmt, Christ*in zu sein, ist sozialethisch auf den Weg des (stets weiterzuentwickelnden) Humanismus verwiesen. Man muss aber keineswegs notwendig Christ*in sein, um sich humanistischen Werten verpflichtet zu wissen. Der Humanismus entzieht sich einer christlichen oder religiösen Vereinnahmung. Er ist begründungsoffen, nur so kann er seine universale Bedeutung als friedensstiftende Brücke zwischen den Kulturen und Religionen wahrnehmen. Humanistische Ethik und Religion sind zwei voneinander unabhängige Größen, die sich gerade so wechselseitig kritisch beobachten und bereichern können. Sie zwingen sich gegenseitig zu einem unablässigen Lernprozess der „Revolution

---

7 Khorchide 2015. Ein Beitrag von Mouhanad Khorchide in diesem Band war vorgesehen, konnte aber leider aus persönlichen Gründen nicht realisiert werden.
8 Vgl. Harari 2017, 377–473.

zum Humanen"[9]. Menschsein vollzieht sich als ein nie zum Ende kommender Prozess des Menschwerdens.

## Literaturverzeichnis

Bedford-Strohm, Heinrich (2008): „Öffentliche Theologie in der Zivilgesellschaft", in: Gabriel, Ingeborg (Hg.): Politik und Theologie in Europa: Perspektiven ökumenischer Sozialethik, Ostfildern, 340–357.

Eugen Biser (1995): Der Mensch – das uneingelöste Versprechen: Entwurf einer Modalanthropologie, Düsseldorf.

Harari, Yuval (2017): Homo Deus: Eine Geschichte von morgen, München.

Honnefelder, Ludger (2007): Was soll ich tun, wer will ich sein? Vernunft und Verantwortung, Gewissen und Schuld, Berlin.

Khorchide, Mouhanad (2015): Gott glaubt an den Menschen: Mit dem Islam zu einem neuen Humanismus, Freiburg i. Br.

Korff, Wilhelm ($^2$1985): Norm und Sittlichkeit: Untersuchungen zur Logik der normativen Vernunft, Freiburg i. Br.

Mann, Thomas (1986): „Ansprache vor der unitarischen Kirche" (1951), in: Ders.: An die gesittete Welt: Politische Schriften und Reden im Exil, Frankfurt a. M, 788–792.

Marguier, Alexander/Krischke, Ben (Hg.) (2023): Die Wokeness-Illusion: Wenn Political Correctness die Freiheit gefährdet, Freiburg i. Br.

Vogt, Markus/Schäfers, Lars (2021): Christliche Sozialethik als Öffentliche Theologie (Kirche und Gesellschaft 480), Köln.

---

[9] Korff 1985, 179–188.

# Kapitel 1: Quellen des Humanismus

# Die Ethik der Stoa als wegweisendes Erbe für den Humanismus

*Maximilian Forschner*

## 1. Genuin stoische Prinzipien einer humanistischen Ethik

Die Ethiken des Hellenismus sind erstmals in der abendländischen Geschichte *universalistische* Ethiken. Dies besagt: Sie setzen nicht mehr den begrenzten rechtlichen Rahmen, die spezielle Tradition und die tägliche sittliche Erfahrung des griechischen Stadtstaates voraus. Und sie konzentrieren sich nicht mehr auf Tugenden, die ihre Überzeugungskraft aus den Evidenzen des Polis-Lebens beziehen. Ferner unterscheiden sie in ihren Zielen, Forderungen und Empfehlungen nicht mehr zwischen Griechen und Fremden, Vornehmen und Gemeinen, Freien und Sklaven, Reichen und Armen, Männern und Frauen.

Die stoische Philosophie enthält wesentliche Prinzipien einer *humanistischen* Ethik. Keine andere philosophische Schule hat die ethische und politische Tradition der Westlichen Welt über Spätantike, Mittelalter, Renaissance und Aufklärung dahingehend so beeinflusst wie die Stoa. Sie legt den philosophischen Grund für den Gedanken der Gemeinschaft aller Menschen: Sie entwickelt die Idee der Welt als einer *Kosmopolis,* als einer politischen Gemeinschaft von Göttern und Menschen, konstituiert und geleitet von Gesetzen der Natur als Gesetzen göttlicher Vernunft, einer Vernunft, die in ihrer Struktur und ihrem normativen Anspruch wesensgleich sein soll mit menschlicher Vernunft. Sie entwickelt die Idee der Würde des Menschen auf der Grundlage seines *Logos,* d. h. der Fähigkeit, in Sätzen und Satzzusammenhängen zu sprechen, zu argumentieren, sich zu sich selbst zu verhalten, seinen Charakter zu formen, sich selbst zu kontrollieren, sich selbst Ziele zu setzen und diese Fähigkeit im Anderen zu respektieren. Sie entfaltet den Gedanken der moralischen Entwicklung der menschlichen Person, beginnend mit einer Phase, die äußerlich dem Leben eines höheren Tieres ähnlich ist, innerlich aber von keimender Vernunft (σπερματικὸς λόγος) geleitet wird, übergehend in eine Phase verantwortlicher Mündigkeit und (der Möglichkeit nach) sich vollendend im Status eines Weisen (σοφός), der lebt und sich versteht als ein sterblicher Gott, in völliger willentlicher Übereinstimmung mit der Natur und der göttlichen Organisation und Verwaltung der Welt. Diese Theorie der moralischen Entwicklung legt den Grund für die Anerkennung der Grade und Phasen des menschlichen Lebens in ihrem eigenen Recht. Sie liefert auch den Begriff des Gewissens (συνείδεσις, *conscientia*) als dem moralischen Selbstbewusstsein des sittlich Vorankommenden (προκόπτων), der zunehmend sich selbst auf dem Weg zum vernünftig denkenden und handelnden Wesen weiß und darin sich schätzt und liebt, der sich selbst aber zugleich vom Zustand der Vollendung entfernt erfasst und kritisch beurteilt.

Diese Gedanken, auf die ich mich im Folgenden konzentriere, machen den systematischen Gehalt der stoischen Oikeiosis-Lehre aus. Die bevorzugten Quellen der Rekonstruktion dieser Lehre finden sich bei Cicero, *De finibus bonorum et malorum* (III, 16-21; 62-68), Diogenes Laërtius, *Leben und Meinungen berühmter Philosophen* (VII, 85-86), und in der *Ethischen Elementarlehre* des Hierokles, einem stoischen Autor des 2. nachchristlichen Jahrhunderts. Den philosophisch prägnantesten Text bietet Cicero durch seinen stoischen Sprecher Cato.

## 2. Das stoische Bild der Entwicklung des Menschen zu wahrer Humanität

Die Argumentation Catos, die empirische und metaphysische Gesichtspunkte miteinander verbindet, erfolgt in deutlich markierten Stufen. Sie setzt ein mit der Geburt eines Sinnenwesens.[1] Aus der Beobachtung seiner ersten Regungen und Bewegungen glaubt die Stoa zu dem Schluss berechtigt zu sein, „dass die Kleinen, ehe Lust oder Schmerz sie gerührt hat, nach Zuträglichem verlangen und Gegenteiliges abweisen".[2] Ihr primäres Ziel sei dabei ganz offenkundig, sich selbst in ihrer naturgegebenen Verfassung zu erhalten und zu bewahren.[3] Das fundamentale Bestreben beruht auf der Voraussetzung, dass das Neugeborene sich selbst wahrnimmt und dadurch und darin sich selbst mag.[4] Diese ursprüngliche Selbstliebe sei ihrerseits auf eine Einrichtung der (All-)Natur zurückzuführen: Sie hat die Lebewesen sich selbst befreundet und sich zur Erhaltung anempfohlen.[5]

Die zweite Stufe folgt dem Verlauf einer natürlichen Entwicklung des Lebewesens, speziell der Entwicklung des Menschen bis zur vollendeten Sittlichkeit. Sie spielt auf der Ebene einer Selbstliebe, die sich auf die Erhaltung und artgemäße Entfaltung des eigenen Seins, die Sicherung des diesem Zuträglichen und die Abwehr des diesem Schädlichen zentriert. Tätigkeiten, die diesem Ziel entsprechen, nennen die Stoiker „zukommend (καθῆκον)" bzw. „passend" oder „angemessen". Cicero übersetzt καθῆκον mit *officium*. Was bei Tieren auf angemessene Weise instinktiv bzw. aufgrund natürlicher, assoziativer Lernprozesse „von

---

1   *De fin.* III, 16: *simulatque natum sit animal.*
2   *De fin.* III, 16: *quod ante, quam voluptas aut dolor attigerit, salutaria appetant parvi aspernenturque contraria.*
3   *De fin.* III, 16: *ad se conservandum.*
4   *De fin.* III, 16: *fieri autem non posset, ut appeterent aliquid, nisi sensum haberent sui eoque se diligerent.*
5   *De fin.* III, 16: *[animal] ipsum sibi conciliari et commendari ad se conservandum.*

selbst" geschieht, ist beim Menschen sprachlich vermittelt und geschieht irgendwann durch bewusste Wahl und Abwahl (*inventa selectio [et reiectio]*), einer Wahl, die mit zunehmender Mündigkeit dann im selbständigeren Blick auf Passendes bzw. Unpassendes getroffen wird (*cum officio selectio*).[6] Die Wahl ist ergebnisorientiert. Sie zielt zunächst in undistanzierter Weise auf die Erhaltung des Lebens sowie auf das Erreichen und Sichern seiner wichtigen naturgemäßen Güter.[7] Diese Form bewusster, verantwortlicher Wahl steigert sich zu immer größerer Selbständigkeit, Rationalität und Konstanz bis zu jenem äußersten Punkt, an dem schließlich das vernunftfähige Subjekt sich in der Weise des Verfolgens, Umgangs und Gebrauchs der Güter in vollendeter Übereinstimmung mit der Natur weiß und fühlt. Erst von diesem Punkt ab, nicht vorher, ist der Stand veritabler Sittlichkeit erreicht, ein Stand, in dem erkannt wird, was wahrhaft gut und schlecht und was nur relativ gut und schlecht ist.[8]

Der Punkt markiert einen Umschlag in eine andere Lebensweise. War zunächst Selbst- und Arterhaltung deren unbedingtes Ziel, ist es jetzt, auf der dritten Stufe, vollkommene Übereinstimmung (ὁμολογία, *convenientia*) mit der (All-)Natur und (dadurch auch) mit sich selbst. Im Vergleich zu ihr relativiert sich der Wert der lebenserhaltenden – und -fördernden – Güter; sie sind und bleiben zwar vorzugs- und schätzenswert, doch sie sind nicht gut im eigentlichen, uneingeschränkten Sinn, und werden denn auch nicht so behandelt. Ermöglicht wird diese Lebensweise durch verschiedene Faktoren und Schritte. Man muss zum einen zu intuitiver Prinzipienerkenntnis (*intelligentia*) befähigt sein und über den Begriff (*notio*) bzw. ein Begriffsnetz zu adäquater Selbst- und Welterkenntnis verfügen. Man muss zum anderen auf sich selbst und die (bereits erzielte ebenso wie aufgegebene) Ordnung seines der Natur gemäßen Handelns reflektieren. Sieht man nun die Ordnung der Dinge, die man getan hat und die es zu tun gilt (*rerum agendarum ordinem*),[9] kommt man durch intuitive Einsicht und vergleichendes Überdenken (*cognitione et ratione colligere*) zu dem Ergebnis, dass man diese Ordnung viel mehr schätzt und liebt als die Güter, dass demnach das höchste Gut nicht im Erreichen naturgemäßer Güter, sondern in der Übereinstimmung mit der Natur liegt; dass das kraft seiner Würde unbedingt zu Lobende und Erstrebenswerte, die sittlich guten Taten und das sittlich Ehrbare und Ehrenvolle (*honeste facta et ipsum honestum*), eben genau darin besteht, dass man mit der (All-)Natur und so auch mit sich selbst übereinstimmt. Während die erste Befreundung (*prima conciliatio*), die die Natur stif-

---

6   *De fin.* III, 20.
7   *De fin.* III, 22: *ut adipiscamur principia naturae*.
8   *De fin.* III, 20: *qua inventa selectione et item reiectione sequitur deinceps cum officio selectio, deinde ea perpetua, tum ad extremum constans consentaneaque naturae, in qua primum inesse incipit et intellegi, quid sit, quod vere bonum possit dici*.
9   Das Gerundiv bedeutet hier beides.

tet, der empirischen Selbstliebe des Subjekts und seiner leiblich-seelisch guten Verfassung galt, gilt nun die zweite Befreundung, die die erste überformt und relativiert, der geistigen Selbstliebe, der unbedingten Liebe des Subjekts zu seiner Vernunft und der Vernunftqualität seines Handelns.[10] Dieses, unsere rechte Vernunft und die Vernunftqualität unseres Denkens, Fühlens, Strebens und Handelns wird an ihm selbst, aufgrund seiner eigenen Kraft und Würde, nunmehr als absolut gut und einzig unbedingt erstrebens- und schätzenswert erfahren.[11] Aus der eigenartigen Struktur dieser selbstbezogenen Vernunftliebe im sittlich Voranschreitenden, aus der beglückenden Zufriedenheit über eigene gute Handlungen und der bedrückenden Unzufriedenheit über den eigenen noch defizienten Zustand im Blick auf das Ziel und das, was es zu tun gilt, entwickelt die Stoa den Begriff des sich selbst prüfenden und beurteilenden Gewissens.[12]

Die erste Stufe, jene, die der Mensch (in Vielem) mit allen Sinnenwesen teilt, ist vom Trieb zur Selbsterhaltung und Selbstentfaltung bestimmt. Er kann allerdings nicht, wie Epikur dies sah, als ausschließlich selbstbezogen verstanden werden. In der eigenen Verfassung sind Tendenzen des Geneigtseins zu Anderen, des Wohlwollens für sie und der Sorge um sie mitgegeben. Der lebende Organismus ist naturwüchsig auf Fortzeugung aus. Es wäre widersinnig, „wenn die Natur die Zeugung beabsichtigte, und um das Geliebtwerden des Gezeugten sich nicht kümmerte"[13]. Die von der Natur gestiftete Zuneigung betrifft also nicht nur das eigene Sein, sondern (etwa) auch das der eigenen Nachkommenschaft. Wenn wir, so der Sprecher Cato, die Anstrengung der Tiere beim Gebären und Aufziehen der Jungen beobachten, so glauben wir die Stimme der Natur selbst zu vernehmen.[14] Bei „sozialen" Tieren ist das Geneigtsein zu Anderen auf Paare und Gruppen begrenzt, beim Menschen weitet es sich seiner spezifischen sozialen Natur gemäß (über immer größere Gruppen) auf alle Menschen aus. Den ersten von Cato angeführten Kreis bildet die Liebe der Eltern zu ihren Kindern,

---

10 *De fin.* III, 21: *prima est enim conciliatio hominis ad ea, quae sunt secundum naturam. simul autem cepit intelligentiam vel notionem potius, quam appelant ἔννοιαν illi, viditque rerum agendarum ordinem et, ut ita dicam, concordiam, multum eam pluris aestimavit quam omnia illa, quae prima dilexerat, atque ita cognitione et ratione collegit, ut statueret in eo collocatum summum illud hominis per se laudandum et expetendum bonum, quod cum positum sit in eo, quod ὁμολογίαν Stoici, nos appellemus convenientiam, si placet, – cum igitur in eo sit id bonum, quo omnia referenda sint, honeste facta et ipsum honestum, quod solum in bonis ducitur, quamquam post oritur, tamen id solum vi sua et dignitate expetendum est.*
11 *De fin.* III, 34: *hoc autem ipsum bonum [...] propria vi sua et sentimus et appellamus bonum.*
12 Vgl. dazu Forschner 2020.
13 *De fin.* III, 62: *neque vero haec inter se congruere possent, ut natura et procreari vellet et diligi procreatos non curaret.*
14 *De fin.* III, 62: *quarum in fetu et in educatione laborem cum cernimus, naturae ipsius vocem videmur audire.*

den letzten und umfassenden die Liebe zu allen Menschen. Die eine wie die andere Einstellung erwachse einer von der Natur erbrachten Empfehlung (*naturalis commendatio*).[15]

Den von der Natur gestifteten Verhaltensdispositionen in Gruppen ist nun dies gemeinsam, dass das einzelne Lebewesen zu Tätigkeiten tendiert, deren Ziel das nur ihm Dienliche übersteigt, zu Tätigkeiten, die auch den Anderen, die primär dem Bestand und Wohl der Gruppe zugutekommen, ja, die „altruistisch" bis zum Einsatz und Opfer des eigenen Lebens gehen können.[16] Cato bzw. die Stoa spricht dem Menschen eine Neigung gegenüber allen Menschen zu, die (wie auch immer vermittelt) aus der natürlichen Neigung zu den von uns Gezeugten erwächst: „Daraus entspringt der Sachverhalt, dass auch eine gemeinsame natürliche Empfehlung der Menschen untereinander besteht, sodass ein Mensch von einem Menschen eben deshalb, weil er ein Mensch ist, nicht als ein Fremder angesehen werden darf."[17]

Dieser letzte Satz markiert den Übergang aus einer natürlichen Prädisposition in eine sittliche Einstellung. Viel enger noch als Ameisen und Bienen seien Menschen einander verbunden. Diese enge Verbindung entspringt der allen gemeinsamen Vernunftfähigkeit, die hier zwar nicht genannt, jedoch der Stoa selbstverständlich ist. Deshalb, so Cato, „sind wir von Natur zu Zusammenkünften, Vereinigungen, bürgerlichen Gemeinschaften hin ausgerichtet."[18] Die natürliche Ausrichtung wandelt sich im mündigen Menschen zu einem sittlichen Anspruch (*ut oporteat*).[19] Der Anspruch ist vernunfterzeugt und universalistisch. Er konkretisiert sich in der Vorstellung von der Welt als einer umfassenden Kosmopolis, als einer gemeinsamen Wohnstadt und politischen Bürgergemeinschaft von Göttern und Menschen, in der jeder einzelne Mensch ein Teil dieser Polis ist, einer Polis, die vom Willen der Götter regiert wird.[20] „Wäre dem nicht so, dann gäbe es keinen Ort für Gerechtigkeit und sittliche Güte."[21] Im Verhältnis des Einzelnen zum gesamten Menschengeschlecht sei gewissermaßen das *ius ci-*

---

15 Vgl. *De fin.* III, 63.
16 *De fin.* III, 63: *aliorum etiam causa quaedam faciunt.*
17 *De fin.* III, 63: *ex hoc [sc. der Liebe zum Gezeugten] nascitur ut etiam communis hominum inter homines naturalis sit commendatio, ut oporteat hominem ab homine ob id ipsum, quod homo sit, non alienum videri.*
18 *De fin.* III, 63: *itaque natura sumus apti ad coetus, concilia, civitates.*
19 *De fin.* III, 63.
20 *De fin.* III, 64: *mundum autem censent regi numine deorum, eumque esse quasi communem urbem et civitatem hominum et deorum, et unum quemque nostrum eius mundi esse partem.*
21 *De fin.* III, 66: *quod ni ita se haberet, nec iustitiae ullus esset nec bonitati locus.*

*vile* in Kraft und Geltung; der sei gerecht, der es befolge, der werde ungerecht, der von ihm abweicht.[22]

Diese Bande des Rechts bestünden (nach Chrysipp) zwischen den Menschen, nicht aber zwischen Mensch und Tier. „Alles andere sei der Menschen und Götter wegen geboren, diese aber um ihrer eigenen Gemeinschaft und Partnerschaft willen; deshalb könnten die Menschen die wilden Tiere zu ihrem Nutzen verwenden, ohne ein Unrecht zu begehen".[23] Weil wir um der gesellig-solidarischen Gemeinschaft willen da sind, (die selbstverständlich die künftigen Generationen mit umfasst,)[24] ergibt sich aber auch „von Natur aus, dass wir den gemeinschaftlichen Nutzen unserem eigenen voranstellen. Wie nämlich die Gesetze das Wohl und Heil aller dem der einzelnen voranstellen, so sorgt sich ein tüchtiger und weiser Mann, der gesetzestreu und seiner Bürgerpflicht bewusst ist, um den Nutzen aller mehr als um den eines Einzelnen oder seinen eigenen."[25]

## 3. Die Stoa über das Gute und die Güter

Das Kerndogma stoischer Ethik lautet, dass nur das sittlich Gute (*honestum*) gut (*bonum*) sei,[26] dass nichts außer der Tugend zu den (wahren) Gütern zu rechnen sei,[27] dass nur die Tugend und nichts weiter das Glück des Menschen bewirke.[28] Dies besage jedoch nicht, so Cato, dass alles, was im außermoralischen Sinn üblicherweise als gut und schlecht gilt (wie etwa Gesundheit bzw. Krankheit, Wohlstand bzw. Armut, guter bzw. schlechter Ruf, Ruhm, Macht und Einfluss bzw. Ohnmacht, Vernachlässigt- und Vergessen-Sein etc.) von der Stoa als vollkommen gleichgültig und irrelevant betrachtet und behandelt wird. Gewiss ist die stoische Haltung zu Besitz und Verlust dieser „Güter" und „Übel" des Lebens von entspannter Gelassenheit und gleichmütiger Distanz geprägt: Nichts von al-

---

22  *De fin.* III, 67: *quoniam ea natura esset hominis, ut ei cum genere humano quasi civile ius intercederet, qui conservaret, eum iustum, qui migraret, iniustum fore.*
23  *De fin.* III, 67: *cetera nata esse hominum causa et deorum, eos autem communitatis et societatis suae, ut bestiis homines uti ad utilitatem suam possint sine iniuria.*
24  Vgl. *De fin.* III, 64.
25  *De fin.* III, 64: *ex quo illud natura consequi, ut communem utilitatem nostrae anteponamus. Ut enim leges omnium salutem singulorum saluti anteponunt, sic vir bonus et sapiens et legibus parens et civilis officii non ignarus utilitati omnium plus quam unius alicuius aut suae consulit.*
26  *De fin.* III, 11: *nihil aliud in bonis habere nisi honestum; De fin.* III, 26: *id est ut, quod honestum sit, id solum bonum iudicemus; De fin.* III, 39: *constituto autem illo [...], quod honestum esset, id esse solum bonum;* vgl. *De fin.* III, 50; IV, 45; 68.
27  *De fin.* III, 10: *nihil praeter virtutem in bonis ducere.* Hier ist von „Gütern" die Rede, die man „wahrlich Güter nennen kann", vgl. *De fin.* III, 43.
28  *De fin.* III, 11: *beatam vitam virtute effici.*

ledem sei als Mittel oder seiner selbst wegen *auf unbedingte Weise* zu erstreben bzw. zu meiden oder zu beklagen.[29] Nichts von alledem, was uns in irgendeiner Weise zufällt und vom „Zufall" genommen werden kann, d.h. nichts von alledem, dessen wir nicht jederzeit uneingeschränkt mächtig sind, vermag das einmal erreichte Glück des Weisen zu mindern oder zu steigern.[30] Doch Tugend besteht gerade im vernünftigen Verhältnis zu und im vernünftigen, situationsgerechten Umgang mit diesen „Gütern" und „Übeln" des Lebens. Sie sind der Stoff bzw. das Material, in dem sie sich in der Zeit ihren Ausdruck verschafft.[31] Menschliche Weisheit und Klugheit zeigen und bewähren sich in der wissensgestützten Auswahl bzw. Abwahl dessen, was der Natur des Menschen in seiner Lage und Situation „gemäß" und „zuwider" ist.[32]

Dabei ist die Wahl allemal zurück zu beziehen auf die ursprünglichen, unverdorbenen Regungen unserer Natur, zu denen die (All-)Natur uns disponiert hat.[33] Wir nehmen ihre Ziele, die naturgemäßen „Güter" an (*sumere*),[34] wenn sie sich uns als Ergebnis vernünftigen ergebnisorientierten Handelns bieten; wir ziehen sie ihrem entsprechenden Gegenteil vor (*ante-* bzw. *praeponere*),[35] wenn uns die Wahl offensteht; wir suchen sie unter Aufbietung unserer Kräfte zu erreichen und zu sichern, wenn die Situation es erlaubt; doch wir erstreben sie nicht absolut (*expetere*, bzw. *appetere*),[36] sondern mit innerem Vorbehalt, sodass das mögliche unverschuldete Scheitern unseres Bemühens uns nicht beunruhigt oder trifft; wir schätzen sie (*aestimare*), wenn wir sie besitzen, jedoch mit gebotener Distanz und Reserviertheit (*cum aestimatione mediocri*),[37] sodass ihr jederzeit möglicher unverschuldeter Verlust uns nicht zu erschüttern vermag.

Der Ziele bzw. Güter dieser naturgemäßen Regungen sind wir intuitiv bewusst. Cato bemüht (mehr implizit als explizit) für den Aufweis der Intuitionen eine überzeugende stoische Argumentationsfigur, die Fiktion einer isolierten Wahlsituation, die uns unter *Ceteris-paribus*-Bedingungen vor die Wahl von Al-

---

29  *De fin.* III, 21: *eorum autem, quae sunt prima naturae, propter se nihil est expetendum.*
30  Vgl. *De fin.* III, 29: *omnia, quae cadere in hominem possint, despicere ac pro nihilo putare [...], infra se omnia humana ducens.*
31  *De fin.* III, 61: *estque illa subiecta quasi materia sapientiae.*
32  Vgl. *De fin.* III, 12; III, 50; III, 31: *relinquitur ut summum bonum sit vivere scientiam adhibentem earum rerum, quae natura eveniant, seligentem quae secundum naturam et quae contra naturam sint reicientem, id est convenienter congruenterque naturae vivere.* Vgl. IV, 46; 69.
33  Vgl. *De fin.* III, 22–23.
34  Vgl. *De fin.* IV, 20; 39; 43; 60; 72.
35  *De fin.* III, 51–52; IV, 72.
36  *De fin.* III, 21; IV, 20; 34; 60; 62; 72.
37  *De fin.* III, 53; vgl. 62.

ternativen stellt, deren Ausgang sich von selbst versteht.[38] Wir wollen, *ceteris paribus*, lieber leben als sterben, lieber gesund sein als krank, lieber reich als arm, lieber stark als schwach, lieber schön als hässlich, lieber intelligent als dumm, lieber moralisch gut als schlecht, lieber sozial integriert als einsam etc.[39] Die Alternativen übersteigen die Grenze zwischen Moralischem und Außermoralischem. Die Eindeutigkeit der Voten spricht für die „Naturgemäßheit" der Neigungen und ihrer Ziele. Wer sie in Frage stellt, begibt sich auf ein Feld jenseits der erforderlichen gemeinsamen Basis sinnvoller praktischer Argumentation.

Vernünftiges Wählen, Streben und Handeln ist unter Aufbietung verfügbarer Kräfte, soweit es sich nicht auf bloßes Erkennen und Betrachten beschränkt, auf das Erwirken von Sachverhalten in der Welt gerichtet, die den Zielen natürlicher Neigungen, die dem Leben und Gedeihen des Menschen entsprechen. Doch so, dass es sein unbedingtes Ziel im Vollzug selbst besitzt und erreicht, unabhängig vom tatsächlichen Resultat in der Welt, das von Faktoren abhängt, über die es nicht verfügt.[40] Sittliches Handeln ist deshalb nicht dem Tun der Heilkunst und Nautik vergleichbar, sondern jenem der Tanzkunst, die ihr Ziel im gekonnten Vollzug des Tanzes realisiert. Doch auch von diesem unterscheidet es sich noch: Im einzelnen Tanz äußert sich nicht die gesamte Kunst des Tanzkünstlers, während in einer einzelnen sittlich guten Handlung die Tugend des Handelnden voll und ganz enthalten ist, d. h. sowohl sich in der zeitlichen Bewegung äußert als auch ganz bei sich selbst ist.[41]

## 4. Der stoische Begriff der Würde des Menschen

Lassen Sie mich noch kurz auf den Begriff der Würde des Menschen eingehen. Die Stoiker waren philosophisch die ersten, die diesen Begriff prägten. Cicero verdanken wir in *De officiis* eine grundlegende Differenzierung, die er wohl anhand seiner Panaitios-Vorlage entwickelt hat: die Unterscheidung der moralischen von der juridischen Bedeutung von *dignitas*. Die Würde des Menschen basiert auf seiner Sprachfähigkeit und den mit ihr gegebenen Möglichkeiten. Deren vorzüglichste ist die Freiheit des Denkens und Wollens, die es dem Menschen erlaubt, sich zu sich selbst zu verhalten, selbst Ziele zu setzen und so sein Bestreben selbst zu gestalten. Der Mensch ist, wie eine stoische Formel lautet, Gestalter des Triebs (τεχνίτης τῆς ὁρμῆς, DL VII, 86 f.). Die moralische Bedeu-

---

38 Vgl. *De fin.* III, 17: *satis autem argumenti videtur quam ob rem illa, quae prima sunt adscita natura, diligamus, quod est nemo, quin, cum utrumvis liceat, aptas malit et integras omnis partis corporis quam, eodem usu, inminutas aut detortas habere.* Vgl. *De fin.* III, 36–38.
39 Vgl. *De fin.* III.
40 Vgl. *De fin.* III, 23–24.
41 Vgl. *De fin.* III, 24–25. 24: *sola enim sapientia in se tota conversa est, quod idem in ceteris artibus non fit.*

tung von „Würde" zentriert sich auf eine Haltung, die eine scharfe Grenze zieht zwischen bloß tierischer und genuin menschlicher Lebensweise. Tiere sind von Natur aus auf Ziele der Selbst- und Arterhaltung festgelegt. Menschen sind gleichfalls auf diese Ziele aus, doch nicht auf sie fixiert. Sie können sie veredeln, sie können sie übersteigen und sich von ihnen distanzieren. Sie können interesselos forschen und sich an bloßer Erkenntnis erfreuen, auf Schönheit und rechtes Maß bedacht sein, soziale und politische Institutionen gründen, moralische und rechtliche Ideen verfolgen. Diese Möglichkeiten implizieren Ziele menschlichen Lebens, die es qualitativ von bloß sinnlichem Leben ab- und herausheben. Je mehr ein Mensch sich dahingehend bildet, je sicherer er diese Ziele verfolgt, umso mehr Würde beweist sein Leben. Diese Würde kennt Grade; und es gibt zweifellos Menschen, denen Würde abgeht, und menschliches Verhalten, das uns würdelos erscheinen muss.

Der juridische Begriff der Würde speist sich aus derselben Quelle wie der moralische. Doch er macht keinen Unterschied zwischen den Menschen; er ist unabhängig von ihrem Charakter und Verhalten. Er verpflichtet uns, jeden Menschen als einen Zweck an sich selbst zu betrachten und zu behandeln, d.h. als ein Subjekt, das ein unveräußerliches Recht hat, eigene Ziele zu setzen und zu verfolgen; er verbietet uns, einen anderen Menschen vollkommen zu instrumentalisieren. Diese allgemeine Würde eines jeden bezieht sich nicht auf seine aktuelle Vernunft, sondern nur auf die Möglichkeit eines durch eigene Vernunft geleiteten Lebens; ja, sie bezieht sich nicht einmal nur auf die aktuelle Möglichkeit, sondern auch generisch auf die *dignitas humanae naturae*, wie immer es um die tatsächliche Möglichkeit in einem menschlichen Individuum bestellt sein mag.

Die Stoa spricht von der „Eingemeindung" aller vernunftfähigen Wesen in den Bereich der Selbstliebe der Vernunft.[42] Cicero formuliert auf dieser Basis den Gedanken, dass man den Anderen nicht als etwas Fremdes, sondern allein aufgrund des Umstands, dass er Mensch ist, als Seinesgleichen und zu sich gehörig anzusehen habe.[43] Der Mensch ist dem Menschen allein aufgrund des Umstands, dass er Mensch ist, ein Mitbürger in der Kosmopolis, deren Gesetze die der rechten Vernunft (des ὀρθὸς λόγος, der *recta ratio*) sind. Damit wird grundsätzlich jeder Mensch zum Rechtssubjekt und Rechtspartner unter dem natürlichen Gesetz einer alle verbindenden Vernunft.

Bei Cicero führt dieser abstrakte, überpositive Rechtsgedanke noch keineswegs zu bestimmten politisch-rechtlichen Forderungen, etwa nach Abschaffung der Institution der Sklaverei oder zum Postulat der rechtlichen Gleichstellung von Mann und Frau. Aber er führt in De officiis immerhin zur konkreten *moralischen* Forderung, auch gegenüber den sozial Niedrigsten und faktisch Entrech-

---

42  Vgl. *De fin.* III, 16–18; 20–21, 62–68.
43  *De fin.* III, 63: *Ex hoc nascitur ut etiam communis hominum inter homines naturalis sit commendatio, ut oporteat hominem ab homine ob id ipsum, quod homo sit, non alienum videri.*

teten nicht etwa paternalistisches Mitleid, sondern Gerechtigkeit zu üben: „Wir wollen aber in Erinnerung behalten, dass auch gegenüber den Geringsten Gerechtigkeit zu wahren ist. Am tiefsten aber stehen ihren Lebensbedingungen und äußeren Lage nach die Sklaven. Es ist keine schlechte Weisung, die da besagt, sie so wie Lohnarbeiter zu behandeln, Leistung zu verlangen und den gerechten Lohn zu gewähren".[44] Das positive Recht, so die Stoa, so Cicero in *De legibus*, soll den Prinzipien der Gerechtigkeit folgen. Sklaven gegenüber ein gerechtes Verhalten einzufordern heißt, sie nicht nur als Objekte, sondern als Subjekte mit gerechten Ansprüchen anzuerkennen. Der gedankliche Weg, sie auch als selbständige Rechtssubjekte mit einklagbaren Rechten zu behandeln, wäre von Cicero im Anschluss an die Stoa geebnet gewesen. Immerhin hat das römische Recht die stoisch-ciceronianische Formel der *dignitas humanae naturae* benützt, um den Sklaven von den reinen Sachwerten zu unterscheiden.[45] Das Christentum hat der Idee der *dignitas humanae naturae* über den Begriff der Ebenbildlichkeit Gottes eines jeden Menschenkindes von Beginn an einen neuen eschatologisch-jenseitsorientierten Akzent gegeben. Doch es hat es über nahezu zwei Jahrtausende versäumt, diesem Begriff auch ein diesseitsorientiertes politisch-rechtliches Profil zu verleihen. Es war die stoische und ciceronianische Tradition der Europäischen Aufklärung (und eine kleine Gruppe christlicher Dissenters), die die Idee aufgriff, sie in Begriffen unveräußerlicher Menschenrechte ausformulierte, gedanklich weiterverfolgte und politisch durchzusetzen versuchte. Die christlichen Großkirchen sind erst seit dem Ende des 2. Weltkriegs dabei, sie sozialethisch in ihre Botschaft und praktisch in ihre eigenen Organisationen zu integrieren.

## Literaturverzeichnis

Cancik, Hubert (2005): „Würde des Menschen: I begriffsgeschichtlich", in: Religion in Geschichte und Gegenwart[4], Bd. 8, Sp. 1736f.

Forschner, Maximilian (2020): „Synderesis und Conscientia: Zur Vorgeschichte des neuzeitlichen Gewissensbegriffs", in: Di Giulio, Sara/Figo, Alberto (Hg.): Kasuistik und Theorie des Gewissens. Von Pascal bis Kant, Berlin/Boston, 17–34.

---

[44] *De off.* I, 41.
[45] Vgl. Pedius bei Paulus, in: Digesta XXI 1, 44 ad primum. Vgl. Cancik 2005.

# Die Humanität der christlichen Botschaft

*Volker Gerhardt*

Die nachfolgende Bemerkung ist ein philosophischer Geburtstagsgruß für einen geschätzten Theologen (für Markus Vogt, zum Symposium am 4.11.2022). Er ist die komprimierte Fassung einer Einsicht, mit der ich mir den Zusammenhang zwischen dem bereits am Begriff der Menschheit beteiligten Konzept der Humanität und dem christlichen Evangelium erschlossen habe. Dies habe ich in zwei größeren Arbeiten umrissen.[1] Also kann ich mich hier auf die Illustration der Idee beschränken, in deren Licht die weltumspannende Bedeutung des Christentums verständlich wird.

## 1

Wir haben nur vage Vorstellungen von der geschichtlichen Entstehung des Begriffs der Menschheit. Aber es gibt die naheliegende Vermutung, dass dies mit der Entstehung der großen Kulturen im eurasisch-afrikanischen Raum, mit der Entfaltung institutionalisierter Religionen und mit der Verbreitung der Schrift durch ein kundiges Personal zusammenhängt.

Erste philosophische Konturen findet der Begriff dann in den Lehren der *Vorsokratiker*, von denen wir heute nur noch Bruchstücke kennen. Anders ist es mit der Philosophie, die *Platon*, von *Sokrates* angeregt, in seinem eigenen Denken so tiefsinnig wie kunstvoll, zum Vortrag gebracht hat. So artistisch sie in ihrer Entfaltung auch war: Sie hat den Anstoß zu einer wissenschaftlichen Form des philosophischen Denkens gegeben, die es bis heute gibt. Und in der Antike haben *Aristoteles* sowie die nachfolgenden Schulen der *Skeptiker, Stoiker, Epikureer* und *Akademiker* bereits zu verschiedenen Formen begrifflicher Fassung der Vorstellung vom Menschen geführt.

Eine weiterführende Präzisierung findet sie im Werk des großen, vorwiegend platonisch gesonnenen Anwalts der römischen Republik, der das drohende Ende seiner bereits demokratisch inspirierten politischen Kultur abwehren will: *Marcus Tullius Cicero* gibt dem Begriff der *humanitas* eine auf die *persona* und ihre *dignitas* gestützte, gleichermaßen innere wie äußere Fassung.

Cicero wird zwar von seinen Gegnern verfolgt und von einer wütenden Volksmenge geköpft; aber seine Schriften wirken auch nach dem Niedergang des Imperiums fort und entfalten eine breite Wirkung, die dann, weitere tausend

---

1 Vgl. Gerhardt 2019 und Gerhardt 2023.

Jahre später, zum Aufstieg einer neuen Geisteshaltung führt, die bis heute unter dem Titel des *Humanismus* nachwirkt.

## 2

Diese Karriere eines Programms ist auf das Engste mit der Ausbreitung des *Christentums* verbunden, dem sie schon in der *Scholastik* und dann in der langen Vorgeschichte der *Reformation* neue Impulse geben konnte. Dass darüber selbst noch 2017 beim Gedenken an die Reformation nach 500 Jahren nicht gesprochen werden sollte, zeigt, wie tief der Stachel im Fleisch der Kirchen noch heute sitzt.

Doch davon soll hier nicht die Rede sein.[2] Ich möchte nur daran erinnern, dass *Cicero* der erste ist, dem wir unmittelbar vor und in der durch Christi Geburt markierten Zeitenwende ein Bewusstsein von der Bedeutung der *Humanität* verdanken.

Es ist nämlich so, dass bereits zwei Generationen nach Cicero, gänzlich unabhängig von den erwähnten politischen und philosophischen Traditionen – und ohne auch nur den Begriff der Humanität zu erwähnen –, das Anliegen der Humanität in einem uns weiterhin zutiefst bewegenden Geschehen zur denkbar größten Menschheitsaufgabe erklärt worden ist. Festgehalten ist dieses Geschehen im *Neuen Testament*, in dem die humanistische Botschaft in einer bis heute durch nichts übertroffenen Anschaulichkeit und Eindringlichkeit ausgesprochen ist. Und das Unerhörte ist, dass diese Botschaft von einem Menschen ausgesprochen wird, der die Kühnheit hatte, sich *als Mensch gewordener* „Gottessohn" zu bezeichnen.

Wenn man beiseitelässt, dass darin – wie es viele Zeitgenossen verständlicherweise empfunden haben – eine Gotteslästerung liegen kann, ist das die denkbar beste Illustration der Funktion, in der sich der Mensch, unter Inanspruchnahme der Menschheit, einem Selbstverständnis verpflichtet, dem er weder in seiner natürlichen noch in seiner alltäglichen Verfassung genügen kann. Doch in der Selbstbezeichnung des „Christus" als „Gottessohn" wird diese Grenze zwischen Menschen und Gott aufgehoben, um sie im Kreuzestod dieses Jesus Christus sogleich wieder in Geltung zu setzen. – Doch auch darüber muss hier keine Rede sein.[3]

---

2   Das habe ich 2017 durch die Anregung einer Tagung in der Hochschule für Philosophie in München und 2021 aus Anlass des Wormser Gedenkens an den Reichstag 1521 zu tun versucht. Dazu: Gerhardt 2020a, 13–16 sowie Gerhardt 2021, 320–331.
3   Das ist das Thema meines Versuchs über das Göttliche: Gerhardt 2017.

# 3

An dieser Stelle kann es genügen, daran zu erinnern, wie dieser Jesus Christus über den Menschen gesprochen hat. Die humane Unmittelbarkeit des christlichen Glaubens, der es wagt, das *selbstverschuldete Leiden des Menschen an sich selbst* ins Zentrum seiner Zuversicht zu stellen, hat im ersten Jahrhundert der neuen Zeitrechnung und immer noch im Zentrum der antiken Welt ein unerhörtes Zeugnis für die Humanität der Heilsgewissheit gegeben. In ihr konnte ein Mensch für seinesgleichen sterben. Im Vertrauen auf die Einheit von Mensch und Welt hat er zu einer die Grenzen von Völkern und Sprachen überschreitenden Mobilisierung des menschlichen Glaubens an die Menschheit und – über sie – auch zu Gott geführt.

Der initiale Impuls der neuen Religion liegt in der *Neubestimmung des Verhältnisses des Menschen zu seinesgleichen*. Ausschlaggebend ist der Primat der Mitmenschlichkeit in der Erwartung einer persönlichen Beziehung zu seinem nicht einfach nur „für alles", sondern vornehmlich immer „für den Menschen" zuständigen Gott, den jeder Mensch mit „Du" ansprechen kann. Diese Personalisierung Gottes wird dadurch gesteigert, dass er als „Vater" eines „Menschensohns" angesehen werden kann, zumal der Gott in dieser Beziehung seine absolute Vormachtstellung nicht verliert, wohl aber, in unfassbarer und gleichwohl beglückender Paradoxie, den Menschen nicht nur überhaupt, sondern auch persönlich nahekommt.

Das Beispiel eines für seinesgleichen sterbenden Individuums geht mit einer radikalen *Individualisierung* des einzelnen Menschen einher. Sie sieht von allen sozialen und politischen Besonderheiten ab, achtet nicht auf die vorgängige Mitgift und Bildung und ist gleichgültig gegenüber dem die Kulturgeschichte der Menschheit dominierenden Unterschied zwischen den *Geschlechtern*, zwischen *reichen* und *armen Menschen* sowie zwischen *Mächtigen* und *Schwachen*.

Von der strikten Prämisse der weltlichen Gleichheit rückt die dem christlichen Glauben dienende Kirche später zwar mit Blick auf die Stellung ihrer Priester wieder ab; und hier dominieren dann doch wieder Männer, die sich schriftkundig machen und als Leiter ihrer Gemeinden über größeren Einfluss verfügen. Aber da die Lehre immer wieder auf das Beispiel zurückgeht, das der Gründer in seinem Leben und Leiden gegeben hat, bleibt das Kernstück der christlichen Botschaft durchgängig präsent: Es ist der *einzelne Mensch*, dem, auch wenn er nicht zur Gemeinschaft der Gläubigen gehört, geholfen werden muss. Das wird im Gebot der Hilfeleistung deutlich, für das sowohl das Beispiel des „barmherzigen Samariters" (vgl. Lk 10, 25–37) steht wie auch die Erzählung einer über alle politischen und sozialen Schranken hinwegsehenden Heilung eines Knechts des Hauptmanns der römischen Besatzungsmacht (vgl. Lk 7, 1–10). Zudem macht die christliche Botschaft, wie bereits erwähnt, keinen Unterschied zwischen

Frauen und Männern – und die Kinder sind ihr ausdrücklich willkommen. Wem an der Humanität liegt, der muss auch das für bemerkenswert halten.

Hinzu kommt, dass es gegenüber denen, die das Wort, aus welchen Gründen auch immer, nicht erreicht, weder Zwang noch Gewalt geben darf. Wenn jemand nicht durch eigene Einsicht zum Christen wird, dann muss man ihm seinen abweichenden Willen und Glauben lassen. Wie immer die nachfolgende Praxis der christlichen Kirchen ihren Ursprungsimpuls auch verkannt oder missachtet hat: In seinem Ursprung ist das Christentum auf die strikte Achtung vor der Existenz und dem Willen des einzelnen Menschen, auf die Botschaft einer über alle biologischen, sozialen und politischen Unterschiede der Menschen erhabenen theologischen Bedeutung der Einzelnen und damit auf einen metaphysischen Vorrang der Individualität gegründet.

Wie weit der für seine Botschaft sterbende Jesus dabei geht, lässt sich am Beispiel seines Anspruchs auf eine entschiedene Lösung von den Fesseln der Tradition kenntlich machen: In *Lukas* 9, 60 lesen wir von einem angehenden Jünger, der, bevor er Jesus folgen will, einer nicht nur bei den Juden als vorrangig geltenden Sohnespflicht nachkommen möchte. Der Jünger spricht: „Herr, erlaube mir, dass ich [bevor ich dir nachfolge] hingehe und meinen Vater begrabe." Aber Jesus spricht zu ihm: „Lass die Toten ihre Toten begraben; gehe du aber hin und verkünde das Reich Gottes!"

Diese auf schroffe Weise inhuman wirkende Aussage kann einem den Atem verschlagen; aber sie scheint, wie auch in *Matthäus* 8, 22 tatsächlich in diesem Sinn gesprochen worden zu sein. Sie bringt die Gleichgültigkeit gegenüber allen äußeren Konventionen zum Ausdruck – unabhängig von der alten Religion, die Jesus nicht verwirft, aber doch für unzulänglich hält. Aber hätte er nicht den Wunsch eines Sohnes achten können, bei der Bestattung seines Vaters anwesend zu sein, ganz gleich nach welchen Gepflogenheiten das geschieht? Dass darin auch ein persönlich vorrangiges Bedürfnis eines Menschen liegen kann, scheint ohne Belang zu sein. Das überrascht, weil die Antwort Jesu doch zeigt, dass er die Menschen lehren will, ihr persönliches Heil als vorrangig anzusehen. Denn seine „frohe Botschaft" legt den Menschen nahe, ihr eigenes Leben und damit auch die Stimme ihres eigenen Herzens wichtig zu nehmen.

Der Evangelist verrät uns nicht, wie der namentlich nicht genannte Jünger darauf reagiert hat. Aber die Tatsache, dass die Begebenheit noch ein weiteres Mal erwähnt wird (Mt 8, 22), belegt, welche Aufmerksamkeit die Aufforderung zur individuellen Eigenständigkeit gefunden hat. Hinzu kommt, dass Jesus wie kein anderer Religionsgründer vor oder nach ihm *Nächstenliebe* predigt, für die man ja auch durch die Anteilnahme nach dem Tod eines Nächsten ein Zeichen setzen kann. Hier kündigt sich ein *Personalismus* in reinster Form an. Und tatsächlich ist nur von ihm eine Hingabe an das Göttliche zu erwarten, mit der die Menschheit in der eigenen Person nicht aufgegeben, sondern bekräftigt wird!

Hier schließt der christliche Glauben nahtlos an den Humanismus Ciceros an, der die Würde einer sich selbst treu bleibenden Person zu wahren sucht.

## 4

Man muss sich nur den in vielen Episoden überlieferten Lebensweg dieses Jesus von Nazareth ins Bewusstsein rufen, um auch ohne aufwändige Deutung (und ohne religiöse Voreingenommenheit) erkennen zu können, wie entschieden die christliche Lehre von den Äußerlichkeiten des sozialen Lebens absieht. Der Überbringer der existenziellen Heilsbotschaft kommt unter erbärmlichen Verhältnissen in einem Stall (in der Gesellschaft von „Ochs" und „Esel") zur Welt, und die ersten Besucher sind Hirten von den umliegenden Feldern. Hier wird die Humanität bereits zur belebten Natur geöffnet und die soziale Reichweite ihres Anspruchs wird in der Anteilnahme der Hirten offensichtlich. Dafür kann auch der Besuch von drei Weisen, gar von „Königen" aus einer der reichsten Gegenden des Orients stehen. Ob er dabei, noch „in den Windeln" in einer Futterkrippe liegend, tatsächlich mit Kostbarkeiten beschenkt wird, können wir getrost als Hinzufügung späterer Berichterstatter ansehen; hier dürfte der so verständliche, wie ahnungslose Wunsch am Werk gewesen sein, den armselig zur Welt gekommenen „Gottessohn" wenigstens durch weltliche Reichtümer aufzuwerten. Der Kern der Weihnachtsgeschichte offenbart eine kreatürliche Offenheit, wie wir sie aus Naturreligionen kennen. Sie wird hier durch ihren (mit der Flucht angezeigten) politischen Anlass und ihre soziale Großzügigkeit (mit der über den Status der Eltern hinweggegangen wird) verstärkt.

Wer in den Rahmenbedingungen einen Makel sieht, der verkennt die Pointe der „Weihnachtsgeschichte". Sie erzählt von Verfolgung, Flucht und realer Armseligkeit, damit jeder erkennen kann, wie unerhört der Lebensweg dieses allein auf sein Wort und seine Taten konzentrierten Menschen ist, der dann als Wanderprediger, Autodidakt und „Rabbi", gar als verspotteter „Gottessohn", der allen das „Heil" und die „Erlösung" verheißt, aber vollkommen erniedrigt, verhöhnt und von einem brutalen Wachpersonal schmachvoll zu Tode gequält, sein kurzes Lebens endet.

Wenn man in der Geschichte des Denkens nach Parallelen zu dieser Biographie des Jesus sucht, kann man sich an die niedrige Geburt und den im Stand des „Steinmetzen" nicht sonderlich geschätzten Sokrates erinnert fühlen, vielleicht auch an den einen oder anderen Sklaven, der zum geschätzten Komödiendichter, zum bekannten Philosophen oder zum Revolutionär aufsteigt. Aber diese Beispiele, so erstaunlich sie sind, bleiben unvergleichlich, weil Jesus ohne äußeren Zwang die Nähe zu den Hilflosen, Kranken und Kriminellen sucht, um auch aus deren Sicht von dem sprechen zu können, was immer auch zum Menschlichen gehört.

Dieser Jesus heilt „Aussätzige", legt Wert auf die Verbindung zu den geächteten „Zöllnern" und lässt im heilsgeschichtlichen Versprechen seiner Botschaft keine Unterschiede zwischen den Geschlechtern, Religionen und Nationen zu. *Als Menschen sind alle gleich* – und vor Gott sind sie allesamt mit ihrem Verlangen nach Erlösung gerechtfertigt – wann und wie immer sie in ihrem allemal kindlichen Glauben zu ihm gefunden haben.

Hinzu kommt, dass die Texte des *Neuen Testaments* offenkundig ohne politische Ambitionen sind. Der „Menschensohn" ist weit davon entfernt, ein soziales Programm zu verkünden oder auch nur die Befreiung von der römischen Fremdherrschaft zu fordern. Er ist als das Gegenteil eines Aufrührers anzusehen. Wer ihn aus postrevolutionärem Sensationsbedürfnis nachträglich zu politisieren sucht, hat das eigentlich Umstürzende dieses Zeugen einer menschheitlichen Botschaft nicht verstanden. Gewiss: Der Umgang, den er mit den Gegnern der Juden pflegt, und seine praktizierte Toleranz gegenüber seinen jüdischen Verfolgern, sind bereits in seiner Zeit von eminenter politischer Bedeutung. Auch die hochsymbolische Erzählung, dass schon kurz nach seiner Geburt in jenem Stall, in dem seine Eltern Zuflucht gefunden haben, die drei sternkundigen Sendboten aus dem „Morgenland" mit kostbaren Geschenken ihre Aufwartung machen, hat einen schwerlich zu übersehenden politischen Nebensinn: Er weist, wie auch die Missionserwartung des Christentums, nicht nur über die Grenzen Judäas, sondern auch weit über die des Römischen Reiches hinaus. Sie ist auf diese Weise ausdrücklich auf die *Menschheit als Ganze* und damit auf den *ganzen Erdkreis* gerichtet.

## 5

Auch die Haltung der frühen Christen ist beispiellos in der Geschichte der Menschheit: Inmitten einer Unzahl anderer politischer und religiöser Lebensformen scheint man keine Absicht zu haben, andere zu einer Änderung zu nötigen und schon gar nicht, sie dazu zu zwingen! Es genügt, wie Paulus es vorführt, vom jeweils eigenen Verhältnis zu Gott *Zeugnis* abzulegen – und darin anderen ein *Beispiel* zu geben.[4] Mit Recht wird diese apolitisch erscheinende Haltung als „Toleranz" bezeichnet. Sie offenbart ein letztlich auch politisch überlegenes Bekenntnis zur Gesamtheit aller Menschen.

Das christliche Friedensgebot, wie es in der *Bergpredigt* verkündet wird, lässt die überkommene politische Praxis als rückwärtsgewandt erscheinen. Hätte das frühe Christentum eine „politische" Lehre, könnte auch sie nur auf *Freiheit* und *rechtliche Gleichheit* gegründet sein; sie hätte die *personale Würde* des Ein-

---

4  Das demonstriert Paulus im *Galaterbrief* gezwungenerweise am eigenen Beispiel, weil er seiner Mission nach nichts anderes hat als *seinen Glauben*.

zelnen zu achten und müsste unter Berufung auf den göttlichen Willen die *Menschlichkeit* im Umgang mit jedem einzelnen Menschen wahren. Es kann nicht wundern, dass gelehrte Römer sich durch die christliche Botschaft an die Lehre Ciceros erinnert fühlten. Einigen von ihnen, die Ciceros *De natura deorum* kannten, erschien es selbstverständlich, dass die christliche Botschaft unter dem Einfluss dieses Buches entstanden war.

Man könnte versucht sein, die *Bergpredigt* als die ethische Leitlinie eines politischen Programms zu deuten, das sich nur in der Einhaltung humanitärer Grundsätze realisieren ließe. Doch das würde über das hinausgehen, was in der christlichen Heilsbotschaft verkündet wird. Und es würde der Trennung zwischen religiöser Lebensführung und politischem Handeln widersprechen. Das eine schließt das andere zwar nicht aus; doch in der christlichen Lehre besteht kein Ableitungsverhältnis zwischen Religion und einer daraus folgenden Politik.

Hier bietet die christliche Botschaft großen Spielraum, weil sie den Individuen die denkbar größte Freiheit lässt. Jesus beschränkt sich auf die Neubestimmung der Beziehung des Menschen zu „seinem" Gott. In der zwischenmenschlichen Konsequenz bleibt die Nachfolge Jesu auf die Verpflichtung zur *Nächstenliebe* beschränkt. Man könnte sie mit der römischen *concordia* vergleichen, die jedoch in ihrem politischen Kern auf das Bewusstsein des einmütigen Widerstands gegen Feinde gerichtet war. Doch schon die *concordia*, auf die sich Ciceros Anspruch auf *Humanität* und *menschliche Würde* beruft, hat in sich diese Ursprungskondition des politischen Handelns freigesetzt. Und so könnte man die Nächstenliebe als eine, wenn nicht zwingende so doch vieles erleichternde, *Vorbedingung des Menschenrechts* und somit als eine günstige Bedingung auf dem Weg zur *Rehabilitierung der Demokratie* ansehen. Nur um deutlich zu machen, dass diese Deutung nicht aus der Luft gegriffen ist, berufe ich mich auf einen in diesem Punkt unverdächtigen Zeugen: auf Friedrich Nietzsche. Der hielt die Demokratie für ein „verbessertes und auf die Spitze getriebenes Christentum"[5].

# 6

Wir sind heute nicht mehr in der Notlage des Paulus, der tatsächlich nur seinen *Glauben* hatte, um sich auf ihn zu berufen, wenn er andere davon zu überzeugen suchte, die Nachfolge Christi zu antreten. Wir haben heute das weltgeschichtliche Faktum einer zweitausendjährigen Wirkungsgeschichte, die großartige menschliche Zeugnisse, eine vielfältige kulturelle Produktivität, uns tief berührende künstlerische Leistungen und – um dies anlässlich dieser Geburtstagsfeier

---

[5] Nietzsche 1988, 73. Zur hier vertretenen Deutung der christlichen Botschaft verweise ich auf meine Überlegungen in: Gerhardt 2020b, 41–68.

nicht zu vergessen – eine theologische Tradition hervorgebracht hat, die uns viel zu denken gibt, aber letztlich nur das Eine zu *glauben* lehren kann:

Nämlich, dass der Mensch *an sich selbst zu erfahren* hat, wie unvollständig er in seiner (nur ihm selbst) so eminent erscheinenden *Bedeutung* ist, wenn er *nur sich selbst als Maß dieser Bedeutung* gelten lässt. Das aber scheint sein Schicksal zu sein, weil er sich letztlich davon überzeugen kann, dass alles, was er *außer sich* zum Maß erheben kann – die *Natur*, die *Gesellschaft*, die *Geschichte*, die *Kunst* oder das *Wissen* – letztlich über seinen Horizont und seine Kräfte geht. Folglich scheint er letztlich *allein auf sich und seinesgleichen* verwiesen zu sein. So kann er unter dem *Begriff der Menschheit* das Insgesamt der Eigenschaften und Leistungen verstehen, durch die er sich als Einzelner auszeichnen kann.

In dieser Lage ist es nur ein *Gott*, der ihm *gegenwärtig* ist, der ihn aus dieser Selbst-Isolation befreien kann. Darin liegt die „Erlösung" aus seiner Befangenheit in sich selbst. Und dies, nach christlicher Lehre, durch einen Akt der Liebe!

Auch das ist *unerhört* – und doch zutiefst *menschlich* in der Botschaft Christi: Ein Gott, der ihn *liebt*. Das kann man nicht begreifen. Doch man muss es auch nicht. Denn in der Liebe liegt ein *Sinn*, der sich von selbst erfüllt und sich darin, vom Liebenden wie vom Geliebten, immer schon *versteht*.

Die Struktur dieses Gedankens ist ein *Zirkel*, der das *Verständnis des Ganzen* aus einem *Ganzen* gewinnt, das jeder auch *an sich selbst* sein muss, wenn er als einzelner Mensch im Zusammenwirken mit seinesgleichen etwas Eigenes sein, tun und beitragen will. Als die *Einheit*, die der Mensch an sich selber hat und erfährt, muss er sich immer auch als *Teil* einer ihn tragenden, fördernden, herausfordernden und lehrenden *Menschheit* verstehen. Und im Bewusstsein dieser ihn ausmachenden und tragenden Einheit, die ihm tatsächlich *zugetan* sein muss, solange er sich in ihr befindet, erfährt er die *Liebe eines Ganzen*, das ihn ermöglicht – auch dadurch, dass sie ihm selbst in größter Verzweiflung und absoluter Entfernung ein Trost sein kann.

Und das alles nicht vorrangig in „Thesen" und „Lehrsätzen" erläutert zu finden, sondern in einem bewegenden Beispiel bis in den Tod vorgelebt zu wissen – darin liegt die Wahrheit des Christentums. Aber auch die Schwierigkeit einer christlichen Theologie, die wenig überzeugend ist, wenn sie nicht auch Teil einer praktisch bemühten Nachfolge Christi ist.

Die Theologie hat uns darüber aufzuklären, warum in der Nachfolge Christi keine *Selbstüberschätzung des Menschen* liegen muss, sondern eine *Bescheidenheit* selbst noch in der verheißenen *Erlösung*. Vielleicht liegt ihre größte Aufgabe darin, nachvollziehbar zu machen, wie ein Mensch sich als „Gottessohn" bezeichnen kann, und dennoch so enden kann, wie es uns das Schicksal des Jesus von Nazareth lehrt.

## Literaturverzeichnis

Gerhardt, Volker (2017): Der Sinn des Sinns: Versuch über das Göttliche, München.
Gerhardt, Volker (2019): Humanität: Über den Geist der Menschheit, München.
Gerhardt, Volker (2020a): „Freiheit in der Reformation: Erasmus und Luther im paradigmatischen Streit", in: Noller, Jörg/Sans, Georg (Hg.): Luther und Erasmus über Freiheit: Rezeption und Relevanz eines gelehrten Streits (Geist und Geisteswissenschaft 4), Freiburg i. Br., 13–36.
Gerhardt, Volker (2020b): „Natürliche und rationale Theologie: Mit einem Ausblick auf den historischen Gewinn durch die christliche Botschaft", in: Barth, Roderich/Rochus, Leonhardt (Hg.): Die Vernunft des Glaubens: Theologische Beiträge zu Volker Gerhardts Philosophie des Göttlichen, Leipzig, 41–68.
Gerhardt, Volker (2021): „Das Gewissen des Kaisers: Karl V. zwischen Erasmus und Luther", in: Kaufmann, Thomas/Kunter, Katharina (Hg.): Hier stehe ich: Gewissen und Protest – 1521 bis 2021, Worms, 320–331.
Gerhardt, Volker (2023): Individuum und Menschheit: Eine Philosophie der Demokratie, München.
Nietzsche, Friedrich (1988): Nachgelassene Fragmente 1880 bis 1882 (Kritische Studienausgabe 9), Berlin/New York.

# Theozentrischer Humanismus
## Impulse von Jacques Maritain – noch heute relevant?

*Arnd Küppers*

Wollte man es sich einfach machen, könnte man die im Titel dieses Aufsatzes gestellte Frage – „Theozentrischer Humanismus: Impulse von Jacques Maritain – noch heute relevant?" – mit einem schlichten „Nein!" beantworten. Denn das Denken des 1882 in Toulouse geborenen und 1973 in Paris verstorbenen Philosophen ist ganz in den Bahnen seiner Zeit verlaufen und dort auch weitestgehend verblieben. Trotzdem wäre es falsch, Maritain deswegen ad acta zu legen. Natürlich können seine Texte heutzutage nicht umstandslos „eins zu eins" rezipiert werden, sondern müssen vor dem Hintergrund seiner Biografie und seiner Zeit betrachtet werden. Diese Aussage ist freilich in gewisser Weise banal, denn das gilt für jede Interpretation und Rezeption von fremden Werken, vor allem von solchen aus zurückliegenden Epochen. Aber es gibt Autorinnen und Autoren, bei denen die Einbeziehung des Kontextes ganz besonders wichtig ist, und dazu gehört ohne Zweifel Maritain. Das ist auch deshalb so, weil Maritain – so eine These, die im Folgenden entfaltet werden soll – weniger theoriegeschichtlich als vielmehr wirkungsgeschichtlich relevant ist.

## 1. Ein wütender Thomist

Jacques Maritains Werk ist der Neuscholastik beziehungsweise dem Neuthomismus zuzuordnen. Dabei muss sein Neuthomismus klar unterschieden werden von anderen Spielarten, die dem Thomismus wirklich ein neues theoretisch-konzeptuelles Framing gegeben haben, wie vor allem der Transzendentalthomismus Joseph Maréchals. Maritain dagegen ist im Grunde im traditionellen Thomismus geblieben, Herbert Schmidinger hat zu Recht geschrieben, er müsse „von seiner Denkhaltung her geradezu als wütender und fanatischer Thomist charakterisiert werden"[1]. Dieser Maritain begegnet nicht nur in seinen frühen Schriften, etwa in dem Buch *Antimoderne* von 1922, geschrieben zu einer Zeit, in der er noch der ultranationalistischen und monarchistischen *Action française* nahestand. Er begegnet auch in seinem Spätwerk *Le paysan de la Garonne*, in dem sich der 84-jährige 1966 in die Rolle des wütenden Bauern von der Garonne begab und aus der Attitüde des schlichten, orthodoxen Glaubens heraus gegen

---

1 Schmidinger 1994, 120.

den „Teilhardismus"[2] wetterte, also gegen das seiner Meinung nach von Teilhard de Chardin in die Welt gesetzte „böse Fieber der Weltverehrung"[3], das er bei den Vertreter*innen des „Neo-Modernismus"[4] in Theologie und Kirche diagnostizierte. Sie „hören kaum das Wort ‚Welt' und schon leuchten ihre Augen in ekstatischem Feuer"[5], höhnte Maritain. Und zugleich würden sie zentrale Glaubenswahrheiten wie die Auferstehung oder die Erbsünde als bloße Mythen und „ätherische Reste einer babylonischen Bilderwelt"[6] diskreditieren. Angeblich, so schrieb es der SPIEGEL 1969 unter Berufung auf namentlich nicht genannte Kurienprälaten, habe Papst Paul VI. seinen Eifer für die Reform der Kirche nach der Lektüre von *Le paysan de la Garonne* endgültig aufgegeben.[7]

## 2. Integraler Humanismus

Trotzdem ist es richtig, dass Maritain auch im Jahr 2023 in einem Sammelband zum Humanismus vertreten ist. Denn der französische Philosoph hat in den dreißiger Jahren des letzten Jahrhunderts das Konzept eines „christlichen Humanismus" beziehungsweise eines „integralen Humanismus" entwickelt, das seinerzeit viel Beachtung gefunden und erheblichen Einfluss in Kirche, Gesellschaft und Politik entfaltet hat. Maritains Beweggrund war die Infragestellung und brutale Zerstörung des Humanismus in den Ideologien und in den Regimen des Faschismus, des Nationalsozialismus und des Sowjetkommunismus.

### 2.1 „Dialektik des anthropozentrischen Humanismus"

Die Wurzel dieser menschenverachtenden Ideologien sah er in dem Versuch der Moderne, einen Humanismus ohne Gott zu entwickeln, einen Humanismus, in dem der Mensch sich selbst an die Stelle Gottes gesetzt hatte. Er sprach in diesem Zusammenhang auch von der „Dialektik des anthropozentrischen Humanismus"[8]. Was er damit meinte, ist in folgendem Zitat konzis zusammengefasst:

> „Der Mensch vergaß, daß Gott es ist, der in der Ordnung des Seins und des Guten die erste Initiative hat und unsere Freiheit belebt, indem er, der Mensch, aus seiner eigenen kreatürlichen Bewegung die allererste Grundregung machen und seiner kreatürlichen Freiheit die erste Initiative für sein Heil zuschreiben wollte. Seine Aufwärtsbewegung

---

2  Maritain 1969, 124.
3  Maritain 1969, 72.
4  Maritain 1969, 72.
5  Maritain 1969, 62.
6  Maritain 1969, 14.
7  Vgl. DER SPIEGEL 1969, 161.
8  Maritain 1950, 23.

mußte also seitdem getrennt werden von dem Herabkommen der Gnade, weshalb das in Frage stehende Zeitalter ein Zeitalter des Dualismus, der Auflösung, der Entzweiung war, ein humanistisches, von der Menschwerdung getrenntes Zeitalter, in dem der Fortschritt als Kraft einen schicksalhaften Charakter annehmen und selbst zur Zerstörung des Menschlichen beitragen sollte. Kurz gesagt, bestand das Grundübel des anthropozentrischen Humanismus darin, daß er anthropozentrisch war und nicht Humanismus."[9]

Bereits oben ist darauf hingewiesen worden, dass Maritain ganz dem neuscholastischen Denken verhaftet war. Deswegen verwundert es nicht, dass er für die inkriminierten Fehlentwicklungen des anthropozentrischen Humanismus die – aus Sicht der Neuscholastik – üblichen Verdächtigen verantwortlich gemacht hat: „den Geist der Renaissance und den Geist der Reformation in erster Linie"[10]; und des Weiteren dann die neuzeitliche Philosophie des Rationalismus und Idealismus. Auch dazu ein O-Ton von Maritain. Unter der Überschrift „die Tragödie des Menschen"[11] schreibt er:

„Von seiten des Menschen kann man feststellen, daß der Rationalismus gleich zu Beginn der Neuzeit zuerst mit Descartes, dann mit Rousseau und Kant, ein erhabenes und glänzendes, unzerbrechliches Bild der menschlichen Persönlichkeit entworfen hatte, das eifersüchtig auf seine Immanenz und seine Autonomie bedacht war und letzten Endes seinem Wesen nach auch gut. Gerade im Namen der Rechte und der Autonomie dieser Persönlichkeit hatte die rationalistische Polemik jede von außen kommende Einmischung in dieses vollkommene und geheiligte Universum verdammt, – ob nun eine solche Einmischung von der Offenbarung und der Gnade herkam oder von einer Ueberlieferung menschlicher Weisheit, ob von der Autorität eines Gesetzes, dessen Urheber nicht der Mensch war, oder von einem alles beherrschenden Guten, das seinen Willen anfachen sollte, oder schließlich von einer objektiven Realität, die Maß und Regel für sein Denken wurde. In wenig mehr als einem Jahrhundert aber ist diese stolze anthropozentrische Persönlichkeit in Gefahr gekommen und rasch dadurch erschöpft worden, daß sie in die Auflösung ihrer materiellen Elemente mit hineingezogen wurde."[12]

Diese Auflösung der materiellen Elemente hat sich für Maritain mit zwei entscheidenden Stößen vollzogen. Der erste Stoß – das dürfte jetzt nicht mehr allzu überraschend sein – war seiner Ansicht nach die Darwin'sche Evolutionstheorie, der zweite Stoß die Freud'sche Psychoanalyse.[13] Die Folgen sind katastrophal:

„Nach allen Auflösungen und Dualismen des Zeitalters eines anthropozentrischen Humanismus, das gekennzeichnet ist durch die Trennung und den Gegensatz von Natur und Gnade, von Glauben und Vernunft, von Liebe und Erkenntnis und – im Bereiche

---

9   Maritain 1950, 22.
10  Maritain 1950, 22.
11  Maritain 1950, 23.
12  Maritain 1950, 23.
13  Vgl. Maritain 1950, 23f.

des Gemütslebens – von Liebe und Sinnlichkeit, wohnen wir hier einer Zerstreuung, einer endgültigen Zersetzung bei. Dies hindert aber das menschliche Wesen keineswegs, mehr als je zuvor die unumschränkte Herrschaft zu beanspruchen."[14]

Genau hier liegt für Maritain dann auch die Saat des Totalitarismus. Denn infolge dieser geistigen und geistlichen Aufspaltung und Zersetzung wisse „auch die individuelle Person [...] nicht mehr, wohin sie gehört, und sieht sich nurmehr in Auflösung und Zersetzung begriffen. Sie ist reif zur Abdankung [...] zugunsten des Kollektivmenschen"[15].

Diese wenigen Zitate sollten hinreichend sein, um deutlich zu machen, was aus heutiger Sicht problematisch ist an Maritain: Die ideologischen Gegner sind so stereotyp gezeichnet, die gegen sie erhobenen Vorwürfe sind so wenig differenziert, dass daraus eine Analyse hervorgeht, die in einer derart eigentümlichen Weise falsch ist, dass selbst ihr Gegenteil nicht stimmt. Wobei noch einmal betont werden muss: Im Kontext seiner Zeit betrachtet, ist diese Kritik an Maritain durchaus zu relativieren. Sein kulturpessimistischer Blick auf das neuzeitliche Denken findet sich damals auch bei anderen einflussreichen Autor*innen aus ganz anderen Richtungen. Die „Dialektik des Humanismus" bei Maritain hat nicht nur von der Begrifflichkeit her Ähnlichkeit mit der „Dialektik der Aufklärung" bei Adorno und Horkheimer. Wenn die Väter der Frankfurter Schule schreiben: „Seit je hat Aufklärung [...] das Ziel verfolgt, von den Menschen die Furcht zu nehmen und sie als Herren einzusetzen. Aber die vollends aufgeklärte Erde strahlt im Zeichen triumphalen Unheils"[16] – dann ist das in wesentlichen Aspekten nicht weit entfernt von der Zeitdiagnose Maritains. Auch sie sehen in dem neuzeitlichen Rationalitätsbegriff den Ursprung des Totalitarismus, weil letztlich „die Menschen zu eben dem wieder gemacht [werden], wogegen sich das Entwicklungsgesetz der Gesellschaft, das Prinzip des Selbst gekehrt hatte: zu bloßen Gattungswesen, einander gleich durch Isolierung in der zwanghaft gelenkten Kollektivität."[17] Adorno und Horkheimer schreiben sogar: „Aufklärung ist totalitär wie nur irgendein System."[18]

Aber auch wenn die Diagnose ähnlich sein mag, ist die Therapie bei Maritain freilich eine gänzlich andere. Er stellt dem zuvor dekonstruierten „anthropozentrischen Humanismus" sein eigenes Konzept entgegen: „Humanismus, aber theozentrischer Humanismus, der dort verwurzelt ist, wo der Mensch seine Wurzeln hat, integraler Humanismus, Humanismus der Menschwerdung."[19] Er

---

14  Maritain 1950, 25.
15  Maritain 1950, 25.
16  Horkheimer/Adorno 2008, 9.
17  Horkheimer/Adorno 2008, 43.
18  Horkheimer/Adorno 2008, 31.
19  Maritain 1950, 56.

spricht auch von einem „wahrhaft christlichen Humanismus"[20], der anerkennt, „daß Gott der Mittelpunkt des Menschen ist. Er schließt die christliche Auffassung vom sündigen und erlösten Menschen ebenso ein wie die christliche Auffassung von Gnade und Freiheit."[21]

## 2.2 Personalismus, Pluralismus und Autonomie des Zeitlichen

Wohl aber – und das ist nun ganz zentral für die Würdigung seines Werks – überschreitet Maritain in seiner in den dreißiger Jahren fortentwickelten Sozialphilosophie die Grenzen der engen und bisweilen engstirnigen Neuscholastik. Das ist eine Reaktion auf die Erfahrung des Totalitarismus.

Naturrechtliche Sozialphilosophien haben zwei zentrale Voraussetzungen, ohne die sie gar nicht funktionieren: Sie gehen von einer Einheit des Gemeinwesens und von einer stabilen sozialen Ordnung aus. Beides löst sich in den totalitären Regimen auf: Die gesellschaftliche Einheit wird entstellt zu einer unmenschlichen Uniformität, die jegliche Vielfalt erstickt. Die soziale Ordnung wird aufgelöst zugunsten der Idee einer permanenten Revolution. Diese schockierende Erfahrung bewegte Maritain dazu, entscheidende Modifikationen an seinem neuthomistischen Konzept vorzunehmen. Seine zentrale Entscheidung war dabei, nicht mehr, wie die traditionelle thomistische Neuscholastik, das Gemeinwohl zum zentralen Prinzip seiner Sozialphilosophie zu machen, sondern die Menschenwürde. Kernstück des Maritain'schen integralen Humanismus ist sein Konzept der Personalität des Menschen und die sich daraus ergebende personalistische Sozialethik. „Die Achtung vor der Person und der geistigen Kraft der evangelischen Liebe" bezeichnet er als „Grundgesetz"[22] der ihm vorschwebenden christlich-politischen Gegenbewegung gegen den Totalitarismus.

Neben diesem Shift vom Gemeinwohl- zum Personprinzip, nimmt Maritain eine zweite gravierende Modifikation am neuscholastischen Konzept vor: Er entwickelt einen positiven Zugang zu dem die Moderne auszeichnenden Prozess zunehmender gesellschaftlicher Differenzierung und Pluralisierung. „Im Gegensatz zu verschiedenen totalitären Staatsauffassungen, die gegenwärtig in Mode sind" vertritt er „die Auffassung eines pluralistischen Gemeinwesens, das in seiner organischen Einheit eine Verschiedenheit von Gruppen und sozialen Schichten vereinigt, in denen positive Freiheiten Gestalt annehmen."[23] Zu dieser Einsicht gehört für ihn die Unterscheidung zwischen überzeitlicher und zeitlicher

---

20  Maritain 1950, 22.
21  Maritain 1950, 22 f.
22  Maritain 1950, 213.
23  Maritain 1950, 129.

Ordnung und die ausdrückliche Anerkennung einer „Autonomie des Zeitlichen"[24].

Sowohl der Personalismus als auch das positive Pluralismus- und Autonomiekonzept hatten – ekklesiologisch und politisch – weitreichende Konsequenzen. Darauf wird noch zurückzukommen sein. Aber trotzdem blieb Maritain doch in ostentativer Distanz zu jenen kulturellen und politischen Kräften, denen gemeinhin die historische Durchsetzung der modernen Menschen- und Freiheitsrechte zugeschrieben wird. Der „individualistische Liberalismus" war für ihn „eine rein negative Kraft"[25]. Und sogar noch im Zusammenhang mit seinen Überlegungen zur Autonomie des Zeitlichen macht er eine Reminiszenz an die Vormoderne:

> „Wir sind der Meinung, daß das historische Ideal eines neuen Christentums, einer neuen zeitlichen Lebensordnung christlicher Art, gerade durch ihre Gründung auf die gleichen Grundsätze (jedoch in analoger Anwendung) wie die des mittelalterlichen Christentums eine profane christliche und nicht sakrale christliche Auffassung vom Zeitlichen bedeuten würde. [...] Es würde dies nicht mehr die Idee des Heiligen Römischen Reiches sein, die Gott über alle Dinge herrschen läßt, – es wäre vielmehr die Idee der heiligen Freiheit der Kreatur, nach der die Gnade mit Gott eint."[26]

Dieser Gedanke läuft darauf hinaus, dass das Christliche weiterhin das einigende Band und die Leitidee des Gemeinwesens sein soll, aber „in einer profanen pluralistischen Form"[27]. Was er damit meint, deutet sich an, wenn Maritain auf den Gemeinwohlbegriff zu sprechen kommt. Dieser sei mit Blick auf das ihm vorschwebende „pluralistische Gemeinwesen [...] viel weniger konzentriert als das mittelalterliche", aber doch „viel konzentrierter als das liberale". Er ist nicht mehr verankert in den „sakralen Werten" des Mittelalters, aber sein Fundament ist doch „etwas wahrhaft und schon von Natur aus Heiliges: die Berufung der menschlichen Person zur geistigen Erfüllung und Erringung einer wahren Freiheit und die dafür erforderlichen Reserven moralischer Unantastbarkeit."[28]

Eine wohlwollende Relecture hört hier Ähnlichkeiten mit Habermas' Plädoyer für eine „Säkularisierung [...] im Modus der Übersetzung"[29]. Genau das versucht Maritain. Nüchtern betrachtet, baut Maritain allerdings keine Brücken, sondern er konstruiert Gegensätze. Er tritt für die Freiheit ein, weist aber den liberalen, individualistischen Freiheitsbegriff zurück und stellt dagegen sein christliches, gemeinwohlorientiertes Freiheitsverständnis. Er plädiert für die De-

---

24  Maritain 1950, 139.
25  Maritain 1950, 124.
26  Maritain 1950, 128.
27  Maritain 1950, 138.
28  Maritain 1950, 144.
29  Habermas 2001, 53.

mokratie, setzt aber das liberale Demokratieverständnis mit Beliebigkeit gleich und stellt dagegen seine Idee einer christlichen beziehungsweise „personalistischen Demokratie"[30]. Letztlich sind das aber alles auf die Spitze getriebene Gegensätze, wo der vermeintliche Gegner zu einem karikaturesk überzeichneten Popanz aufgebaut wird, um dann mit einem dialektischen Taschenspielertrick zu dem gewünschten Ergebnis zu kommen. Das ganze Narrativ läuft in dem Gedanken zusammen, dass der integrale Humanismus eben nicht in einem „liberalen Individualismus", sondern in einem „christlichen Personalismus" gründet. Und der Personalismus ist gleichsam das Taufbecken, aus dem dann die ganzen für den seinerzeitigen Katholizismus so unverträglichen modernistischen Werte wie Freiheit und Menschenrechte, Individualismus und Pluralismus, von ihrer Ursünde gereinigt, wieder aufsteigen.

Das ist der Grund für die Ausgangsthese, dass Maritains Humanismus-Konzept aus heutiger Sicht theoretisch unbefriedigend ist. Eine wirkliche, differenzierte Auseinandersetzung mit der dem neuzeitlichen Personbegriff immanenten Idee menschlicher Autonomie unternahm er nicht, und eine Inkonsistenz seines eigenen Personkonzepts zu dem von ihm aufgebauten Gegensatz von anthropozentrischem und theozentrischem Humanismus erkannte er erst recht nicht. Im Gegenteil: Er beharrte darauf, seinen integralen Humanismus von dem behaupteten Gegensatz zwischen Theozentrik und Anthropozentrik her entworfen zu haben. Und das ist eine Position, die schon zu Maritains Lebzeiten orthodox war, die heutzutage aber für die theologische Ethik schlicht obsolet ist.

### 2.3 Wirkungsgeschichte: Zweites Vatikanum, Menschenrechte und Christdemokratie

Gerade dieser Malus in der Theoriegeschichte, dass Maritain eben eine Art Gralshüter der Orthodoxie war, war die entscheidende Voraussetzung dafür, dass er in der Wirkungsgeschichte so eminent bedeutsam werden konnte. Denn was in theoretischer Perspektive eine Inkonsistenz war, zeitigte in praktischer Hinsicht einen geradezu fulminanten Erfolg, weil Maritain mit seinem Werk für den seinerzeit im Antimodernismus und Antiliberalismus feststeckenden Katholizismus eine gangbare Brücke in die freiheitliche Moderne baute – und zwar gangbar nicht nur für linke, für liberale Katholik*innen – die hatten mit der Moderne ohnehin nicht das Problem – sondern auch für konservative, für Kulturkampf-Katholik*innen.

In diesem Zusammenhang ist es wichtig, sich in Erinnerung zu rufen: Die katholische Kirche war im 19. Jahrhundert gegen den Liberalismus, gegen die Demokratie und gegen die Idee der Menschenrechte. Das hatte mit der Französi-

---

30  Maritain 1950, 158.

schen Revolution zu tun und damit, dass die Deklaration der Menschenrechte in Europa in diesem Kontext erfolgte. Das hatte auch damit zu tun, dass die Liberalen und die Demokraten im 19. Jahrhundert meistens antiklerikal waren. Aber diese Konflikte waren in erster Linie machtpolitischer und nicht etwa kultureller Natur, worauf Alexis de Tocqueville schon 1856 hingewiesen hatte:

> „[N]icht als religiöse Lehre, sondern vielmehr als politische Institution hatte das Christentum diesen wütenden Haß entzündet, nicht weil die Priester sich anmaßten, die Dinge der anderen Welt zu regeln, sondern weil sie Grundeigentümer, Lehnsherren, Zehntherren, Administratoren in dieser Welt waren; nicht weil die Kirche in der neuen Gesellschaft, die man gründen wollte, keinen Platz finden konnte, sondern weil sie damals die am meisten privilegierte und festeste Stelle in der alten Gesellschaft, die in Staub verwandelt werden sollte, einnahm".[31]

Auch wenn Maritains Denken unübersehbar von diesem machtpolitischen Konflikt zwischen Kirche und Staat beeinflusst war, hat er sich in der Grundlegung seines Humanismuskonzepts doch auf den kulturgeschichtlichen und -philosophischen Aspekt konzentriert und konnte deshalb Freiheit, Demokratie und Menschenrechte auf auch für konservative Katholik*innen sehr verträgliche Weise aus dem Horizont des Christentums heraus rekonstruieren und begründen. Dass er dabei aus der Sicht eines theoriegeschichtlichen Puristen manche abenteuerlichen Haken geschlagen hat, kann man getrost vernachlässigen. Denn der wirkungsgeschichtliche Impact seines Konzepts war fulminant. Große Teile der katholischen Eliten in Kirche und Gesellschaft sind in der Nachkriegszeit durch seine Texte und Gedanken beeinflusst worden. Das hatte auch damit zu tun, dass er nicht nur ein Intellektueller war, sondern an entscheidenden Stellen auch mittelbar eine politische Rolle spielte. Kirchlich ist hier seine besondere Verbindung zu Giovanni Montini, Papst Paul VI., zu nennen. Die beiden kannten sich seit Mitte der zwanziger Jahre. Montini hatte die italienische Übersetzung von Maritains Buch *Trois Réformateurs* herausgegeben und ein Vorwort zu *Humanisme intégral* geschrieben. Von 1945 bis 1948 war Maritain französischer Botschafter am Heiligen Stuhl und traf sich fast jede Woche mit Montini zum philosophischen Tête-à-Tête. Über diese Verbindung wird Maritains Denken ein maßgeblicher Einfluss auf das Zweite Vatikanische Konzil zugeschrieben, namentlich auf die Pastoralkonstitution und die Erklärung zur Religionsfreiheit.[32]

Politisch bedeutsam ist, dass Maritain die Leitung der französischen Delegation bei einem UNESCO-Projekt innehatte, das die Vorbereitungen der Allgemeinen Erklärung der Menschenrechte begleitete. Dabei ist es schwer zu sagen, wie groß sein Einfluss auf die letztlich beschlossene Menschenrechtserklärung war. Dieser Einfluss war wohl vor allem mittelbarer Natur und ging von den

---

31  Tocqueville 1978, 24.
32  Siehe dazu Cagin 2016.

publizistischen Aktivitäten des international renommierten Intellektuellen aus. Schon während des Krieges hatte er sich mit dem Konzept universaler Menschenrechte beschäftigt, etwa in dem erstmals 1942 erschienenen Essay *Les Droits de l'Homme et la Loi Naturelle*.³³ Es ist zudem naheliegend, dass er sich mit René Cassin, der als französischer UN-Botschafter ganz maßgeblich den Text der Menschenrechtserklärung verfasst hat, in irgendeiner Weise ausgetauscht hat. Größeren intellektuellen Einfluss scheint Maritains Werk auf Charles Malik gehabt zu haben, der als libanesischer Gesandter an der Menschenrechtserklärung mitgearbeitet hat.³⁴

Der größte mittelbare politische Einfluss, den Maritain ausgeübt hat, ist aber wohl, dass der christliche Personalismus, dessen wichtigster Vertreter er seinerzeit gewesen ist, der ideengeschichtliche Taufpate für die Christdemokratie gewesen ist, nicht nur in Europa, sondern auch in Lateinamerika.³⁵ Es hatte zuvor von Prälaten geführte katholische Parteien gegeben, die im Zweifel immer als eine Interessenpartei der Kirche agiert hatten. In Deutschland denken wir in diesem Zusammenhang natürlich an das Reichskonkordat und die Zustimmung der Zentrumspartei zum Ermächtigungsgesetz 1933. Auch für Maritain war dies das negative Paradebeispiel: „Der ruhmlose Untergang des deutschen Zentrums sollte genügen, auch den letzten die Augen zu öffnen."³⁶

## 2.4 Führender Kopf des katholischen Antifaschismus

Politischen Opportunismus hat Maritain scharf abgelehnt. Für ihn war klar: Mit einem menschenverachtenden Regime darf man keine faulen Kompromisse eingehen, auch nicht um den Hals der Kirche zu retten. Insbesondere hat er davor gewarnt, dass sich die Kirche aus Angst vor dem Kommunismus auf Zugeständnisse gegenüber dem Faschismus einlässt.³⁷ Mit dieser klaren Haltung ist er in

---

33  Zu Maritains Konzept universaler Menschenrechte siehe Vatter 2013.
34  Vgl. Yabur 2015.
35  Vgl. Belardinelli 1990, 251 f.; Chappel 2018, 144–146. Chappel weist allerdings darauf hin, dass der Personalismus zwar das „Aushängeschild" der Christdemokratie gewesen ist, dass aber auch konservativere Traditionen in der neuen Parteienfamilie eine Heimat gefunden haben. Zum vollständigen Bild gehört auch, dass Maritain sich selbst nie bei der Gründung der christdemokratischen Parteien engagiert hat und ihnen gegenüber zurückhaltend geblieben ist (vgl. Chappel 2018, 150; Nickl 1992, 94). Ihm schwebte mehr eine politische Bewegung vor als die Gründung einer Partei (siehe dazu Maritain 1950, 212 f.).
36  Maritain 1936, 100.
37  Maritain war der Überzeugung, dass sich Kommunismus und Faschismus gegenseitig verstärken, weil jede Aktion der einen Seite eine Reaktion der anderen provoziert (vgl. Maritain 1950, 217). Er hat beide Ideologien für ihre Menschenverachtung kritisiert: „die eine wie die andere macht aus dem Haß eine Tugend, die eine wie die andere weiht sich dem Kampfe – dem Kampfe der Völker oder dem Klassenkampfe –, die eine wie die andere beansprucht für

den dreißiger Jahren zum führenden Kopf des katholischen Antifaschismus geworden.[38]

Seine Überzeugungen hat Maritain auch mit Blick auf den spanischen Bürgerkrieg konsequent vertreten.[39] In Frankreich wurde dieser blutige Konflikt im Nachbarland mit großer Anteilnahme verfolgt – auch weil die politische Spaltung zwischen einer starken antiklerikalen Linken und einer nationalistischen Rechten in Frankreich ähnlich war und manche die Befürchtung hatten, Frankreich könnte ebenfalls in einen solchen Bürgerkrieg abgleiten.

Die konservativen französischen Katholik*innen standen mehrheitlich auf der Seite der Putschisten um General Franco. Sie hatten mit Entsetzen von Folterungen und Morden an Priestern und von Vergewaltigungen von Nonnen durch die Anarchist*innen in Barcelona gehört. Auch republikanische Milizen brandschatzten und mordeten immer wieder in Klöstern und Kirchen. Die spanischen Bischöfe nannten Francos Putsch gegen die Volksfront-Regierung deshalb einen Kreuzzug. Das war auch die Position vieler französischer Katholik*innen, anfänglich auch die von Maritain. Aber das hat er sehr schnell korrigiert, als er gesehen hat, welche Verbrechen auch die Nationalist*innen begingen: bereits im Sommer 1936 das Massaker franquistischer Truppen in Badajoz und die Bombardierung von Wohngebieten in Madrid im November 1936. Dagegen protestierte Maritain gemeinsam mit anderen Intellektuellen öffentlich, genauso wie gegen die Zerstörung der baskischen Stadt Guernica durch die deutsche Luftwaffe am 26. April 1937.[40]

Die öffentlichen Stellungnahmen Maritains gegen Franco waren Gegenstand erheblicher Auseinandersetzungen unter französischen Katholik*innen. Mit Paul Claudel lieferte er sich einen öffentlichen Schlagabtausch.[41] Claudel und andere waren der Überzeugung, dass ein Sieg der Republikaner*innen im Bürgerkrieg das Ende der Kirche in Spanien bedeuten würde. Das war zwar eine durchaus realistische Befürchtung, aber für Maritain trotzdem keine moralisch tragbare Begründung für eine Unterstützung Francos. US-Präsident Franklin D.

---

die zeitliche Gemeinschaft jene messianische Liebe, mit der das Königtum Gottes geliebt werden soll, und die eine wie die andere beugt den Menschen unter irgendeinen unhumanen Humanismus, unter den atheistischen Humanismus der Diktatur des Proletariats, den götzendienerischen Humanismus Cäsars oder den zoologischen Humanismus von Blut und Rasse" (Maritain 1950). Dem Kommunismus hat Maritain dennoch durchaus zugestanden, dass an dessen Ursprung auch christliche Elemente standen (vgl. Maritain 1950, 32). Er hat den Marxismus sogar einmal als „die letzte christliche Häresie" bezeichnet (Maritain 1991, 655). An dem Faschismus hat er vor allem den mit diesem oft verbundenen Rassismus verabscheut, der für ihn die schlimmste Erscheinungsform des Totalitarismus war (vgl. Maritain 1988, 645f.).

38   Vgl. Chappel 2018, 110f.
39   Siehe dazu und zum Folgenden Doering 1982.
40   Vgl. Doering 1982, 499f.
41   Vgl. Doering 1982, 511f.

Roosevelt soll einmal über den nicaraguanischen Diktator Anastasio Somoza Garcia gesagt haben: „Der Mann ist ein Hurensohn. Aber er ist unser Hurensohn." Diese Vorstellung von „Realpolitik" war nicht Maritains Haltung. Noch in seinem Alterswerk *Le paysan de la Garonne* bekräftigte er: „In der Politik hat man sich oft, und mit Recht, auf das Prinzip des geringeren Übels berufen. Es gibt aber auf diesem Gebiet kein größeres Übel, als in unserer irdischen Ordnung [...] Gerechtigkeit und Liebe ohne Zeugnis zu lassen."[42]

## 3. Schluss

Damit soll zum Abschluss noch einmal die Ausgangsfrage in den Blick genommen werden: Gibt es Impulse, die wir heute noch von Maritains Entwurf eines christlichen, integralen Humanismus aufnehmen können? Dazu zwei Punkte:

Das eine ist, dass Maritain in seinen Schriften versucht, die Dialektik des Humanismus und dessen implizite christliche Voraussetzungen offenzulegen. Bloß weil die Art und Weise, in der er das tut, aus heutiger Sicht nicht mehr ganz dem „State of the Art" entspricht, ist die Frage damit ja nicht obsolet. Oben ist bereits darauf hingewiesen worden, dass etwa Jürgen Habermas 2001 in seiner Friedenspreisrede genau diese Frage noch einmal prominent aufgeworfen und betont hat, dass sie immer noch ihrer Beantwortung harrt. Einen zeitgemäßen Versuch dazu hat Hans Joas 2011 in seiner Studie *Die Sakralität der Person* vorgelegt, in der er im Modus einer „affirmativen Genealogie", also in einer methodischen Verschränkung von Erzählung und Begründung, die komplexe Beziehungsgeschichte von Christentum, Kirche und Theologie zu der Idee der Menschenrechte nachzeichnet.[43]

Der zweite Impuls, den man heute von Maritain aufnehmen kann, liegt in seinem sehr erfolgreichen Bemühen, das Christentum und insbesondere den Katholizismus mit der Moderne, mit Demokratie, Menschenrechten und Pluralismus zu versöhnen und ihn damit von seinem Illiberalismus zu befreien. Maritain hat seinen Personalismus als Gegenmodell zum Liberalismus konstruiert und dargestellt, aber bei Lichte betrachtet ist der Personalismus selbst eine Spielart des Liberalismus, meinethalben eines konservativen Liberalismus, eines sozialen oder eines christlichen Liberalismus. Das ist oben als „dialektischer Taschenspielertrick" bezeichnet worden, was durchaus nicht despektierlich sein soll. Denn noch einmal: Die Inkonsistenz in der theoretischen Begründung war der Katalysator für die praktische Wirksamkeit.

Die Herausforderung, der sich Maritain gestellt hat und die er für seine Zeit so grandios gemeistert hat, stellt sich heutzutage erneut. Auch heute gibt es wie-

---

42  Maritain 1969, 34.
43  Siehe dazu Joas 2011, 147–149.

der starke Tendenzen, Christentum und Katholizismus mit illiberalen politischen Positionen zu verbinden bzw. als Gegengewicht zum Liberalismus zu inszenieren. Das ist in Europa am augenfälligsten in Ungarn und in Polen der Fall. Das gleiche Phänomen gibt es in den USA, wo sich evangelikale Gruppen mit rechtsradikalen Kreisen auf dem Gebiet der Identitätspolitik verbünden. Von Russland, wo die Russisch-Orthodoxe Kirche unter Patriarch Kyrill die autoritäre Herrschaft Präsident Putins stützt und den Angriffskrieg auf die Ukraine religiös rechtfertigt, ganz zu schweigen.

Im europäischen Kontext bietet Viktor Orbán das vielleicht interessanteste „Studienobjekt", weil sich seine Idee, die liberale Demokratie durch eine „christliche Demokratie" zu ersetzen, nicht auf eine bloße Parole beschränkt, sondern er sie auch mehrfach konzeptionell entfaltet und begründet hat, zum Beispiel im Sommer 2018 bei einer erhellenden Ansprache auf der 29. Bálványos Sommeruniversität in Băile Tușnad in Rumänien.[44] Orbáns Vorstellungen fallen spätestens seit dem Flüchtlingszuzug 2015/16 in bestimmten katholischen und christlichen Kreisen auch außerhalb Ungarns auf fruchtbaren Boden. Auch katholische Intellektuelle wie der in Harvard lehrende Verfassungsrechtler Adrian Vermeule und der in Notre Dame lehrende Politikwissenschaftler Patrick J. Deneen haben Sympathien für Orbán erkennen lassen und vertreten selbst publizistisch die Idee einer „postliberalen Ordnung".[45]

Angesichts solcher Tendenzen wäre es in der Tat wohl gut, sich wieder öfters an Maritain zu erinnern und an seine Art, sich aus christlicher Perspektive kritisch mit dem Liberalismus auseinanderzusetzen, aber zugleich als entschiedenster Verteidiger von Freiheit und Menschenrechten aufzutreten. Seine bleibende Mahnung ist, dass das sozialethische Herzstück des Christentums nicht irgendeine verquaste Idee eines christlichen Staates ist, sondern der Humanismus, das heißt: der Mensch mit seiner unveräußerlichen personalen Würde, die es stets zuallererst zu achten und zu verteidigen gilt.

## Literaturverzeichnis

DER SPIEGEL (1969): „Achtung, es brennt", in: DER SPIEGEL Nr. 11/1969, 161–162.
Belardinelli, Sergio (1990): „Die politische Philosophie des christlichen Personalismus", in: Ballestrem, Karl/Ottmann, Henning (Hg.): Politische Philosophie des 20. Jahrhunderts, München, 243–262.
Cagin, Michel (2016): „Jacques Maritain und das Zweite Vatikanische Konzil", in: IKaZ Communio 45, 60–75.

---

44  Vgl. Orbán 2018.
45  Siehe dazu den von Deneen und Vermeule gemeinsam mit zwei Kollegen gegründeten Blog „Postliberal Order": https://postliberalorder.substack.com/.

Chappel, James (2018): Catholic Modern: The Challenge of Totalitarianism and the Remaking of the Church, Cambridge (Mass.)/London.

Doering, Bernard (1982): „Jacques Maritain and the Spanish Civil War", in: The Review of Politics 44, 489–522.

Habermas, Jürgen (2001): „Dankesrede", in: Börsenverein des deutschen Buchhandels (Hg.): Friedenspreis des Deutschen Buchhandels 2001: Ansprachen aus Anlass der Verleihung, Frankfurt a. M., 37–56.

Horkheimer, Max/Adorno, Theodor W. ($^{17}$2008): Dialektik der Aufklärung: Philosophische Fragmente, Frankfurt a. M.

Joas, Hans (2011): Die Sakralität der Person: Eine neue Genealogie der Menschenrechte, Berlin.

Maritain, Jacques (1936): Gesellschaftsordnung und Freiheit, Luzern.

Maritain, Jacques (1950): Christlicher Humanismus: Politische und geistige Fragen einer neuen Christenheit, Heidelberg.

Maritain, Jacques (1969): Der Bauer von der Garonne: Ein alter Laie macht sich Gedanken, München.

Maritain, Jacques (1988): „Les Droits de l'Homme et la Loi Naturelle", in: Œuvres Complètes, Bd. VII, Paris, 617—695.

Maritain, Jacques (1991): „La Philosophie Morale: Examen historique et critique des grands systems", in: Œuvres Complètes, Bd. XI, Paris, 233–1040.

Nickl, Peter (1992): Jacques Maritain: Eine Einführung in Leben und Werk, Paderborn u. a.

Orbán, Viktor (2018): Speech at the 29. Bálványos summer open university and student camp, verfügbar unter: http://www.miniszterelnok.hu/prime-minister-viktor-orbans-speech-at-the-29th-balvanyos-summer-open-university-and-student-camp/ [13.04.2024].

Schmidinger, Heinrich (1994): Der Mensch ist Person: Ein christliches Prinzip in theologischer und philosophischer Sicht, Innsbruck/Wien.

Tocqueville, Alexis de (1978): Der alte Staat und die Revolution, München.

Vatter, Miguel (2013): „Political-Theological Foundations of Universal Human Rights: The Case of Maritain", in: Social Research 80, 233–260.

Yabur, Pedro Pallares (2015): „Una introducción a la relación entre Jacques Maritain y algunos redactores nucleares de la Declaración Universal de los Derechos Humanos", in: Open Insight 9, 173–203.

# „Menschenbild" oder „Menschenbilder"?
## Eine mögliche jüdische Deutung

*Amit Kravitz*

## 1. Judentum *oder* Universalismus?

Die Frage nach Menschenbildern aus der Sicht der abrahamitischen Religionen setzt implizit voraus, dass das Judentum im gleichen Sinne wie das Christentum und der Islam eine „Religion" sei, und dass das Judentum überhaupt als „Religion" bezeichnet werden darf.[1] Doch sowohl unter jüdischen wie auch unter nichtjüdischen Denkerinnen und Denkern ist umstritten, *was* genau das Judentum ist, zum Beispiel ob es als eine *Nation* bzw. ein *Volk* oder eher als eine *Religion*[2] zu verstehen ist.

Um diese Problematik zu veranschaulichen: In Genesis 12,2 verspricht Gott Abraham nicht: „Ich werde Dich zur großen *Religion* machen", sondern Gott sagt: „Ich werden Dich zum großen *Volk* machen" (וְאֶעֶשְׂךָ לְגוֹי גָּדוֹל); also kann es hier aus jüdischer Sicht nicht um eine „Religion" wie das später auftretende Christentum oder den Islam gehen, da das göttliche Versprechen zunächst spezifisch auf die Nachkommenschaft Abrahams, sprich, einen Partikularismus, eingeschränkt ist. Jedoch kann es sich auch nicht um „Volk" im üblichen Sinn handeln, denn Gott sagt in Exodus 18,6: „Und ihr sollt mir ein Königreich von Priestern und ein *heiliges Volk* sein" (וְאַתֶּם תִּהְיוּ לִי מַמְלֶכֶת כֹּהֲנִים וְגוֹי קָדוֹשׁ). Diese Hybridität nun ist nicht etwas, hinter welchem sich ein vermeintlich wahres We-

---

1   Der genaue Sinn des Begriffs „Religion" selbst ist umstritten, und seine präzise Bedeutung hängt vom jeweiligen innersystematischen Gebrauch ab. Um ein Beispiel zu geben: Für Kant (im Gegensatz zum heutigen Gebrauch des Terminus) ist „positive Religion" („Offenbarung") kein *deskriptiver*, sondern ein *normativer* Begriff; der Wert jeder „Offenbarung" wird einzig im Lichte der Frage beurteilt, inwiefern sie als „Leitmittel [in] die reine Religion" (Kant 1968, 115) bzw. „Vehikel für den reinen Religionsglauben" (Kant 1968, 118) fungieren kann. Für die jetzige Diskussion allerdings spielt nur der Unterschied zwischen dem Judentum und missionarischen Religionen eine Rolle.
2   Laut Moses Mendelssohns bekannter These zum Beispiel ist das Judentum nach der Zerstörung des Tempels keine Nation im üblichen Sinne des Wortes mehr, sondern vielmehr eine Religion; denn mit dieser Zerstörung waren „[d]ie bürgerlichen Bande der Nation [...] aufgelöset, religiöse Vergehungen waren keine Staatsverbrechen mehr, und die Religion, als Religion kennet keine Strafen, keine andere Buße, als die der reuevolle Sünder sich freiwillig auferlegt" (Mendelssohn 2005, 133). Entsprechend wird mitunter in der Literatur die Frage aufgeworfen, wie das Judentum zur „Religion" *wurde* – eine Fragestellung, in der implizit wird, dass das Judentum nicht genau eine „Religion" *ist*; siehe zum Beispiel Batnitzky 2011.

sen des Judentums als „Volk" *oder* als „Religion" versteckt; vielmehr macht diese Vagheit selbst das Wesen des Judentums aus; das Judentum kann tatsächlich weder der Kategorie „Nation" noch der Kategorie „Religion" – egal nun, wie man die jeweilige Kategorie definiert – eindeutig zugeordnet werden.

Dieses Schwanken zwischen „Nation" (oder „Volk")[3] und „Religion" und die damit verbundene Tatsache, dass das Judentum nicht missioniert, haben nun direkte Relevanz für das Thema „Menschenbilder" und „Menschenbild". Es wird üblicherweise behauptet, dass Christentum wie auch Islam sich ab ovo auf ein *universelles Menschenbild* gründen, und der Beweis dafür ist die Tatsache, dass sie *missionarische Religionen* sind – Religionen also, welche die ganze Gattung adressieren und sie in erhoffter, idealer Zukunft völlig umfassen sollen. Demnach macht es tatsächlich auch Sinn, das *„Menschen*bild" aus christlicher oder muslimischer Perspektive herauszuarbeiten, da sich diese beiden Religionen ja vom Anspruch her auf *jeden Menschen*, nicht auf eine *partikuläre Gruppe in der Menschheit*, beziehen. Im Bezug auf das Judentum verhält es sich nach dieser Sichtweise anders, denn hier stehen – eben weil es sich nicht nur um eine „Religion" mit universellem Anspruch handelt – nicht die Menschheit im Zentrum, sondern – als vermeintlicher Widerspruch – nur jüdische Menschen.

Um diesen Punkt mithilfe eines bekannten Beispiels aus der jüdischen Überlieferung zu veranschaulichen: „Nächstenliebe" erscheint freilich als ein Gebot, hinter welchem eine universelle Forderung steht. Jedoch sind die Sachen aus jüdischer Perspektive komplizierter; dies lässt sich klar sehen, wenn die Quelle für dieses Gebot in der jüdischen Bibel – die auch als Quelle für das Christentum und den Islam fungiert – sorgfältig geprüft wird. In Levitikus 19,18 steht (eigene Hervorhebungen): „Du sollst Dich nicht rächen noch Zorn bewahren *gegen die Kinder Deines Volks. Du sollst Deinen Nächsten lieben* wie Dich selbst" (לֹא תִקֹּם וְלֹא תִטֹּר אֶת בְּנֵי עַמֶּךָ וְאָהַבְתָּ לְרֵעֲךָ כָּמוֹךָ אֲנִי יְהוָה). Angesichts der *Ordnung* in dieser Formulierung bietet es sich an, „Nächstenliebe" *nicht* als Liebe zu den *Menschen überhaupt* zu deuten, sondern als spezifische Liebe zu *Mitgliedern des Volks*, weshalb es nicht verwundern mag, dass die überwiegende Mehrheit der jüdischen Ausleger und Lehrer – bereits in der alten Debatte in Bereschit Raba zwischen Rabbi Akiva und Ben Asai, oder viel später bei Maimonides – behaupten, dass „Nächstenliebe" sich überwiegend auf den Nächsten *des jüdischen Volks* bezieht. Hier sieht man, glaube ich, klar, wie ein Gebot, welches zunächst als etwas Universelles erscheint und sich auf *Menschen* zu beziehen scheint, aus einer jüdischen Perspektive als etwas *Partikuläres* gedeutet wird.

---

[3] Denn auch die Frage, ob der Begriff „Nation" oder „Nationalität" ein neues, modernes Phänomen ist oder nicht, ist bekanntlich Gegenstand heftiger Diskussionen. Zu der Position, wonach „Nationalität" keineswegs bloß ein modernes Phänomen ist und dasselbe Phänomen in unterschiedlichen Zeiten (auch in der Antike) in verschiedenen Formen auftaucht – siehe Gat 2013.

So gesehen ist das Christentum eine Art *Universalisierung des jüdischen Partikularismus*, eine Bewältigung des jüdischen Partikularismus *um des Universalismus willen*. Das bekannte Zitat in Galater 3,28 („Hier ist kein Jude noch Grieche, hier ist kein Knecht noch Freier, hier ist kein Mann noch Weib; denn ihr seid allzumal einer in Christo Jesu") wird nicht von ungefähr in diesem Lichte aufgefasst[4] – als eine Art Indiz für das universelle Moment des Christentums,[5] das sich angesichts des vorhergehenden jüdischen Partikularismus etabliert hat. So gesehen ist im Rahmen des Christentums (oder später des Islams) die Rede vom „*Menschen*bild" von Grund auf intelligibel, im Judentum hingegen ist es nicht so, oder immerhin nicht im gleichen Sinne.

Diese Behauptung – dass im Judentum kein echtes universelles Interesse obwaltet, und dass deshalb der wahre Universalismus die Überwindung des jüdischen Partikularismus bedeutet – hat sich historisch leicht in den Vorwurf verwandelt, dass das Judentum deshalb sogar *Hass gegen die ganze Menschheit* bedeute. Dieses Verständnis der Idee des Universalismus ist so tief im abendländischen Verständnis verwurzelt, dass es sich auch in „aufgeklärten", säkularen Zusammenhängen – und nicht nur in strikt theologischen – häufig finden lässt.[6] Bereits bei Kant wird diese Position angedeutet, wenn er schreibt, dass das Judentum „das *ganze menschliche Geschlecht* von seiner Gemeinschaft ausgeschlossen"[7] habe; dabei wird impliziert, dass der jüdischen Konzentration auf Juden ein aktiver, ablehnender Schritt gegen den Rest der Menschheit vorhergehe.

---

4    Paulus wurde diesbezüglich oft anachronistisch gedeutet, denn „in his own view, Paul was always a Jew, in both phases of his life. In fact – and again in his own view – Paul was always an excellent Jew in both phases of his life. [...] And given his own understanding of the message of Christ, he was also convinced that he was a superior Jew" (Fredriksen 2008, 62f.). Die Art und Weise, wie Paulus vom 2. Jahrhundert an interpretiert wurde, ist also immer anachronistisch – zweifellos bei Markion, der glaubte, dass der Gott, der den Juden das Gesetz gab, nicht derselbe Gott ist, der im Evangelium erscheint. Dasselbe lässt sich über Jesus selbst sagen, und wurde auch von modernen jüdischen Philosophen mitunter behauptet; siehe zum Beispiel Mendelssohn 2005, 136f.: „Jesus von Nazareth hat sich nie verlauten lassen, daß er gekommen sei, das Haus Jakob von dem Gesetze zu entbinden. Ja, er hat vielmehr mit ausdrücklichen Worten das Gegenteil gesagt; und was noch mehr ist, hat selbst das Gegenteil getan. Jesus von Nazareth hat selbst nicht nur das Gesetz Moses; sondern auch die Satzungen der Rabbinen beobachtet [...]. Haben seine Nachfolger in spätern Zeiten anders gedacht, [...] so ist es sicherlich ohne seine Autorität geschehen".
5    Diese verbreitete Auslegung besteht unter Philosophen und Theologen bis in die Gegenwart hinein. Um ein Beispiel zu geben: Agamben meint, dass Paulus „den Universalismus und das messianische Ende jeder Trennung zwischen Juden und Heiden predigt" (Agamben 2012, 56). Siehe auch Badiou 2002, 20f.
6    Dieses Verhältnis wurde bereits bei Spinoza zur Sprache gebracht, allerdings in umgekehrter Stoßrichtung: Spinoza vermerkt, dass „der Haß der Völker" die Juden und die jüdische Identität „in erster Linie erhält"; siehe Spinoza 2006, 63.
7    Kant 1968, 127 (eigene Hervorhebung).

Bei Fichte taucht diese Beschuldigung schon explizit auf; nach ihm ist das Judentum simpel „auf den Hass des ganzen menschlichen Geschlechtes aufgebaut [...]"[8]; Hegel spricht im gleichen Geist von dem „Dämon des Hasses", der den sogenannten „Geist des Judentums"[9] kennzeichne, und Schelling erwähnt, dass Tacitus von dem jüdischen Volk sage „daß es gegen das ganze übrige Menschengeschlecht von feindlichem Haß erfüllt [...]"[10] sei.

Es springt also auf Anhieb ins Auge, dass immer wieder ein klarer Kontrast und eine markante dynamische Spannung zwischen dem Judentum und dem Universalismus behauptet wird.[11] Das muss nun nicht zwangsläufig heißen, dass aus dem Judentum kein Menschenbild herauskristallisiert werden kann (auf den ersten Blick immerhin beginnt das Buch Genesis mit der Geschichte *des Menschen*, nicht der *des Juden*); es heißt nur, dass im Judentum – gemäß dieser Sichtweise – das Thema „Menschenbild" seine Zentralität zugunsten einer Befassung mit dem „Judenbild", sprich, zugunsten der Befassung mit dem Schicksal einer spezifischen, partikulären Nation eingebüßt hat. Es mag scheinen, als ob das Thema „Menschen", welches sich freilich in den jüdischen Quellen findet, im Judentum aus welchem Grund auch immer stark verdrängt wurde zugunsten der Befassung mit dem „Juden" – bis das Christentum kam, und die Frage nach dem „Menschen" wieder auf die Tagesordnung setzte.

## 2. Judentum und Universalismus – Gemeinsamer Nenner innerer jüdischer Perspektiven

Die gerade dargestellte Sichtweise steht allerdings im scharfen Gegensatz zum faktischen jüdischen Selbstverständnis, also zur Tatsache, dass Juden das Judentum ohne Ausnahme – an jedem Ort und zu jedem Zeitpunkt – als Träger einer universellen Botschaft gedeutet haben. Ich habe oben die Stelle aus der jüdischen Bibel zitiert, in der Gott Abraham verspricht, ihn zu einem großen *Volk* – also nicht zu einer großen *Religion* – zu machen. Aber dieses Versprechen selbst wird bereits dort unmittelbar in wesentliche Verbindung mit einem universellen Zweck gesetzt (Genesis 12,3–4): „Ich werde Dich zu einem großen Volk machen, Dich segnen und Deinen Namen groß machen [...] Durch Dich sollen alle

---

8   Fichte 1845/46, 149.
9   Hegel 2020, 41.
10  Schelling 1858, 75.
11  Dieses Steryotyp – dass es einen wesentlichen Kontast zwischen „Judentum" und „Universalismus" gibt – wurde mit der Zeit selbst von vielen Juden verinnerlicht, und der radikalste Ausdruck dieser Tatsache ist das, was mitunter als „der jüdische Selbsthass" bezeichnet wird; siehe darüber zum Beispiel Lessing 1930; Leitter 2012; Gilman 1990. Das bekannteste Beispiel für diese Pathologie im deutschen Zusammenhang ist freilich Weininger 1904.

Geschlechter der Erde Segen erlangen" (וְאֶעֶשְׂךָ לְגוֹי גָּדוֹל וַאֲבָרֶכְךָ וַאֲגַדְּלָה שְׁמֶךָ וֶהְיֵה בְּרָכָה [...] וְנִבְרְכוּ בְךָ כֹּל מִשְׁפְּחֹת הָאֲדָמָה). Die universelle Bedeutung des Judentums (*Segen für alle Geschlechter der Erde*) ist also ab ovo im jüdischen Partikularismus („Volk") angelegt – der jüdische Partikularismus wird sogar mittels dieser universellen Aufgabe definiert.

Die einzige Frage diesbezüglich, die unter jüdischen Denkerinnen und Denkern umstritten war und ist, bezieht sich nicht darauf, *dass* es der Fall ist, dass dem Judentum eine universelle Bedeutung für die ganze Menschheit zukommt, sondern vielmehr darauf, *wie* genau diese universelle Bedeutung des Judentums zu deuten ist. Um dies mithilfe eines Beispiels zu veranschaulichen: Im 20. Jahrhundert waren jüdische Philosophen wie Hermann Cohen oder Franz Rosenzweig der Ansicht, in welcher übrigens eine lange rabbinische Tradition nachhallt,[12] dass just das Leben im Exil („Galuth") – also die Lage, in der die Juden unter den Völkern ohne politische Souveränität verstreut waren, und die von vielen prominenten christlichen Denkern als Beweis für die göttliche Bestrafung der Juden gesehen wurde[13] – die Erfüllung der jüdischen universellen Aufgabe als solcher darstellt, da die Juden im Exil für die ganze Menschheit als Vorläufer der göttlichen, also der universellen Politik fungieren, und – mangels eigenem jüdischen Staat – nicht der irdischen, sprich der partikulären Politik unterliegen. Hingegen nahmen die Zionisten im Wesentlichen, und zwar ungeachtet wichtiger feiner Unterschiede zwischen verschiedenen Strömungen,[14] die umgekehrte Position ein: Danach kann die universelle Aufgabe des Judentums einzig durch eine erneute Errichtung eines jüdischen Staats – also durch die Bewältigung des Exils – erfüllt werden, weshalb der politischen jüdischen Souveränität in ihren Augen universalistische Bedeutung zukommt (von daher die Rede von einem Staat Israel, der als „Licht für die Völker" fungieren soll). Der gemeinsame Nenner ist also klar: Ungeachtet wesentlicher Unterscheidungen betrachten beide Ansätze letztlich das Bestehen des jüdischen Partikularismus nicht als wesentliches Hindernis, sondern als unumgängliche Vorbedingung des Gelingens des Universalismus selbst.

Nun drängt sich die Frage auf: Was bedeutet diese innere jüdische Perspektive für die Frage nach dem ‚Menschenbild' bzw. den ‚Menschenbildern'?

---

12 „Schon im traditionellen rabbinischen Diskurs gibt es eine Auffassung des Exils, die weniger Sünde und Strafe betont, sondern den Akzent auf die mit dem Exil verbundene Aufgabe des jüdischen Volkes setzt, in der Zerstreuung unter den Völkern lebendige Zeugen des reinen Monotheismus zu sein. Diese Idee steht im Zentrum der religiösen Reformbewegung im deutschen Judentum des 19. Jahrhunderts." (Shedletzky 2013, 31).
13 Bekannterweise bereits bei Augustinus; siehe dazu Franks 2018, 150f.
14 Siehe dazu Avineri 1998.

## 3. Universalismus umgedeutet

Aus der Tatsache, dass die Juden das Judentum als Träger einer universalen Botschaft ansehen, lässt sich ein interessanter Aspekt der jüdischen Sichtweise auf das Thema „Menschenbild" – oder genau gesagt: auf den Unterschied zwischen „Menschenbild" und „Menschenbildern" – herausarbeiten.

Der jüdische Partikularismus – der wie jeder Partikularismus Aspekte besitzt, die sich per definitionem *nicht* auf den abstrakten Begriff des bloßen Menschen reduzieren lassen – sieht sich *als Partikularismus* als Vorbedingung des Gelingens des Universalismus selbst. Von daher: Dieser Partikularismus identifiziert sich zum einem *nicht* mit dem Universalismus (wäre es der Fall gewesen, wäre das Judentum eine missionarische Religion – es hätte den Anspruch beinhaltet, dass um des Universalismus willen *alle* Juden sein werden, weil dann das Judentum der begehrte Universalismus *ist*). Zum anderen aber wird durch diesen Partikularismus – just weil das Judentum auf seinem irreduziblen Partikularismus als Vorbedingung der Verwirklichung des Universalismus selbst besteht – ein alternatives Verständnis des Universalismus selbst angedeutet. Nach diesem Verständnis besteht der wahre Universalismus nicht in dem Versuch – welcher missionarische Religionen wie das Christentum oder den Islam kennzeichnet –, alle Menschen demselben Glauben zu unterwerfen, weil dies eine Aufopferung der vielfältigen „Menschen*bilder*" zugunsten eines einzigen „Menschen*bilds*" bedeutet. Der alternative Universalismus besteht vielmehr in einer Pluralität von Identitäten statt in einer erhofften Uniformität einer einzigen Identität.

Nun: Aus einem zentralen christlichen Paradigma, das ich oben kurz angeführt habe, fungiert das Judentum aus klaren Gründen als Symbol für den Partikularismus, der im Namen des Universalismus bewältigt werden soll. Im alternativen Verständnis von Universalismus als Pluralität von Identitäten nimmt das Judentum auch eine symbolische Rolle ein, aber nun umgekehrt – das Bewahren des jüdischen Partikularismus ist hier nun der Garant dafür, dass dieser Universalismus immer noch besteht, also dass die vielfältigen „Menschen*bilder*" nicht einem „Menschen*bild*" unterworfen werden. Dem spezifischen Umgang mit dem jüdischen Partikularismus kommt also eine indikative Funktion zu: Dort, wo versucht wird (symbolisch oder nicht), den jüdischen Partikularismus abzuschaffen, hat der Universalismus der Uniformität – sprich, der Universalismus des einen „Menschen*bilds*" – die Oberhand; wohingegen da, wo der jüdische Partikularismus friedlich existieren kann (ohne den Anspruch von außen an ihn, dass er sich um eines Universalismus willen auflöst), – allen – genug Platz bleibt für den Universalismus, der sich aus der Pluralität von Identitäten speist, sprich, für den Universalismus der „Menschen*bilder*". Im alternativen Verständnis des Universalismus bleibt also das Judentum partikularistisch *für die ganze Menschheit*, denn es fungiert, wenn man so will, als eine stetige symbolische Erinnerung daran, dass mit Begriffen wie „Menschen*bild*" die Gefahr einer uniformierenden Verflachung des Menschen – der „Menschen*bilder*" – einhergeht. Um diesen Punkt auf eine etwas provokative Formel zu bringen: Es existiert nicht nur ein Nihilismus der übertriebenen Partikularität, in dem universelle, allgemeingültige Werte zurückgewiesen werden, sondern auch ein Nihilismus des übertriebenen Universalismus – eines Universalismus, der die Pluralität von „Menschen*bildern*" und menschlichen Existenzweisen einem verfälschten einheitlichen „Menschen*bild*" preisgibt.

Wichtig ist hier daher, anzumerken, dass auch im Rahmen des alternativen – nicht missionarischen – Universalismus Platz bleibt für eine allumfassende universelle Schicht, vor allem bezüglich der allgemeingültigen moralischen Forderungen, in deren Rahmen alle Menschen ohne Ausnahme, also *ungeachtet ihrer partikulären Lebensweise und ihres Glaubens*, als Ebenbild Gottes angesehen werden sollen und als solche gemeinsame, grundlegende moralische Pflichten teilen müssen.[15] Der Unterschied zwischen den zwei Verständnisweisen des Universalismus liegt woanders: Wenn der Versuch gemacht wird, diese allgemeine verbindliche moralische Ebene, die *beide* Universalismusverständnisse teilen, zu erweitern, so dass diese Ebene auch für den Bereich „Religion" beziehungsweise „Glauben" – der sich *per definitionem* auf etwas gründet, welches nicht verallgemeinert werden kann, und zwar „Offenbarung" – verbindlich gemacht wird, ist das Resultat aus der Perspektive des alternativen Universalismus eine Einengung des Seins des Menschen selbst – eine Abschaffung der bunten, lebendigen „Menschen*bilder*", welche die menschliche Existenz ausmachen und ausmachen *sollen*.

## Literaturverzeichnis

Agamben, Giorgio (2012): Die Zeit, die bleibt: Ein Kommentar zum Römerbrief, Frankfurt a. M.
Avineri, Shlomoh (1998): Profile des Zionismus: Die geistigen Ursprünge des Staates Israel. 17 Porträts, Gütersloh.
Badiou, Alain (2002): Paulus: Die Begründung des Universalismus, München.
Batnitzky, Leora (2011): How Judaism Became a Religion? An Introduction to Modern Jewish Thought, Princeton/Oxford.
Fichte, Johann G. (1845/46): „Beiträge zur Berichtigung der Urteile des Publicums über die französische Revolution", in: Johann Gottlieb Fichtes sämmtliche Werke: Band 6, Berlin.
Franks, Paul (2018): „Struktureller Antisemitismus oder kabbalistisches Erbe? Das Verhältnis des deutschen Idealismus zum Judentum", in: Kravitz, Amit/Noller, Jörg (Hg.): Der Begriff des Judentums in der klassischen deutschen Philosophie, Tübingen, 147–174.
Fredriksen, Paula (2008): Augustine and the Jews, New York.

---

15  Im Judentum kommt diese Forderung zur Sprache u. a. durch die sogenannten sieben Noachidischen Gebote, denen sich die ganze Menschheit unterwerfen soll.

Gat, Azar (2013): Nations: The Long History and Deep Roots of Political Ethnicity and Nationalism, Cambridge.

Gilman, Sander (1990): Jewish Self-Hatred: Anti-Semitism and the Hidden Language of the Jews, Baltimore.

Hegel, Georg F. W. (2020): „Abraham in Chaldäa gebohren ...", in: Jaeschke, Walter (Hg.): Georg Friedrich Wilhelm Hegel: Frühe Schriften (Frankfurter Manuskripte und Druckschriften), Hamburg, 32–53.

Leitter, Paul (2012): The Origins of Jewish Self-Hatred, Princeton/Oxford.

Lessing, Theodor (1930): Der jüdische Selbsthaß, Berlin.

Kant, Immanuel (1968): Die Religion innerhalb der Grenzen der bloßen Vernunft. Die Metaphysik der Sitten (Kants Werke: Akademie Textausgabe, Bd. 6), Berlin.

Mendelssohn, Moses (2005): Jerusalem oder über die religiöse Macht und Judentum, Hamburg.

Schelling, Friedrich W. J. (1858): Philosophie der Offenbarung, zweiter Theil (Sämtliche Werke XIV), Stuttgart/Augsburg.

Shedletzky, Itta (2013): „Exil im deutsch-jüdischen Kontext: Theologie, Geschichte, Literatur", in: Bannasch, Bettina/Rochus, Gerhild (Hg.): Handbuch der deutschsprachigen Exilliteratur: Von Heinrich Heine bis Herta Müller, Berlin/Boston, 27–48.

Spinoza, Baruch de (2006): „Theologisch-politischer Traktat", in: Bartuschat, Wolfgang (Hg.): Werke in drei Bänden, Bd. 2/3, Hamburg.

Weininger, Otto (1904): Geschlecht und Charakter: eine prinzipielle Untersuchung, Wien.

# Kapitel 2: Christlicher Humanismus

# „Der Mensch im Mittelpunkt"
## Das Konzept des christlichen Humanismus in der Sozialverkündigung der Kirche

*Ursula Nothelle-Wildfeuer*

Die folgenden Überlegungen gehen von einem konstitutiven Zusammenhang zwischen dem Konzept des christlichen Humanismus und der Sozialverkündigung der Kirche aus. Die Frage nach dem Modus des Verhältnisses beider zueinander ist Gegenstand dieses Beitrags. Besonders zu berücksichtigen ist dabei, dass beide Denkbewegungen eine Entwicklung durchmachen. Dabei gehen die folgenden Ausführungen weitgehend chronologisch vor, weichen aber dann davon ab, wenn es darum geht, bestimmte Grundlinien zu verdeutlichen. Ein Fazit im Sinne einer Zusammenfassung und auch im Blick auf daraus folgende und anstehende Herausforderungen beschließt die Überlegungen.

## 1. Der Nichtbezug auf den Begriff des Humanismus in den Texten der frühen Phase der Sozialverkündigung

Ein Blick auf die frühen Texte der Sozialverkündigung in der neuscholastischen Phase zeigt, dass hier offensichtlich in Bezug auf den Humanismus gilt, was Matthias Lutz-Bachmann in der neuesten Auflage des Staatslexikons formuliert: „Für die Debatten des 20. Jh." – und hier würde ich ergänzen: des ausgehenden 19. Jahrhunderts – „erwiesen sich die frühen Schriften von K[arl] Marx als bedeutsam, insb[esondere] sein Postulat eines ‚vollendeten Humanismus' (MEW 40: 536) in den Pariser Manuskripten aus dem Jahr 1844." Darin legte Marx durch seine Kritik an einem „‚bürgerlichen' Konzept von H[umanismus] die theoretischen Grundlagen für einen im 20. Jh. politisch wirksam werdenden sozialistischen H[umanismus], der weltweit für die kommunistischen und sozialistischen Parteien […] ein kämpferisch-atheistisches Programm […] mit einem normativen Begründungsanspruch für die jeweils verfolgten politischen Ziele formulierte."[1] Vor diesem Hintergrund, der auf die entsprechende weltanschauliche Debatte verweist, kann es gar nicht verwundern, dass weder in *Rerum novarum* noch in *Quadragesimo anno* der Begriff des Humanismus zu finden ist. Von einem solchen atheistischen Programm und zugleich auch von den Marx'-

---

1 Lutz-Bachmann 2022.

schen Ansätzen zur Lösung der sozialen Frage suchte man sich speziell in dieser Zeit deutlich abzusetzen.[2]

Ein weiterer Aspekt ist in diesem Zusammenhang zu berücksichtigen: Im Kontext der zur Zeit von *Rerum novarum* und *Quadragesimo anno* vorherrschenden neuscholastischen Theologie „wurde [es] [...] als häretisch angesehen", „[e]ine Theologie zu formulieren, die ihren Ausgangspunkt nicht beim Dogma, sondern bei den Problemstellungen und Herausforderungen des menschlichen Lebens ansetzt"[3]. Eine päpstliche Sozialenzyklika, die gleich zu Beginn im zweiten Absatz die prekäre Situation der Industriearbeiter aufzeigt, die u. a. dadurch gekennzeichnet sei, so Leo XIII. in *Rerum novarum*, dass „die Arbeiter allmählich der Herzlosigkeit reicher Besitzer und der ungezügelten Habgier der Konkurrenz isoliert und schutzlos überantwortet wurden", dass „wenige übermäßig Reiche einer Masse von Besitzlosen ein nahezu sklavisches Joch auflegen [konnten]" (RN 2), hat sich schon allein damit auf eine schwierige Gratwanderung begeben. An einen *expressis verbis* formulierten Ansatz eines Humanismus, der theologisch begründet die Mittelpunktstellung des Menschen und die bedingungslose Achtung seiner Würde formulieren würde, ist mithin in diesem theologiegeschichtlichen Kontext, in dem Theologie im Wesentlichen nur Dogmatik im Sinne der Darlegung, Einordnung und Auslegung von Dogmen ist, noch überhaupt nicht zu denken. Man kann bereits hier ermessen, welch weiten Weg die Soziallehre der Kirche von ihren neuscholastischen Anfängen her über Papst Johannes XXIII. und den methodischen Dreischritt Sehen, Urteilen, Handeln bis zum II. Vatikanischen Konzil mit seinem Aggiornamento und weiter bis heute zurückgelegt hat.

An späterer Stelle wird noch einmal auf die ersten Enzykliken zurückzukommen sein hinsichtlich der Überlegung, inwiefern trotz der Nicht-Erwähnung der Humanismus-Idee die in diesen Texten verfolgte positive Intention nicht doch bereits einem christlichen Humanismus subsumiert werden kann.

## 2. Die „Geburt eines neuen Humanismus" – Zur Entwicklung in den Texten der konziliaren Phase

Zu der zweiten Phase der Sozialverkündigung, um die es im Folgenden geht, zählen die Texte der beiden Konzilspäpste Johannes XXIII. und Paul VI. sowie die Pastoralkonstitution des II. Vatikanums *Gaudium et spes* (GS), in der sich erstmals die Erwähnung des Begriffs Humanismus – allerdings äquivok, mithin

---

2   Ein anderer Umgang mit sozialistisch-marxistischem Gedankengut wird erst in *Octogesima adveniens* (1971) spürbar, dem kann aber in den folgenden Überlegungen nicht näher nachgegangen werden.
3   Neuner 2019, 84.

in nicht einheitlicher Konnotation – finden. Die Enzykliken von Johannes Paul II., der bereits als Kardinal Karol Wojtyla am Konzil beteiligt war und auch an diversen Stellen seinen philosophisch-theologischen Einfluss durch seinen Ansatz beim Personalismus geltend gemacht hat, schließen thematisch daran an.

## 2.1 Humanismus – der Mensch im Mittelpunkt

Inhaltlich ist diese zweite Phase der Sozialverkündigung in doppelter Weise neu geprägt: Zum einen durch eine neue methodische Herangehensweise, die sich bereits in *Mater et magistra* (MM) von 1961 anbahnt, wenn dort der Dreischritt „Sehen – Urteilen – Handeln" (MM 236) zum ersten Mal benannt wird bzw. in *Pacem in terris* von 1963 die „Zeichen der Zeit" als Ansatzpunkte für ein Ernstnehmen der jeweiligen Gegenwart und ihrer Entwicklungstendenzen herausgestellt werden und die Pastoralkonstitution *Gaudium et spes* dies zu einem entscheidenden Kriterium des Verhältnisses der Kirche zur Welt von heute, zu einem Signum des Aggiornamento macht.

Zum anderen ist mit der Wendung zum Menschen im Mittelpunkt, zu seiner Umgebung, zur Welt und zur Geschichte die Differenz zur neuscholastischen Grundhaltung am deutlichsten markiert: Es geht nicht um eine satzhaft formulierte Wahrheit, sondern, wie die Präambel der Pastoralkonstitution sagt, um „Freude und Hoffnung, Trauer und Angst der Menschen von heute, besonders der Armen und Bedrängten aller Art, [die] [...] auch Freude und Hoffnung, Trauer und Angst der Jünger Christi [sind]. Und es gibt nichts wahrhaft Menschliches, das nicht in ihren Herzen seinen Widerhall fände." (GS 1) Die sich darin artikulierende Mittelpunktstellung des Menschen findet dann auch ihren Ausdruck in der inzwischen zum Kernsatz christlicher Sozialethik avancierten Formel vom „Mensch[en] [als] Urheber, Mittelpunkt und Ziel aller Wirtschaft" (GS 63) bzw. aller „gesellschaftlichen Institutionen" (GS 25). Damit schließt die Pastoralkonstitution an *Mater et magistra* an, wo sich diese Formel ebenfalls findet (vgl. MM 219). Diese Mittelpunktstellung wird auch in der Konzilserklärung *Dignitatis humanae* (DH) über die Religionsfreiheit zum Dreh- und Angelpunkt, wird doch auch hier „nicht mehr nach dem Recht der Wahrheit und dem Unrecht des Irrtums gefragt, Rechtsträger ist vielmehr die Person und sie allein"[4]. Hiermit wird u. a. auch an *Pacem in terris* (1963) angeknüpft, wo es um die Würde der menschlichen Person sowie ihre Rechte und Pflichten geht. Maßgeblich ist eben diese Würde der menschlichen Person. Damit hat das Zweite Vatikanische Konzil einen Humanismus bzw. die vom Konzil angestoßene Weiterentwicklung später einen Personalismus entfaltet, der Ausdruck der für das Konzil signifikanten „anthropologischen Wende" ist. Er stellt eine un-

---

4 Neuner 2019, 137.

übersehbare Kehrtwende im Vergleich zu den Lehren des Syllabus, zur Verurteilung des Freiheitsdenkens und zur alleinigen Ausrichtung auf die in Dogmen gefasste Wahrheit dar. Manches, so beschreibt Peter Neuner die Entwicklung treffend, was vorab als Häresie verurteilt wurde, gewann hier nun Bedeutung als Formulierung und Übersetzung der christlichen Botschaft.[5]

### 2.2 Die konstitutive Bedeutung der Offenheit für Transzendenz

Diese essenzielle Bedeutung der Hinwendung zum Menschen als Kernanliegen des Humanismus in der Sozialverkündigung seit dem II. Vatikanum vollzog sich allerdings langsam, und der Begriff changierte noch lange zwischen seinen z. T. entgegengesetzten Konnotationen.

In der Pastoralkonstitution (GS 7) ist die Rede davon, dass „breite Volksmassen das religiöse Leben praktisch auf[gegeben]" haben und dass die oftmals im Hintergrund stehende „Leugnung Gottes oder der Religion oder die völlige Gleichgültigkeit" kein singuläres Phänomen mehr ist. Zur Begründung heißt es dort weiter: „Heute wird eine solche Haltung gar nicht selten als Forderung des wissenschaftlichen Fortschritts und eines sogenannten neuen Humanismus ausgegeben." Der Begriff des Humanismus wird in diesem Kontext also noch in negativer Konnotation benutzt in dem Sinne, wie es oben mit Bezug auf die Relevanz des Begriffs in Marx'scher Prägung für das 20. Jahrhundert ausgesagt wurde. Er bezeichnet eine Weltanschauung, von der man als Kirche hinsichtlich der atheistischen Orientierung meint, sich eindeutig absetzen zu müssen. Das gleiche Verdikt gilt auch für den wissenschaftlichen Fortschritt, der allerdings dann auch nicht näher spezifiziert wird.

Jedoch klingt hier bereits ex negativo die Bedeutung der Offenheit für Transzendenz, mehr noch die Relevanz der Dimension des christlichen Glaubens an, die zur Bestimmung dessen, was den Menschen ausmacht, konstitutiv hinzugehört und die im Lauf der weiteren Entwicklung als zentrale Dimension des *christlichen* Humanismus prägend wird. Etwas später im Text der Pastoralkonstitution kommt dieser Zusammenhang vom Human-Sein (hier wird das Adjektiv benutzt) und der religiösen Dimension bereits positiv zum Ausdruck, wenn davon die Rede ist, dass „die Sendung der Kirche sich als eine religiöse und gerade dadurch höchst humane erweist" (GS 11). Es wird die Erkenntnis deutlich, dass – aus christlicher Perspektive – von Gott nicht mehr zu sprechen ist, ohne auch vom Menschen zu sprechen und umgekehrt, auch vom Menschen nicht, ohne von Gott zu sprechen.

---

5  Vgl. Neuner 2019, 138.

## 2.3 Die ethische Ausrichtung auf Verantwortung

Im weiteren Verlauf des Konzilsdokuments *Gaudium et spes* gibt es Passagen, in denen der Begriff des Humanismus deutlich facettenreicher gebraucht wird: In dem Kapitel der Pastoralkonstitution, in dem über die „Kultur in der Welt von heute" (Überschrift über Nr. 54–56) reflektiert wird, ist zum einen von der „Geburt eines neuen Humanismus" (GS 55) die Rede, „in dem der Mensch sich vor allem von der Verantwortung für seine Brüder und die Geschichte her versteht". Damit kommt die ethische Dimension mit ins Spiel, die auch vielfältig bei dem Gebrauch des Adjektivs *human* im Text anklingt: Letztlich geht es immer wieder darum, dass das wirklich Humane die „integrale Berufung des Menschen" (GS 11) impliziert, durch die der Geist auf „wirklich humane Lösungen" ausgerichtet ist. Dabei ist das wahrhaft Menschliche auch immer verbunden mit der Ausrichtung auf Weisheit, was die „Suche und Liebe des Wahren und Guten" (GS 15) meint. Es geht also um das umfassend Menschliche, denn Weisheit meint klassisch die Übereinstimmung von Theorie und Praxis, was in der Nennung des Wahren und Guten anklingt. Zur inhaltlichen Ausrichtung des Humanen gehört ebenfalls noch der Bezug auf die Gerechtigkeit, die ebenso wie die Wahrheit dem Aufbau „eine[r] bessere[n] Welt" (GS 55) dienen soll. Die Orientierung auf diese zentralen Werte, auf das Umfassende, ist eine zweite entscheidende Dimension des christlichen Humanismus. Schließlich ist noch zu verweisen auf die Formulierung „in der Welt von heute", die deutlich macht, dass der Mensch im Kontext der Geschichte und im Rahmen der konkreten Realität gesehen wird und nicht länger mehr in einem ontologischen Sinn als sein ideales Wesen, wie er sein soll. Auch diese Realitätsdimension gehört entscheidend zum Verständnis von christlichem Humanismus.

## 2.4 Die Bedeutung von Autonomie

In *Gaudium et spes* ist die Rede von Schwierigkeiten und Aufgaben, genauerhin von Antinomien, die der Mensch bewältigen und innerhalb derer sich die menschliche Kultur entwickeln muss. In dem Zusammenhang dieser Antinomien findet sich auch die Frage, „wie [...] man endlich die Autonomie als rechtmäßig anerkennen [kann], die die Kultur für sich beansprucht, ohne dass man zu einem rein innerweltlichen, ja religionsfeindlichen Humanismus kommt" (GS 56). Der Begriff des Humanismus kommt hier zwar wiederum in negativer Konnotation vor, aber die Nennung der Autonomie als zweitem Pol der Antinomie lässt sich zugleich als eine positive Variante von Humanismus verstehen. Dem Begriff der Autonomie wird im Konzilsdokument eine eindeutig differenzierte Bedeutung beigemessen, die Attribute „relative" oder „richtige" Autonomie sind zwar schwierig, weil es als Einschränkung der „eigentlichen" Autonomie klingt, aber sie wollen darauf hinweisen, dass Autonomie im Rahmen der bleibenden Verbindung zum Schöpfergott gedacht werden kann. Man wird sagen können, dass *Gaudium et spes* mit den entsprechenden Passagen, in denen es um die Autonomie des Menschen und um die richtige Autonomie der Kultursachbereiche geht (vgl. GS 36), so weit gegangen ist wie kein nachfolgendes Dokument mehr. Vor dem Hintergrund ist es umso erstaunlicher, dass man sich von Seiten des Lehramtes und auch in manchen theologischen Kreisen bis heute noch so schwer damit tut, auf der Basis dieses Ansatzes bei der Autonomie, der den Anschluss an die neuzeitliche Vernunft- und Freiheitsgeschichte ermöglichte, Lösungen für zahlreiche anstehende Fragen vor allem der Ethik, aber auch der Fundamentaltheologie[6] und Dogmatik zu suchen. Die vielfältigen Diskurse etwa des Synodalen Weges in Deutschland und in seinem Umfeld geben ein beredtes Zeugnis davon.

### 2.5 Gerechtigkeit und Gemeinwohl

Ein weiterer Aspekt ist für das Verständnis von Humanismus im Bereich der Sozialverkündigung relevant, nämlich die immer wieder erwähnte und geforderte humanere Gestaltung der gesellschaftlichen Ordnung, „der Menschenfamilie und ihrer Geschichte" (GS 40) sowie der Dreiklang von der „Erreichung einer größeren Gerechtigkeit, einer umfassenderen Brüderlichkeit und einer humaneren Ordnung der gesellschaftlichen Verflechtungen" (GS 35). Das zeigt, dass es beim Humanismus auch um strukturelle und institutionelle Formen geht. Die humane Koordination der Wirtschaft und speziell des Wachstums wird ebenfalls eingefordert. Christlicher Humanismus zielt damit ab auf die für den sozialethischen Kontext zentralen Fragen nach Gerechtigkeit, Solidarität und einer entsprechenden Ordnung von Wirtschaft und Gesellschaft, national und global. Sowohl in der Pastoralkonstitution als auch in allen weiteren Dokumenten stehen diese Ausführungen immer im untrennbaren Zusammenhang mit dem Prinzip des Gemeinwohls, das weitgehend formal definiert wird und damit zumindest implizit den Wert der individuellen Freiheit hervorhebt: „Das Gemeinwohl der Gesellschaft besteht in der Gesamtheit jener Bedingungen des sozialen Lebens, die sowohl den Gruppen als auch deren einzelnen Gliedern ein volleres und leichteres Erreichen der eigenen Vollendung ermöglichen" (GS 26). Die Konzilserklärung über die Religionsfreiheit *Dignitatis humanae* ergänzt noch präzisierend den Verweis auf die „Wahrung der Rechte und Pflichten der menschlichen Person" (DH 6). Damit geht die Definition von Gemeinwohl entscheidend über eine rein prozesshaft-formale Bestimmung hinaus. Vielmehr geht es um ein konstitutives material-inhaltliches Element, nämlich letztlich die Freiheit und Ver-

---

6   Vgl. etwa Striet 2023.

antwortung der menschlichen Person, für deren Realisierung staatlicherseits Rahmenbedingungen gefunden und bereitgestellt werden müssen. Gemeinwohl meint folglich eine Zielbestimmung der Gesellschaft als freie und gerechte Gesellschaft, in der alle jetzt und zukünftig Lebenden menschenwürdig existieren können und ihre mit Gründen vertretenen Freiheitsvorstellungen im Rahmen einer entsprechenden Ordnung so realisieren können, dass sie weder sich noch Dritten schaden.

## 2.6 Integraler Humanismus und dynamische Entwicklung

Als das zentrale Dokument für die Ausdifferenzierung des Begriffs eines christlichen Humanismus ist *Populorum progressio,* die Entwicklungsenzyklika von Papst Paul VI. aus dem Jahr 1967, zu nennen. Der Text spricht von Humanismus durchgängig in ausschließlich positiver Definition: So ist die Rede von der „Eingliederung [des Menschen] in den lebendigmachenden Christus", durch die er „zu einer neuen Entfaltung, zu einem Humanismus jenseitiger, ganz anderer Art [gelangt], der ihm die höchste Lebensfülle schenkt: das ist das letzte Ziel und der letzte Sinn menschlicher Entfaltung" (PP 16). Die berühmt gewordene Passage des Textes spricht von einem *neuen* Humanismus:

> „Die Entwicklungshilfe braucht immer mehr Techniker. Noch nötiger freilich hat sie weise Menschen mit tiefen Gedanken, die nach einem neuen Humanismus Ausschau halten, der den Menschen von heute sich selbst finden lässt, im Ja zu den hohen Werten der Liebe, der Freundschaft, des Gebets, der Betrachtung. Nur so kann sich die wahre Entwicklung voll und ganz erfüllen, die für den einzelnen, die für die Völker der Weg von weniger menschlichen zu menschlicheren Lebensbedingungen ist." (PP 20)

Diese Rede vom neuen integralen Humanismus ist nur angemessen zu verstehen vor dem Hintergrund der breit geführten Debatte um das, was Entwicklung, auch im Rahmen der Frage nach Entwicklungspolitik und Entwicklungshilfe, meint: Es geht nicht nur um technischen Fortschritt bzw. einzelne Fortschritte, die aber auch nicht missachtet werden. Es geht umfassender um eine Entwicklung in Fragen der menschlichen Lebensbedingungen und der Humanität, in deren Dienst einzelne Fortschritte stehen. In diesem Passus wird nicht, was in päpstlichen Dokumenten selten ist, Bezug genommen auf Kirchenväter, nicht auf frühere päpstliche Dokumente oder selbstreferentiell auf eigene vorherige Äußerungen, sondern auf Jacques Maritain mit seinem integralen Humanismus, der hier mit allen relevanten Dimensionen umschrieben wird. Bei ihm geht es entscheidend um einen theozentrischen Humanismus, für den der Bezug auf Gott als Ursprung konstitutiv ist.[7] Den Abschluss des ersten Teils der Enzyklika

---

[7] Vgl. in diesem Band den Beitrag von Arnd Küppers.

bildet ein Abschnitt über den „Humanismus im Vollsinn des Wortes", was so viel meint wie „eine umfassende Entwicklung des ganzen Menschen und der ganzen Menschheit" (PP 42). Christlicher Humanismus impliziert also eine dynamische Dimension, aber zugleich klingt damit noch ein weiterer Punkt an, der im folgenden Teil der Enzyklika weiter entfaltet wird, nämlich der Bezug nicht nur auf das Individuum und seine Entwicklung, sondern auf die aller Menschen. Es geht dann um die solidarische Entwicklung der Menschheit. Dieser christliche Humanismus im Vollsinn des Wortes wird wiederum kontrastiert mit einem „verkürzte[n] Humanismus", der den Bezug zu den Werten des Geistes und zu Gott nicht herstellt und bei dem der Mensch sich in sich selbst abkapselt (vgl. PP 42), was so viel bedeutet wie die geistige Dimension des eigenen Menschseins, die Beziehung zu Gott und auch die zu den Mitmenschen zu vernachlässigen.

### 2.7 Globalisierung und solidarischer Humanismus

Die Rede vom christlichen Humanismus taucht dann erst systematisch wieder auf bei Benedikt XVI. und seiner Sozialenzyklika *Caritas in veritate* (CiV) von 2009, die zum 40-jährigen Jubiläum (wenngleich auch vom Erscheinungsdatum her zwei Jahre später) von *Populorum progressio* erscheint und deren zentrale Aussagen stärkt.[8] Die dort bereits angeklungene Entwicklung der gesamten Menschheit wird vor dem Hintergrund der kritischen Frage nach dem Umgang mit der Globalisierung erneut thematisiert: „Die zum Globalisierungsprozess gehörende Veränderung bringt große Schwierigkeiten und Gefahren mit sich, die nur dann überwunden werden können, wenn man sich der anthropologischen und ethischen Seele bewusst wird, die aus der Tiefe die Globalisierung selbst in Richtung einer solidarischen Humanisierung führt." (CiV 42) Im weiteren Verlauf ist die Rede davon, dass die Globalisierung der Menschheit zu leben sei „im Sinne von Beziehung, Gemeinschaft und Teilhabe" (CiV 42). Diese Dimensionen lassen sich lesen als Erläuterungen dessen, was christlicher Humanismus in seiner globalen sozialen Dimension bedeutet. Die Begriffe Beziehung und Gemeinschaft verweisen auf die immer deutlicher werdende Notwendigkeit des Bezugs zum Lokalen und zur kleineren Einheit gerade im Kontext der Globalisierung. Speziell mit dem Verweis auf den Wert der Teilhabe kommt der Grundgedanke sozialer, im Sinne von partizipativer Gerechtigkeit in diesem Kontext auf. Es geht im Text wesentlich um Armutsbekämpfung, um die Einbeziehung der Schwellen- und Entwicklungsländer selbst in diesen Prozess und um

---

8   Dazwischen liegt die 1987 erschienene zweite Entwicklungsenzyklika *Sollicitudo rei socialis* von Johannes Paul II., die aber wegen der deutlichen Akzentverschiebung von Fortschritt zu Entwicklung und der speziellen personalistischen Akzentuierung gesondert zu behandeln ist.

deren Partizipation am wachsenden Wohlstand. Eine Nebenbemerkung: Von einer wohlstandskritischen Perspektive, wie sie für uns heute von besonderer Bedeutung ist, um das Immer-Mehr durch einen Kulturwandel zu überwinden, kann hier noch keine Rede sein.

## 2.8 Humanökologie

Die Rede von Humanismus und Humanisierung bei Benedikt XVI. führt notwendig auch zu dem in der Rezeption schwierigen und umstrittenen Begriff der Humanökologie, der bereits vorher bei Johannes Paul II. auftauchte, bei Benedikt jetzt aber eine etwas weitere Interpretation erfahren hat und später auch bei Franziskus wieder aufgegriffen wird. In *Caritas in veritate* stellt Benedikt den Begriff in den direkten Zusammenhang mit der Umweltökologie und zeigt die untrennbare Verbindung zwischen beiden (vgl. CiV 51). Es geht ihm darum, dass die Kirche eine Verantwortung für den Schutz und die Verteidigung der Gaben der Schöpfung hat, aber auch eine Verantwortung dafür, den Menschen vor seiner Selbstzerstörung zu bewahren. „Die Beschädigung der Natur hängt nämlich eng mit der Kultur zusammen, die das menschliche Zusammenleben gestaltet. *Wenn in der Gesellschaft die ‚Humanökologie' respektiert wird, profitiert davon auch die Umweltökologie.*" (CiV 51) Er zitiert an dieser Stelle seine eigene Botschaft zum Weltfriedenstag 2007, in der er deutlich macht, dass Hass und Gewalt unvereinbar sind mit wahrer Humanökologie und sie dem Frieden nicht dienen. Humanökologie basiert, und das ist für diesen Begriff eine entscheidende Voraussetzung, für ihn auf moralischen Einstellungen, Wertehaltungen und Bedingungen, für die die Menschen selbst sich engagieren müssen, die also nicht naturgegeben bereits vorhanden sind. Während bei Johannes Paul II., auf dessen Sozialverkündigung gleich noch gesondert einzugehen ist, die Rede von der Humanökologie sehr schnell eng geführt wird auf die Frage nach Sexualität und der in der Ehe gründenden Familie, findet sich bei Benedikt, auch wenn er auf den engeren Bezug von Leben und Tod zu sprechen kommt, doch eine deutlich größere und weitere Bedeutung des Begriffs der Humanökologie. Er umfasst damit Fragen von Leben und Tod, von Schwangerschaft und Geburt, aber auch von Embryonenforschung und, wie erwähnt, von Krieg und Frieden. Auch in seiner Rede vor dem Deutschen Bundestag 2011 hat er den Begriff der Ökologie des Menschen wieder aufgegriffen, um deutlich zu machen, dass der Mensch „nicht nur sich selbst machende Freiheit" ist, sondern auch eine „Natur [hat], die er achten muss". Für die Sozialethik und ihr Verständnis von christlichem Humanismus ist dieser Punkt der Verhältnisbestimmung zwischen Natur und Freiheit sowie zwischen Human- und Umweltökologie von großer Bedeutung. Letzteres Verhältnis wird in den Texten von Papst Franziskus immer wieder aufgegriffen und umfassend weiterentwickelt, das erstere bleibt bislang, zumindest in kirchenamtlichen Texten, ungeklärt und damit unbefriedigend, gerade wenn wir auf das Verständnis von Freiheit bzw. von Autonomie schauen.

## 3. Das Person-Sein des Menschen als Spezifizierung des Verständnisses von christlichem Humanismus

Das Verständnis von christlichem Humanismus erhält zunächst bei Johannes XXIII. und später intensiv bei Johannes Paul II. eine weitere spezifische Dimension durch den Bezug auf das Person-Sein des Menschen. Dabei ist in den Texten dieser beiden Päpste an kaum einer Stelle von christlichem Humanismus die Rede, der Ansatz des Personalismus spezifiziert dessen Bedeutung allerdings inhaltlich entscheidend.

### 3.1 Der Mensch als Person: Würde, Rechte und Freiheit

In der Enzyklika *Pacem in terris* (PT) von 1963 findet sich die zentrale Aussage, „dass jeder Mensch seinem Wesen nach Person ist" (PT 5). Dieses Person-Sein wird definiert durch die Tatsache, dass er „eine Natur [hat], die mit Vernunft und Willensfreiheit ausgestattet ist; er hat daher aus sich Rechte und Pflichten, die unmittelbar und gleichzeitig aus seiner Natur hervorgehen. Weil sie allgemein gültig und unverletzlich sind, können sie auch in keiner Weise veräußert werden" (PT 5). Solches Person-Sein ist konstitutiv verbunden mit der Betonung der Würde des Menschen als Person sowie mit den sich notwendig daraus ergebenden Rechten des Menschen. Von der Begründung aus entwickelt *Pacem in terris* diese sog. kirchliche Menschenrechtserklärung. Der mit der Würde des Menschen untrennbar zusammenhängende Wert der Freiheit wird in dieser Enzyklika mehrfach aufgerufen, zum einen natürlich überall da, wo es um die individuellen Freiheitsrechte geht, zum anderen dort, wo es um das Zusammenspiel mit den Werten von Gerechtigkeit und Wahrheit geht. Schließlich ist aber auch da von Freiheit die Rede, wo es grundsätzlich um das Verständnis eben dieser Würde geht: Es ist die Rede von der Entscheidungs- und Handlungsfreiheit (vgl. PT 17). Allerdings fehlt ein für die Freiheit und das Person-Sein gravierender und konstitutiver Aspekt, nämlich die Gewissensfreiheit. Gewissen mit Bezug auf Röm 2,15 taucht ausschließlich im Sinne eines Ableseorgans für die „Ordnung", die der Schöpfer „ins Innere des Menschen eingeprägt [hat]" (PT 3) auf, ein Relikt aus dem Naturrechtsdenken. Vom Gewissen als letzter Instanz bei jeder ethischen Entscheidung ist in diesem Kontext noch nicht die Rede.

Die Erklärung *Dignitatis humanae* über die Religionsfreiheit des II. Vatikanischen Konzils von 1965, in der die Lehre „über die unverletzlichen Rechte der menschlichen Person" (DH 1) weitergeführt werden soll, liest sich da schon deutlich anders: Das Verständnis von Gewissen und Freiheit wird hier tatsächlich entscheidend erweitert – die Gewissensfreiheit wird ohne jede Einschränkung auf die christliche Wahrheit, wie es in der früheren Denktradition üblich war, und auch ohne jede Reduzierung auf eine pragmatische Duldung anerkannt. Das Recht auf Religionsfreiheit „gilt daher für jeden Menschen, unabhängig von seinem religiösen Bekenntnis oder seiner Weltanschauung"[9]. Im deutlichen Widerspruch zur katholischen Staatsauffassung im 19. Jahrhundert, zur Rechtsauffassung, der zufolge der Irrtum kein Lebensrecht habe, wird in diesem Dokument die Unverlierbarkeit der Rechte, hier speziell des Rechts auf Religions- und Gewissensfreiheit, stark gemacht. Dies ist *der* zentrale Aspekt des Personalismus und damit auch des christlichen Humanismus.

### 3.2 Pflichten und Verantwortlichkeiten

Ein entscheidender Unterschied von *Pacem in terris* zur UN-Menschenrechtserklärung besteht darin, dass diese Enzyklika deutlich macht (was die Intention von Hans Küng in seinem Projekt Weltethos später in ähnlicher Weise war), dass auf der Basis des Person-Seins mit den Rechten ebenfalls entsprechende Pflichten sowohl im Blick auf die eigene Person als auch auf andere Personen verbunden sind, was sich tatsächlich besser mit dem bei Küng später auch verwendeten Begriff der Verantwortlichkeiten erläutern lässt. Das Person-Sein impliziert also immer schon eine entsprechende normative Grundausrichtung – womit auch zumindest grundsätzlich die Gefahr des naturalistischen Sein-Sollens-Fehlschlusses gebannt ist, der im Blick auf das neuscholastische Naturrecht zu Recht kritisiert wird.[10] Eine personbezogene und menschenrechtlich orientierte Sozialverkündigung setzt ganz anders als eine naturrechtlich orientierte an. Es geht ihr um die Verantwortung, sich zu engagieren für die Realisierung dieser Rechte eines jeden Menschen sowie für entsprechende – gerechte – Rahmenbedingungen, die dem Einzelnen die Realisierung erleichtern. Zugleich werden die Rechte der menschlichen Person in Bezug auf das nationale gesellschaftliche und auch auf das universale Gemeinwohl ausformuliert. „Deshalb muss die universale politische Gewalt" – welche Gewalt das sein soll, bleibt hier wie auch bei späteren Bezugnahmen darauf unbestimmt – „ganz besonders darauf achten, dass die Rechte der menschlichen Person anerkannt werden und ihnen die geschuldete Ehre zuteil wird, dass sie unverletzlich sind und wirksam gefördert werden" (PT 73). In diesem Zusammenhang wird differenziert, dass dies entweder unmittelbar geschehen kann oder über eine Art Rahmenordnung, durch die dann in Einzelstaaten die entsprechenden Aufgaben leichter zu erfüllen sind. Damit ist

---

9   Schockenhoff 2012, 4.
10  Vgl. Höffe 1983, 15.

auch das Verhältnis von Individuum und Staat bzw. Einzelwohl und Gemeinwohl in ein anderes, personorientiertes Verhältnis gebracht. Der Gemeinwohlbegriff beschreibt damit nicht mehr einfachhin ein dem Einzelnen übergeordnetes Staatsziel, sondern wird vom Personsein her gedeutet.

### 3.3 Philosophisch-theologisch grundgelegter Personalismus und die Königswürde des Menschen

Vom Personbegriff her, wie er in *Pacem in terris* benutzt wird, lässt sich eine direkte Verbindungslinie zu dem Ansatz des Personalismus bei Johannes Paul II. ziehen, der in all seinen sozialethischen Texten zum Ausdruck kommt. Dessen Spezifikum besteht darin, dass er eine philosophische, von der Wertephilosophie Max Schelers her geprägte, und eine theologische Begründungslinie im Begriff der Person zusammenführt. Letztere Begründungslinie argumentiert nicht nur von der Schöpfungstheologie, der Gottebenbildlichkeit und Kreatürlichkeit des Menschen her, wie es in der neuscholastischen Tradition für eine eher schmale theologische Argumentation üblich war, sondern sie führt darüber hinaus auch den Bereich der Soteriologie an. Denn erst – so heißt es in seiner Antrittsenzyklika *Redemptor hominis* (RH), basierend auf *Gaudium et spes* – „Christus, der neue Adam, macht eben in der Offenbarung des Geheimnisses des Vaters und seiner Liebe dem Menschen den Menschen selbst voll kund und erschließt ihm seine höchste Berufung" (RH 8,2; GS 22). Dieser eigenständige und neben dem philosophischen Zugang gleichberechtigte theologisch-anthropologische Ansatz ist auch als Ausdruck bzw. Konsequenz der anthropologischen Wende des II. Vatikanums zu lesen.

Die personalistische Konzeption Johannes Pauls II. konzentriert sich ganz auf den Menschen als Person („Der Mensch ist der erste Weg der Kirche" [RH 14]) und das heißt als Individuum in seiner unwiederholbaren Einzigartigkeit, in seiner Würde und den daraus resultierenden Rechten. Der polnische Papst hat die Menschenrechte zum zentralen und konstitutiven Thema seiner Verkündigung gemacht; für ihn waren sie eine spezifische Forderung der kirchlichen Sendung und damit ein zentrales, genuin christliches und evangeliumsgemäßes Anliegen. Dass damit eine 180-Grad-Wende von der ursprünglichen kirchlichen Verurteilung der Menschenrechte wie im antimodernistischen *Syllabus errorum* Pius' IX. (1864) und dessen Enzyklika *Quanta cura* hin zur Position Johannes Pauls II. stattgefunden hat, wird an keiner Stelle thematisiert. Erst unter Benedikt XVI. gibt es vor allem im Blick auf die Konzilserklärung zur Religionsfreiheit *Dignitatis humanae* eine Debatte um die Hermeneutik der Reform bzw. der Kontinuität oder des Bruchs. Wie man allerdings diese diametral entgegengesetzten Positionen als eine kontinuierliche Entwicklung verstehen will, lässt sich argumentativ nicht aufzeigen.

Wenn Johannes Paul II. vom Menschen als Person spricht, bildet nicht primär ein metaphysisch festgestelltes Wesen des Menschen, sondern der geschichtliche und einmalige Mensch in seiner Personalität den Mittelpunkt und die Basis (im Sinne des notwendigen Arguments) jeder ethischen Überlegung. In diesem Zusammenhang spricht Johannes Paul II. von der „Königswürde" des Menschen. Das meint die „‚Herrschaft' des Menschen über die sichtbare Welt, die ihm vom Schöpfer als Aufgabe anvertraut worden ist". Sie besteht – so der spätere Papst – „im Vorrang der Ethik vor der Technik, im Primat der Person über die Dinge, in der Überordnung des Geistes über die Materie."[11] Genau diese Argumentation auf der Basis der Personwürde des Menschen prägt auch die Ausführungen zu den Fragen der menschlichen Arbeit in *Laborem exercens* (LE) von 1981: Der Mensch wird als Person gesehen, als „subjekthaftes Wesen, das imstande ist, auf geordnete und rationale Weise zu handeln, fähig, über sich zu entscheiden, und auf Selbstverwirklichung ausgerichtet" (LE 6). Als eine solche Person ist der Mensch auch „Subjekt der Arbeit", was notwendige Konsequenzen für die Ausgestaltung der Arbeitswelt und für die Rechte des arbeitenden Menschen hat.

### 3.4 Das Ringen um den neuen Humanismus und die christliche Perspektive

Diese grundlegende Perspektive, die durch das Festhalten an der Kategorie des Individuums und seiner Personalität charakterisiert wird, erweist sich nach Johannes Paul II. letztlich allein in spezifisch christlicher Sicht als tragfähige Option. So heißt es in seiner Rede an die Wissenschaftler im Kölner Dom 1980:

> „Eine tragfähige Lösung für die dringenden Fragen nach dem Sinn der menschlichen Existenz, nach den Maßstäben des Handelns und nach den Perspektiven einer weiterreichenden Hoffnung ist nur in der erneuerten Verbindung des wissenschaftlichen Denkens mit der wahrheitssuchenden Glaubenskraft des Menschen möglich. Das Ringen um einen neuen Humanismus, auf den die Entwicklung des dritten Jahrtausends gegründet werden kann, wird nur zum Erfolg führen, wenn in ihm die wissenschaftliche Erkenntnis wieder in lebendige Beziehung tritt mit der Wahrheit, die dem Menschen als Geschenk Gottes offenbart ist. Die Vernunft des Menschen ist ein großartiges Instrument [...]. Sie bedarf aber [...] einer Öffnung für das Wort der ewigen Wahrheit, das in Christus Mensch geworden ist."

Hier ist, soweit ich sehe, eine der wenigen Stellen, an denen Johannes Paul II. vom „neuen Humanismus" spricht. Das ist vermutlich terminologisch zurückzuführen auf den eigentlichen Verfasser dieser Rede, den damaligen Bonner Philosophen Wolfgang Kluxen, der auch konzeptionell in diesem Kontext auf der Un-

---

11  Wojtyla ²1980, 70.

terscheidung des Thomas von Aquin zwischen natürlichem und übernatürlichem Wissen aufbaut, der aber hier sicherlich keinen spezifischen Wahrheitsdiskurs führen will. Vielmehr geht es inhaltlich auch in diesem Kontext um einen Humanismus, der, wie oben bereits beschrieben, einerseits auf die Vernunft setzt, diese aber zugleich als offen für die transzendente Dimension versteht, spezifischer: für die Gottesbeziehung. Diese erweist sich als notwendig für die ewige und vollendete Wahrheit und damit auch für einen Humanismus in seiner theologisch reflektierten Tiefe. In unserer religionspluralen Gesellschaft allerdings scheint heute ein solcher Ansatz für einen Dialog mit ebendieser Gesellschaft kaum noch vermittelbar zu sein. Dabei darf aber auch nicht übersehen werden, dass gegenwärtig die Sehnsucht nach einer Dimension, die das materiell Greifbare übersteigt, wieder deutlich spürbar ist.

### 3.5 Die Tragfähigkeit der personalistischen Argumentation Johannes Pauls II.

Papst Johannes Paul II. ist sicherlich der Papst, der die katholische Soziallehre mit seinen drei Sozialenzykliken und vielen weiteren Ansprachen und Texten in besonderer Weise systematisch vorangebracht hat. Seine personalistische Argumentation prägt auch in weiten Zügen das vom Päpstlichen Rat für Gerechtigkeit und Frieden 2006 in erster Auflage in deutscher Sprache herausgegebene Kompendium der Soziallehre der Kirche, das aktuell von einer Arbeitsgruppe am Dikasterium für die ganzheitliche Entwicklung des Menschen überarbeitet und aktualisiert wird.

Fragt man nun nach der Tragfähigkeit dieser personalistischen Argumentation, so ist zunächst festzuhalten, dass es Papst Johannes Paul II. durch eben diesen personalistischen Ansatz gelungen ist, den bis dahin weitgehend selbstverständlichen klassisch naturrechtlichen Ansatz in großen Teilen zu überwinden. Dadurch, dass er in logischer Konsequenz aus seinem Ansatz heraus auch die Unbedingtheit der Menschenrechte unterstreicht und das Engagement für sie als Kehrseite der Verkündigung des Evangeliums würdigt, legt er das Fundament für die heute zentrale menschenrechtliche Orientierung der Soziallehre und Sozialethik. Dass er dafür auch auf das II. Vatikanische Konzil rekurriert, das er bereits als Konzilsvater entscheidend mitgeprägt hat, liegt auf der Hand. Er betont die Würde der einzelnen Person deutlich, geht aber zugleich davon aus, dass der Personbegriff die individuelle und soziale Dimension des Menschseins umfasst. Damit wird auch aus diesem Ansatz heraus die für die Soziallehre und ihren spezifischen Blick auf Institutionen, Strukturen und Ordnungen wichtige soziale und gesellschaftliche Dimension in besonderer Weise betont. Ein weiterer Baustein zur Überwindung der weit verbreiteten Gleichsetzung von Soziallehre und Naturrechtslehre besteht darin, dass Johannes Paul II. die philosophische und die theologische Begründungslinie im Personbegriff zusammenführt, so dass er damit die Soziallehre auch wieder stärker an die Theologie, insbesondere auch an das Neue Testament, anbindet.

Allerdings muss man gleichzeitig auch feststellen, dass es offenkundig nicht die Intention von Papst Johannes Paul II. war, mit seiner personalistischen Argumentation die naturrechtliche, im Sinne eines stark essentialistischen Verständnisses, ganz zu überwinden. Vielmehr finden sich immer wieder deutliche Bezüge auf eine solche ontologische Naturkonzeption bzw. auf die entsprechende Tradition, in deren Rahmen die menschenrechtliche Orientierung eher wie ein Fremdkörper wirkt. Die gesamte innerkirchliche, vor allem theologisch-ethische Diskussion um die Fragen von Freiheit und Autonomie, von Sexualität und Ehe, von einer umfassend zu erneuernden Sexualethik und der Neubewertung von Homosexualität könnte durchaus auch Potential aus diesem personalistischen Ansatz gewinnen und beim Menschen als Person ihren Ausgang nehmen. De facto aber verbleibt sie auf diesem Gebiet in der lehramtlichen Positionierung weitestgehend in der seit dem 19. Jahrhundert bestimmenden naturrechtlichen Spur.

Einen wichtigen Schritt weiter führt dann die Sozialverkündigung bei Papst Franziskus, der zwar an diversen Stellen immer noch traditionellen, naturrechtlichen Argumentationspfaden verhaftet ist, aber mit seinem konstitutiven Einbezug der Schöpfungsdimension eine deutliche Erweiterung sowohl hinsichtlich einer ökologisch und empirisch differenzierten Bezugnahme auf die Natur als auch hinsichtlich der auf die Menschenwürde und die Menschenrechte bezogenen Orientierung bewirkt.

## 4. Die verstärkte Betonung der sozialen und ökologischen Dimension als Erweiterung des Begriffs vom christlichen Humanismus

So zentral auch für Johannes XXIII. und vor allem für Johannes Paul II. diese personale Argumentation als Spezifikum kirchlicher Sozialverkündigung und deren christlichen Humanismus gewesen ist, umso auffallender ist es, dass sich die Relevanz dieser Argumentationsschiene, die natürlich stark in der wissenschaftlich-theologischen Vorprägung Johannes Pauls II. begründet lag, wieder reduzierte. Wie gezeigt, nimmt bereits Benedikt XVI. im Anschluss an Paul VI. die Terminologie des christlichen Humanismus wieder auf. Für die aktuelle Phase der kirchlichen Sozialverkündigung unter Papst Franziskus ist festzustellen, dass es keine neue *terminologische* Akzentuierung im Blick auf den christlichen Humanismus gibt, sehr wohl aber eine *inhaltliche*.

## 4.1 Geschwisterlichkeit, Gerechtigkeit und Solidarität

An diversen Textstellen verwendet Papst Franziskus den Begriff der Person. Er behält natürlich die Betonung der Würde bei, die damit konstitutiv verbunden ist, aber mehr als Johannes Paul II. hebt er die soziale Dimension des Menschen hervor, was sicherlich nicht nur, aber auch, mit seiner lateinamerikanischen Herkunft zu tun hat. Keine Person kann sich selbst genügen (vgl. FT 150), „aus der Reflexion, dem Dialog und der großherzigen Begegnung zwischen Personen" (LS 47) geht wirkliche Weisheit hervor, es geht um die „Beziehung eines Du zu einem anderen Du" (LS 81). Dies ist die notwendige Voraussetzung dafür, dass Franziskus in *Fratelli tutti* (FT) den Grundgedanken der Geschwisterlichkeit entfalten kann. Die Idee der Geschwisterlichkeit lässt sich der Enzyklika zufolge inhaltlich in zwei Aspekten skizzieren: Zum einen geht es Papst Franziskus darum, dass die gleiche Würde jedes einzelnen und aller Menschen *tatsächlich* anerkannt wird. Der Blick auf die Realität führt ihn nämlich zu dem Schluss, dass die Menschenrechte zwar auf dem Papier allgemein anerkannt sind, aber wohl „tatsächlich [...] nicht für alle gleich gelten" (FT 22). Konkret nennt er drei Teilungen der Weltgesellschaft, in denen eine offenkundige Kluft zwischen den Menschen genau diese Geltung der Menschenrechte faktisch in Abrede stellt: Arme und Reiche, Frauen und Männer sowie Freie und Sklaven. Darüber hinaus impliziert dieser Grundgedanke der Geschwisterlichkeit zweitens die Notwendigkeit, das Individuelle, die jeweils eigene Identität jedes und jeder Einzelnen anzuerkennen und eben nicht einer Einheitsgesellschaft das Wort zu reden. Dabei geht Papst Franziskus davon aus, dass „ein gesellschaftlicher Zusammenhalt möglich [sein wird], der niemanden ausschließt, und eine Geschwisterlichkeit, die für alle offen ist." (FT 94) Zur Illustration des Gemeinten verwendet der Papst das von ihm bereits in *Evangelii gaudium* (EG) benutzte und dort auch näher erläuterte Bild des Polyeders:

> „Der Polyeder stellt eine Gesellschaft dar, in der die Unterschiede zusammenleben, sich dabei gegenseitig ergänzen, bereichern und erhellen, wenn auch unter Diskussionen und mit Argwohn. Denn man kann von jedem etwas lernen, niemand ist nutzlos, niemand ist entbehrlich." (EG 215)

Der Grundgedanke der Geschwisterlichkeit impliziert das damit verbundene Bemühen um ein Mehr an Gerechtigkeit und um die daraus erwachsende Solidarität. Theologisch rekurriert er – allerdings eher assoziativ – zur Begründung dafür auf die Trinität: „Die göttlichen Personen sind subsistente Beziehungen, und die Welt, die nach göttlichem Bild erschaffen ist, ist ein Gewebe von Beziehungen." (LS 240) Alles ist in dieser Perspektive miteinander verbunden – als Ausdruck der trinitarischen Dynamik, die jeder Person eingeprägt ist.

## 4.2 Die Stellung des Menschen in der Schöpfung

Mit dieser Perspektive der menschlichen Person, die „in Beziehung tritt, wenn sie aus sich selbst herausgeht, um in Gemeinschaft mit Gott, mit den anderen und mit allen Geschöpfen zu leben" (LS 240), kommt die zweite inhaltliche Neuakzentuierung, nämlich das Verbundensein mit allen anderen Lebewesen und der Natur, genauer gesagt: mit der Schöpfung insgesamt, ins Spiel.

Papst Franziskus macht in intensiver Weise zunächst einmal „[d]ie Weisheit der biblischen Erzählungen" (Überschrift vor LS 65) fruchtbar. Wurde in früheren lehr- und kirchenamtlichen Texten das Buch Genesis mit dem Schöpfungsbericht immer wieder nahezu ausschließlich zur Untermauerung der absoluten Vorherrschaft des Menschen im Blick auf seine Geschöpflichkeit und Ebenbildlichkeit und seine daraus resultierende Autorität aufgenommen, so wird dieser Aspekt hier, den Ergebnissen jüngerer Forschung entsprechend, in einen umfassenderen Kontext gestellt und damit zugleich in seiner Komplexität ernst genommen: Auf der einen Seite wird unbestritten die Sonderstellung des Menschen als des Wesens, das „aus Liebe geschaffen wurde" (LS 65), als „der große Adel des Menschen" (LS 119) stark gemacht, die Wertschätzung jeder menschlichen Person und die Anerkennung des anderen gefordert; andererseits wird aber die Lehre über das Menschsein eingebettet in „drei fundamentale, eng miteinander verbundene Beziehungen: die Beziehung zu Gott, zum Nächsten und zur Erde" (LS 66). Vor diesem Hintergrund kritisiert Franziskus auch den fehlgeleiteten Anthropozentrismus (vgl. LS 119) und „eine große anthropozentrische Maßlosigkeit" (LS 116), in der die dem Menschen von Gott übertragene Herrschaft eher als prometheischer Traum und als absolutistische Machtausübung denn als verantwortliche Verwaltung verstanden wird. Biblisch gesehen, geht es eben um ein Herrschen, das „mit ‚hüten' schützen, beaufsichtigen, bewahren, erhalten, bewachen" (LS 67) meint. Dieses Herrschaftsrecht ist also nicht willkürlich oder despotisch zu verstehen, die anderen Geschöpfe sind bzw. die gesamte Schöpfung ist nicht rücksichtslos für die eigenen Interessen auszubeuten. Die Bibel unterstreicht vielmehr in vielfältigen Bildern die Gemeinschaft alles Lebendigen;[12] die Ehrfurcht vor dem Schöpfer impliziert die Ehrfurcht vor allem Erschaffenen, der Kulturauftrag meint treuhänderische Verwaltung und Fürsorge.

Zentral für die für Papst Franziskus charakteristischen Aspekte eines christlichen Humanismus ist das Konzept der integralen Ökologie, wie es sich aus dem bisher Ausgeführten ergibt. Franziskus formuliert den entscheidenden Ansatz folgendermaßen: „Wir kommen jedoch heute nicht umhin anzuerkennen, dass ein wirklich ökologischer Ansatz sich *immer* in einen sozialen Ansatz verwandelt, der die Gerechtigkeit in die Umweltdiskussionen aufnehmen muss, um *die Klage der Armen ebenso zu hören wie die Klage der Erde.*" (LS 49; Hervorhe-

---

[12] Vgl. Anzenbacher 1997, 194.

bung im Original) Es geht ihm folglich um ein ganzheitliches Konzept, das mit der auf die Natur bezogenen Komponente untrennbar die menschliche und soziale Dimension verknüpft sieht. Die Fragen nach der ökologischen und der sozialen Gerechtigkeit müssen notwendig miteinander verbunden gestellt werden, denn „[e]s gibt nicht zwei Krisen nebeneinander, eine der Umwelt und eine der Gesellschaft, sondern eine einzige und komplexe sozio-ökologische Krise. Die Wege zur Lösung erfordern einen ganzheitlichen Zugang, um die Armut zu bekämpfen, den Ausgeschlossenen ihre Würde zurückzugeben und sich zugleich um die Natur zu kümmern." (LS 139) Auch wenn es nicht expressis verbis genannt wird, klingt in diesen Ausführungen zum Ansatz der „integralen Ökologie" das sog. Nachhaltigkeitsdreieck (triangle of sustainability) an, das aus den Dimensionen der Ökologie, der Ökonomie und des Sozialen besteht.

Ein kurzer Blick sei an dieser Stelle noch geworfen auf die aktuelle Frage, ob die für das Konzil charakteristische anthropologische Wende nun im Kontext der Erkenntnis der prekären Situation des Klimas, der Umwelt und der Biodiversität – kurz, im Kontext der Anthropozän-Debatte – notwendig an ihr Ende gekommen sei. Die vorstehenden Ausführungen zum komplexen Ansatz der integralen Ökologie bei Papst Franziskus haben gezeigt, dass nicht von einem Ende der anthropologischen Wende die Rede sein kann, sondern vom Ernstnehmen der Anthropologie im Schöpfungskontext: Die Anthropologie muss eine eingebettete und relationale sein, so dass die falsche Alternative von Mensch *oder* Schöpfung überwunden werden kann.[13] Die anthropologische Wende muss erst zu ihrer eigentlichen Sinnspitze entfaltet werden – wozu der Ansatz von Papst Franziskus einen wichtigen Beitrag leistet.[14]

## 5. Fazit

Die entlang den Dokumenten und ihren päpstlichen Verfassern angestellten Überlegungen lassen sich nun thesenhaft zusammenfassen:

1. Erst in der Pastoralkonstitution des Konzils beginnt die Verwendung des Terminus „Humanismus" – hier zunächst noch äquivok. Man setzt sich einerseits ab von einem Humanismus wie dem marxistischen, der atheistisch und religionsfeindlich ist, man thematisiert aber andererseits die Geburtsstunde eines neuen Humanismus, für den die Öffnung auf die Transzendenz und für Gott ebenso konstitutiv ist wie die Ausrichtung auf die Verantwortung für die anderen.
2. Der in dieser Weise positiv konnotierte Begriff des Humanismus lässt sich letztlich verstehen als Konsequenz der konziliaren Grundaussage,

---

13  Vgl. dazu den Beitrag von Jochen Ostheimer in diesem Band.
14  Vgl. dazu Nothelle-Wildfeuer 2023.

dass von Theologie nicht mehr zu reden ist, ohne auch von Anthropologie zu reden und umgekehrt. Damit ist dieses Verständnis von christlichem Humanismus ein wesentlicher Schritt zur Versöhnung der Theologie mit der Moderne, insofern nicht mehr die Sorge um den Menschen gegen die Anerkennung und Verehrung Gottes ausgespielt wird. Wo immer genau das – wie heute in bestimmten kirchlich-theologischen Kreisen oft genug der Fall, etwa im Mission Manifest des Augsburger Gebetshauses[15] – wieder passiert und dabei vorrangig die Forderung nach Anbetung vorgebracht wird mit dem Verweis darauf, dass alles Soziale in die zweite Reihe gehört, verlässt man den Boden genuin kirchlicher Lehre und geht zurück zu einer vormodernen und vorkonziliaren Theologie.

3. Die Bedeutung des christlichen Humanismus wird präzisiert durch die Verwendung des Begriffs der mit Vernunft und Gewissensfreiheit begabten Person. Dieses Person-Sein ist der Grund für die damit untrennbar zusammenhängende personale Würde sowie für die Menschenrechte, wobei das Engagement für deren Anerkennung und Beachtung als Kehrseite der Medaille der Verkündigung des Evangeliums verstanden wird. Die später vor allem in der Philosophie des Präferenz-Utilitarismus diskutierte Problematik der Trennung von Mensch und Person, wie sie etwa bei Peter Singer und anderen anzutreffen ist,[16] hat sich in der Sozialverkündigung nicht niedergeschlagen. Die Rede von der personalen Würde des Menschen ist zu einem selbstverständlichen philosophisch-theologischen Argument geworden, mit dem die christliche Position wiederum in unterschiedlichen aktuellen und durchaus kontroversen gesellschaftlichen Debatten einen Beitrag leisten kann. Das Wissen um diese philosophisch relevante Differenz zwischen Mensch und Person erweist sich allerdings als wesentlich für genau diese Debatten.

4. Die sich im Laufe der Entwicklung herauskristallisierende und sich stets weiterentwickelnde Konzeption des christlichen Humanismus führt in Konsequenz aus der Anerkennung der Würde eines jeden anderen Menschen zur unverzichtbaren Forderung nach Gerechtigkeit und Solidarität. Dass sich genau an diesen Ansatz, der sich bereits im II. Vatikanum findet, die verschiedenen Befreiungstheologien anschließen und auch der gegenwärtige Papst auf der Basis der argentinischen Theologie des Volkes seine klare Positionierung daran ausrichtet, braucht dann nicht zu überraschen.

5. Der in der Sozialverkündigung prägende Begriff des christlichen Humanismus ist ein dynamischer. Er ist offen für eine Erweiterung, was sich

---

15 Vgl. dazu Hartl/Wallner/Meuser 2017, ebenfalls Nothelle-Wildfeuer 2018.
16 Vgl. Wildfeuer 2005.

im zunehmenden und unter Papst Franziskus zentral werdenden Einbezug nicht nur der Mitwelt, sondern der gesamten Umwelt, theologisch: der Schöpfung, zeigt. Dabei wird nicht das grundlegende Prinzip des christlichen Humanismus über Bord geworfen, aber der Mensch, um dessen Würde es geht, in seiner konstitutiven Relation zu den Mitmenschen und auch zu anderen Lebewesen gesehen. Deswegen ist nicht länger die Rede von einem anthropozentrischen Ansatz, sondern von einem anthroporelationalen.[17] D. h. die Anthropologie ist eine (schöpfungstheologisch) eingebettete und relationale. Daraus ergeben sich umfassende Konsequenzen für die Fragen nach dem angemessenen und verantwortlichen Umgang mit dem bedrohlichen Klimawandel. Wer nur an die jetzt lebenden Generationen denkt, wer die Frage von Zerstörung der Lebenswelt und Migration nicht zusammendenkt, wer die Generationengerechtigkeit bezogen auf die jetzt lebenden Generationen, aber auch auf die zukünftigen Generationen nicht ernst nimmt, wird der aus christlichem Humanismus resultierenden Verantwortung nicht gerecht.

6. Wenn auch die ersten beiden Sozialenzykliken *Rerum novarum* und *Quadragesimo anno* den Begriff des Humanismus nicht verwenden und diese Terminologie und auch der Denkansatz des Humanismus im Ordo-Denken der neuscholastischen Phase noch keinen Ort haben, so ist dennoch in der Konkretisierung im Blick auf die zentralen Themen, nämlich auf die Arbeiterfrage und die Wiederherstellung der Ordnung der Gesellschaft, die Sorge um die Menschen und ihre jeweilige gesellschaftliche Notlage bereits das primäre Movens für die Ausführungen. Terminologisch noch nicht, aber von der Intention her schon. Damit ist diese Orientierung an dem, was später christlicher Humanismus genannt wird, eine durchgängige Linie der Sozialverkündigung.

Abschließend sind drei weitere Punkte zu benennen, die in den Texten der kirchlichen Sozialverkündigung nicht vorkommen, die aber wesentlich dazu gehören:

7. Markus Vogt hat es in einem Artikel einmal so ausgedrückt: „Humanität braucht Distanz gegenüber dem Bild des perfekten Menschen."[18] Es geht also im Ernstnehmen der Ergebnisse humanwissenschaftlicher Forschung um die Fragilität menschlicher Existenz. Theologisch meint das die Fehlbarkeit und Endlichkeit, die all unser Handeln durchzieht. Christlich gesehen hätten wir eine spezifische Weise des Umgangs mit

---

17 Vgl. Höhn 2001, 88 u. ö.
18 Vogt 2016, vgl. auch den Beitrag zum christlichen Menschenbild von Vogt in diesem Band.

Fehlern anzubieten. Auf der Basis dessen, was wir glauben, wenn wir von Gottes bedingungsloser Annahme und Vergebung sprechen, könnten wir mit einer Kultur des Scheiterns einen wesentlichen Beitrag zu einer humaneren Gesellschaft leisten.
8. Ein weiterer Punkt wird im Blick auf die aktuellen gesellschaftlichen und auch kirchlichen Debatten mehr als deutlich: Vielfalt gehört wesentlich zu den Dimensionen des christlichen Humanismus. Sie kommt auch bereits in der kirchlichen Sozialverkündigung vor, wenn darauf hingewiesen wird, dass die Menschenwürde zu achten ist, ohne auf Herkunft oder Geschlecht zu achten. Was aber noch gar nicht zur Sprache kommt und auch noch nicht denkbar ist, ist die Offenheit für *geschlechtliche* Vielfalt. Es ist allerdings aus der Perspektive des christlichen Humanismus und Personalismus, der sich ja auch durch den Einbezug neuer humanwissenschaftlicher Erkenntnisse auszeichnet, nicht nachvollziehbar, dass die entsprechende Erneuerung der kirchlichen Sexualethik und Ehelehre, die auch theologisch gut begründet ist, lehramtlich keine oder nur geringe Fortschritte macht.
9. Und eine letzte Überlegung sei noch angeführt: Christlicher Humanismus kann seine Wirkung nur dann entfalten, wenn immer wieder Versuche zu seiner authentischen Umsetzung unternommen werden. Die gesellschaftlich gewachsene und kirchlich zunehmend eingeforderte Sensibilität in Sachen Menschenrechte etwa zieht notwendig die Frage nach der Glaubwürdigkeit einer Kirche nach sich, die ad extra, in die Gesellschaft hinein, die Einhaltung von existentiellen Werten fordert, die ad intra nicht entsprechend Beachtung finden. Gerade Papst Franziskus ist es doch, der diese Frage nach dem Verhältnis der Ethik und der Ekklesiologie in seinem Pontifikat so stark gemacht hat, dass es auf der Hand liegt, dass nun auch die Kirche berechtigterweise an ihren eigenen Kriterien eines christlichen Humanismus gemessen wird. Demokratie in der Kirche, partizipative Prozesse und Beteiligung der Frauen an Weiheämtern sind nur einige der Fragen, die in diesem Zusammenhang immer drängender gestellt werden und die nicht nur, aber auch aus dieser Perspektive des christlichen Humanismus heraus und um der Authentizität willen einer entsprechenden Antwort bedürfen!

## Literaturverzeichnis

Anzenbacher, Arno (1997): Christliche Sozialethik: Einführung und Prinzipien, Paderborn.
Hartl, Johannes/Wallner, Karl/Meuser, Bernhard (Hg.) (2018): Mission Manifest: Die Thesen für das Comeback der Kirche, Freiburg i. Br.
Höffe, Otfried (1983): „Erkenntnistheoretische Überlegungen zur kirchlichen Soziallehre", in: Jahrbuch für Christliche Sozialwissenschaft 24, 9–28.

Höhn, Hans-Joachim (2001): Ökologische Sozialethik. Grundlagen und Perspektiven, Paderborn.

Lutz-Bachmann, Matthias (2022): Art.: „II. Humanismus in Neuzeit, Moderne und Gegenwart", in: Staatslexikon[8] online, verfügbar unter: https://www.staatslexikon-online.de/Lexikon/Humanismus [13.04.2024].

Neuner, Peter (2019): Der lange Schatten des I. Vatikanums. Wie das Konzil die Kirche noch heute blockiert, Freiburg i. Br.

Nothelle-Wildfeuer, Ursula (2018): „Mission Manifest – Welche Mission? Welche Theologie? Welche Kirche?", in: Dies./Striet, Magnus (Hg.): Einfach nur Jesus? Eine Kritik am „Mission Manifest" (Katholizismus im Umbruch 8), Freiburg i. Br., 75–96.

Nothelle-Wildfeuer, Ursula (2023): „Theologie braucht eine relationale und eingebettete Anthropologie", in: Theologie und Glaube 113/2, 143–147, verfügbar unter: https://www.aschendorff-buchverlag.de/res/user/vam/media/978-3-402-16442-6.pdf [13.04.2024].

Schockenhoff, Eberhard (2012): „Die religiöse Freiheit", in: Christ in der Gegenwart 64/27, 4 f., verfügbar unter: http://www.christ-in-der-gegenwart.de/aktuell/artikel_angebote_druckversion?k_beitrag=3432738 [13.04.2024].

Striet, Magnus (2022): Für eine Kirche der Freiheit: Den Synodalen Weg konsequent weiter gehen, Freiburg i. Br.

Vogt, Markus (2016): „Christliches Menschenbild und abendländische Kultur: Acht Thesen aus theologisch-ethischer Sicht", in: Salzkörner 22/4, 4–6.

Wildfeuer, Armin G. (2005): „,Person' und ,Mensch'. Anmerkungen zu einer folgenreichen Unterscheidung in der aktuellen Diskussion um Leben und Tod", in: Schockenhoff, Eberhard u. a. (Hg.): Medizinische Ethik im Wandel. Grundlagen – Konkretionen – Perspektiven, Ostfildern, 86–96.

Wojtyla, Karol ([2]1980): Von der Königswürde des Menschen, Stuttgart.

# Eingebettetes Menschsein
## Man apart from nature – man as part of nature

*Jochen Ostheimer*

## 1. Teil oder Gegenteil: das Mensch-Natur-Verhältnis

Die klassische theologische Anthropologie unterscheidet zwischen der Individual- und der Sozialnatur des Menschen, die untrennbar zusammengehören. In seinen Überlegungen zur Gliederung des materialen ethischen Felds erweitert der frühere Münchener Sozialethiker Korff dieses binäre Schema und unterscheidet drei primäre bezugsethische Strukturierungsfaktoren: Selbstbezug, Sozialbezug und Umweltbezug. Diese Bezüge sind konstitutiv für die Person als sittliches Subjekt und unterscheiden sich darin von den kontingenten Handlungsfeldern, von denen her sich die Bereichsethiken entwickelt haben.[1] Zu klären ist, ob und wie sich durch diese Erweiterung um den Aspekt der Natur das Verständnis des Menschen verändert und welche Implikationen eine solche natürliche Einbettung für den ethischen Humanismus hat.

In der neuzeitlichen Entwicklung lassen sich zwei grundlegende Vorstellungen zum Mensch-Natur-Verhältnis ausmachen. Zunächst dominierte ein Bild, das als „‚man'-apart-from-nature concept"[2] umschrieben werden kann, während seit der Mitte des vergangenen Jahrhunderts v. a. in ökologischen Diskursen vermehrt Ansätze entwickelt werden, die eine gegensätzliche Sichtweise einnehmen: „man as part of nature". Diese zwei Pole lassen sich wiederum zu unterschiedlichen Modellen konkretisieren. Die gängigsten sind folgende: Despotie (der Mensch als Herrscher oder Eroberer), fürsorgende Verwaltung, teils in Verbindung mit einer aristokratischen Sonderstellung des Menschen (der Mensch als Wächter, Hüter oder Gärtner; im Englischen oft *steward*; im christlichen Kontext teils mit Schöpfungsverantwortung umschrieben), Perfektion (der Mensch als Vervollkommner, der die Natur „humanisiert", der Mensch als Spitzenwesen, in dem die Natur zu sich selbst kommt), Kooperation, Partnerschaft oder egalitäre Mitgliedschaft in der ökologischen Gemeinschaft.[3] Diese knappe Aufzählung zeigt bereits, welch unterschiedliche Konsequenzen die Art und Weise, wie

---

[1] Vgl. Korff 2009, 768.
[2] Marietta 1995, 13.
[3] Vgl. Leopold 1989, 204; Fraser-Darling 1991, 13; Passmore 1974; Birnbacher 1991, 139 Anm. 36; Marietta 1995, 36-48.

der Mensch im Verhältnis zur Natur gedacht wird, in der gesellschaftlichen Praxis entfalten kann.

Im Folgenden wird kurz der Weg der Sozialethik zur Natur nachgezeichnet. Anschließend werden exemplarisch zwei Diskurse analysiert, in denen das Eingebettetsein des Menschen in die Natur betont wird: bio- und physiozentrische Ansätze der Naturethik sowie der Anthropozändiskurs. In beiden Fällen richtet sich der Fokus nicht auf den Aspekt der Begründung, sondern es wird in einer theorieästhetischen Perspektive herausgearbeitet, mit welchen internen konstruktiven Mitteln das Mensch-Natur-Verhältnis entworfen und plausibilisiert wird.[4] Auf dieser Basis wird dann abschließend umrissen, welche Konsequenzen eine Sichtweise, wonach der Mensch Teil der Natur ist, für den ethischen Humanismus entfaltet.

## 2. Die Soziologie des Sozialen und die Entstehung der Sozialethik

Die Bezugnahmen der Ethik auf die Gesellschaft bzw. auf die Natur haben sich in gewisser Weise gegenläufig entwickelt. In der einen Hinsicht musste erst erkannt werden, dass die gesellschaftliche Ordnung gestaltbar ist und dass der Mensch eine Verantwortung für den guten Aufbau der Gesellschaft trägt. Umgekehrt war es eine fraglose Selbstverständlichkeit, dass der Mensch die Natur verändert, sie nutzt und bebaut. Erst allmählich wuchs die Einsicht in die Grenzen der Gestaltbarkeit. Die eine Beschränkung resultiert aus einem Eigenwert der Natur, die andere aus systemischen Rückkopplungseffekten.

Für die entstehende Soziologie, die mehr und anderes als die traditionelle politische Theorie oder die Staatswissenschaft war, konnte die Natur aus methodischen wie strategischen Gründen kein Thema sein. Zur Konstitution ihres Gegenstands und ihrer spezifischen Zugangsweise schienen insbesondere zwei korrespondierende Abgrenzungen erforderlich, nämlich von physikalischen wie von psychologischen Erklärungsmustern. In diesem Bestreben prägte Durkheim den Ausdruck der *faits sociaux*, der sozialen Tatbestände, die irreduzibel sind, sich weder aus der natürlichen Beschaffenheit der Landschaft und des Klimas noch aus dem Innenleben der Menschen verständlich machen lassen.[5] In Fortführung dieser sozialtheoretischen Denkform konzipiert Luhmann die Natur als eine spezifische Umwelt der Gesellschaft. Sie erscheint in der Gesellschaft nur als Thema von Kommunikation, eben als ökologische Kommunikation.[6] Durch diese Fo-

---

4 Vgl. Nassehi 2003, 16f., 82–85.
5 Vgl. Durkheim 1976, 105–115.
6 Vgl. Luhmann 1986.

kussierung gelingt es, die Eigendynamik gesellschaftlicher Vorgänge scharfsinnig zu analysieren. Die Kategorie der Natur ist dabei nicht weiter hilfreich.

Latour bezeichnet diese Zugangsweise daher sehr treffend, wenngleich in polemischer Absicht, als „Soziologie des Sozialen"[7]. Im Gegensatz dazu versucht er in seinem Ansatz einer Akteur-Netzwerktheorie, die große Bedeutung von materiellen Dingen und Naturwesen für das Soziale herauszuarbeiten und so die für das moderne Denken charakteristische „Große Trennung"[8] zwischen Gesellschaft und Natur zu überwinden. In dieser Sichtweise ist die natürliche Verortung des Menschen komplex. Sie vollzieht sich in vielfältigen und verschiedenartigen Bezügen. Das oftmals anzutreffende Modell der konzentrischen Kreise – der Mensch in der Gesellschaft in der Natur – ist im Vergleich dazu eine irreführende Vereinfachung.

Für die Entwicklung der Sozialethik, die als Disziplin verkörpert, was das Zweite Vatikanische Konzil zum Programm der Kirche machte – nämlich in einer zeitgemäßen Weise je neu die Zeichen der Zeit lesen –, ist der Gedanke der Eigenständigkeit des Sozialen ein methodologisch wichtiger Faktor gewesen. Die aktuellen Debatten über die Konzeption des Sozialen berühren daher auch die Ethik. Die von Korff angeregte Frage nach dem Umweltbezug kann somit als Ausgangspunkt für die Weiterführung der sozialtheoretischen Grundlagendiskussion und ihrer Bedeutung für den Humanismus dienen.

Die Überlegungen zur Rückbindung des Menschen an seine natürliche Um- oder Mitwelt besitzen eine gewisse Ähnlichkeit zu den Diskussionen zwischen Liberalismus und Kommunitarismus in der politischen Ethik. Aus kommunitaristischer Sicht operiert Rawls in seinen Ausführungen zum Urzustand mit der Figur eines „entbetteten Selbst", d. h. mit einer Fiktion einer von allen sozialen Bezügen losgelösten Person, die vorgängig zu allen Bindungen über die Regeln des Zusammenlebens entscheidet. Dies wird als unmöglich verworfen, weil Menschen ihre Ziele zuallererst in Gemeinschaften lernen und ohne Vorstellungen von einem guten Leben keinen Anhaltspunkt besitzen, um vorgeschlagene Regeln auf ihre Tauglichkeit hin zu überprüfen.[9] Auch wenn die Kritik als Kritik wenig überzeugend ist, weil sie Rawls' Theorie an wichtigen Stellen fehlinterpretiert, ist diese Position als solche sehr produktiv. Latours Akteur-Netzwerktheorie entwickelt eine ähnliche Überlegung hinsichtlich des Verhältnisses von Menschen und Dingen. In der vorliegenden Abhandlung wird dieser Gedanke mit Blick auf die Verbundenheit des Menschen mit der Natur, mithin in Bezug auf sein ökologisches Eingebettetsein entfaltet. Anthropologisch betrachtet sind die Bezüge des Menschen zu den Mitmenschen, den gesellschaftlichen Institutionen

---

7 Latour 2007, 23.
8 Latour 1995, 20 u. ö.; vgl. Latour 2001, 22–32.
9 Vgl. Rawls 1975, 27–39, 140–220; Sandel 1982, 54–65 u. ö.; Sandel 1993; Taylor 1989, bes. 25–32; MacIntyre 2007, 250 f.; Ostheimer 2019.

und den kulturellen Deutungsmustern, zur vielfältigen Welt der Dinge wie auch zu den „Lebensnetzen"[10] konstitutiv für das Menschsein.

## 3. Die Wende zum Subjekt und die Ambivalenz des Humanismus

Die gerade nachgezeichnete sozialtheoretische Entwicklung ist Teil einer größeren Dynamik, die in der Ethik oft mit der neuzeitlichen „Wende zum Subjekt" auf den Begriff gebracht wird.

> „Sie ergibt sich im Prinzip aus demselben Zshg., aus dem sich der Mensch im Zuge der neuzeitl. ‚Wende der Vernunft nach außen' als Subjekt der ihm z. Erkenntnis u. Gestaltung aufgegebenen Wirklichkeit zu begreifen beginnt. Von daher kann er dann auch der ihn tragenden gesellschaftl. [und natürlichen; JO] Realität mit ihren mannigfaltigen handlungsbestimmenden Strukturen keine v. seinem Subjektstatus unabhängig zu definierende sittl. Vernunft zubilligen. Vielmehr erschließt sich ihm diese erst aus deren Zuordnung z. Menschen als Person"[11].

Diese umfassende epistemologische und ethische Wende kann unversehens zu einer additiven anthropologischen Denkfigur führen: der Mensch und ..., etwa der Mensch und die Gesellschaft, der Mensch und die Welt, der Mensch und die Natur. Dieses „‚man'-apart-from-nature concept" stößt seit einiger Zeit in verschiedenen Disziplinen auf Kritik. Welsch etwa analysiert diese humanistische „Denkform der Moderne"[12] kritisch als „anthropisches Prinzip"[13]. Ähnlich schreibt der Umwelthistoriker Chakrabarty: „We need to imagine the human not in isolation from other forms of life, *in the blinding light of humanism*, as it were, but as a form of life connected to other forms of life that are all connected eventually to the geobiology of the planet and are dependent on these connections for their own welfare"[14]. Eine frühe Form dieses Humanismus findet sich, so Welsch, bei Pico della Mirandola im späten 15. Jahrhundert, der „die Einzigartigkeit des Menschen [...] nicht aus seiner Sonderstellung in der Welt [ableitet] (etwa als Welterkenner, wie in der Antike, oder als Adressat des göttlichen Erlösungswerks, wie im Mittelalter), sondern durch die Andersartigkeit des Menschen gegenüber allem [...], was sich sonst in der Welt findet", dem zufolge also „die Weltinkongruenz [...] die Würde des Menschen ausmach[t]"[15].

10    Capra 1996.
11    Korff 2009, 769.
12    Welsch 2012b, 10.
13    Welsch 2012b, 11; vgl. Welsch 2012a.
14    Chakrabarty 2021, 126f. (Herv. JO); vgl. Gray 2002, bes. 1-6, 15-17, 30-34.
15    Welsch 2012b, 57.

Weltinkongruenz oder Weltkongruenz, Weltgetrenntheit oder Weltteilhabe, darum wird es im Folgenden gehen.

## 4. Die ökologische Sicht des Menschen in bio- und physiozentrischen Ansätzen

Eine erste Erkundung zu anthropologischen Vorstellungen des in die Natur eingebetteten Menschseins führt in den umweltethischen Argumentationsraum, da in den Modellen zur Diskussion und Begründung eines moralischen Status von Naturwesen in kondensierter Form die Position des Menschen im Gesamt der Natur thematisiert wird. In der umweltethischen Diskussion des Menschenbilds nimmt der Utilitarismus eine wichtige Weichenstellung vor. Ganz aufklärerisch behauptet er die zentrale Rolle des Individuums als moralische Rechtfertigungsinstanz. Normen müssen sich mit Blick auf das individuelle Wohlergehen begründen lassen. Zugleich gelangt er über die Assoziation von Glück, Nutzen und Lust zu der Position, dass aufgrund ihrer Empfindungsfähigkeit auch Tiere und nicht allein Menschen moralisch relevant sind.[16] Dadurch wird die strikte Trennung innerhalb des Reichs der Natur zwar nicht aufgehoben, aber signifikant verschoben. Damit war ein entscheidender Schritt getan. Gut hundert Jahre nach Bentham legt Albert Schweitzer dar, dass das große Wunder das Leben ist. Hier und nicht im Streben nach Lust liegt der Grund für die Zuschreibung moralischen Werts. „Wahre Ethik verlangt, daß wir nicht nur uns nahestehendes Leben, sondern alles Leben, das in unseren Bereich tritt [,] zu erhalten und zu fördern suchen. Alles Leben ist Geheimnis; alles Leben ist Wert."[17] Doch das Leben ist grundlegend in seiner Vernetztheit zu sehen. Die Lebensrhythmen, die Eingebundenheit in die große ökologische Gemeinschaft ist das, worauf es ankommt. Um dies zu erkennen, muss man freilich „wie ein Berg denken",[18] so Aldo Leopold in seinem berühmten *Sand County Almanach*. Man muss die natürlichen Entwicklungen ganzheitlich und in ihren langfristigen Dynamiken betrachten, ohne die kontingente menschliche Perspektive des Nutzens oder des Mitleids einzunehmen.

Damit liegen die drei Grundmodelle nicht-anthropozentrischer Begründungsansätze vor, die dann seit dem letzten Drittel des 20. Jh. intensiv ausgearbeitet und diskutiert werden.[19] Mit Blick auf die Konzeption des Mensch-Natur-Verhältnisses geben insbesondere bio- und physiozentrische Ansätze zu denken,

---

16   Vgl. Bentham 1970, 283.
17   Schweitzer 2001, 180; vgl. Schweitzer 2007, 306-328.
18   Vgl. Leopold 1989, 129-133.
19   So plausibel die Ansätze im Einzelnen sein mögen, sie begehen vermutlich alle den gleichen Grundfehler, die Vielschichtigkeit des Moralischen auf genau ein entscheidendes Merkmal zu reduzieren, um daran den moralischen Status festzumachen; vgl. Krebs 2021, 48-52.

nicht zuletzt, weil sie zeigen, welche Folgen es haben kann, wenn nicht die in der neuzeitlichen Wissenschaftsgeschichte dominante Physik, sondern Biologie und Ökologie zur zentralen Bezugsdisziplin werden.[20]

## 4.1 Der Mensch als Mitglied der Gemeinschaft alles Lebendigen

Paul Taylor stellt seinen umweltethischen Ansatz unter den Titel „respect for nature". Diese Achtung ist Teil eines größeren Überzeugungssystems, das Taylor „biozentrische Sicht auf die Natur" nennt. Sie besteht aus vier wesentlichen Elementen.[21] Konstitutiv ist die „biologische" Sicht der Menschen als „Mitglieder der Gemeinschaft alles Lebendigen"[22]. Taylor verbindet sie mit einem normativen Prinzip, das für moderne menschliche Gesellschaften unstrittig ist und nun ausgeweitet wird. Alle, Menschen wie nichtmenschliche Wesen, können die Mitgliedschaft nur zu den gleichen, allgemeinen Bedingungen beanspruchen. Der Mensch darf sich mithin nicht länger als *„homo rapiens"*[23] aufführen. Zweitens sind Ökosysteme komplexe Netzwerke. Das gesunde biologische Funktionieren des einen Bestandteils hängt vom gesunden biologischen Funktionieren der anderen ab. Drittens ist jeder Organismus „ein teleologisches Zentrum von Leben"[24], das sein Wohl auf seine eigene Weise verfolgt. Ob Ereignisse oder Zustände für das jeweilige Lebewesen wohltuend oder schädigend sind, lässt sich objektiv von außen feststellen. Es ist in ethischer Hinsicht nicht nötig, dass der Organismus selbst Bewusstsein aufweist.

Diese drei Annahmen sind nach Taylor „für jeden rationalen und wissenschaftlich informierten Denker akzeptabel"[25]. Aus ihnen folgt viertens, dass der Anspruch des Menschen auf Überlegenheit und damit auf eine Sonderrolle unbegründet ist. Im Gegenteil, evolutionär betrachtet benötigt die Natur den Menschen nicht als ihren Hüter.

Der Mensch also ist, wenn er biologisch gesehen wird, ein ganz gewöhnliches Mitglied der Gemeinschaft alles Lebendigen, „only a member of a biotic team"[26], das allerdings mit dieser Gewöhnlichkeit nicht ganz zufrieden zu sein scheint.

---

20 Latour 2018, 88-105 stellt in ähnlicher Weise einem galileischen ein lovelockianisches Konzept der Natur gegenüber, dem zufolge „die Lebewesen auf der ERDE wie Agentien bzw. Akteure betrachtet werden sollten, die an den Entstehungsprozessen der chemischen und teilweise sogar geologischen Bedingungen des Planeten voll beteiligt sind" (89).
21 Vgl. Taylor 1986; Taylor 1997, 125-142.
22 Taylor 1997, 126.
23 Gray 2002, 7 u. ö.
24 Taylor 1997, 125.
25 Taylor 1997, 142.
26 Leopold 1989, 205.

## 4.2 Die Selbst-Realisierung des Menschen als Teil der Maximierung der Manifestationen des Lebens

Arne Naess, der bekannteste Vertreter der Tiefenökologie, setzt ähnlich an. Deren erste Schlüsselaussage lautet: „Das Wohlbefinden und Gedeihen menschlichen und nicht-menschlichen Lebens auf der Erde hat Wert in sich selbst (Synonyme: *intrinsischer Wert, inhärenter Wert*). Dieser Wert ist unabhängig von der Nützlichkeit der nicht-menschlichen Welt für menschliche Zwecke."[27] Der Begriff des Lebens wird weit und auch metaphorisch gebraucht. In diesem Sinn kann etwa auch ein Fluss leben. Das Konzept des inhärenten Werts „bezieht sich [...] auf die Ökosphäre als ein Ganzes. Dies schließt Individuen, Spezies, Populationen, Lebensräume genauso ein wie menschliche und nicht-menschliche Kulturen."[28] In sich wertvoll sind alle Lebewesen, alle Arten und Lebensräume sowie die im Lauf der Evolution entstehende Vielfalt und Komplexität von Lebensformen. Dieser Wert ist nicht nur unabhängig vom menschlichen Nutzen, sondern überhaupt von der jeweiligen menschlichen Erkenntnis oder Wertsetzung. Insofern liegt die Position des Wertphysiozentrismus vor.

Ähnlich wie in Taylors Ansatz dürfen Menschen die gemeinsame Ökosphäre nur zu den gleichen, allgemeinen Bedingungen nutzen. Sie dürfen ihre lebensnotwendigen Bedürfnisse auch auf Kosten anderer befriedigen, nicht jedoch ihre Luxusbedürfnisse.[29] Um den Konkurrenzdruck zu verringern, muss die Menschheit mittelfristig ihre Anzahl drastisch reduzieren.[30]

Die fundamentale Norm der Tiefenökologie ist die holistisch verstandene maximale und universale „Selbst-Realisierung"[31], d. h. „das Maximieren der Manifestationen des Lebens"[32]. Je höher das Niveau der Selbstverwirklichung ist, das ein Individuum erreicht, desto mehr hängt die weitere Steigerung von der Selbst-Realisierung anderer ab. Diese Verflochtenheit fördert ein Ineinander von Selbst- und Fremdidentifikation und somit ein solidarisches Gemeinschaftsgefühl.

Die beiden Ansätze von Taylor und Naess, die stellvertretend für große Denkströmungen stehen, illustrieren zwei ähnlich gestaltete Weisen, den Menschen als Teil der Natur zu sehen. Er ist Mitglied der Gemeinschaft des Lebendigen. Er ist nicht nur auf zahllose sogenannte Ökosystemdienstleistungen ange-

---

27 Naess 1997, 188; vgl. Naess 2013, 268–348.
28 Naess 1997, 188f.
29 Vgl. Naess 1997, 198.
30 In den Worten von Haraway 2015, 161: „Make Kin Not Babies!"
31 Naess 1997, 207.
32 Naess 1997, 208. Naess verweist als Hintergrund auf die „Unterscheidung zwischen ‚großem' Selbst (*Self*) und ‚kleinem' Selbst (*self*), wobei das große Selbst, wie in bestimmtem [sic] östlichen Traditionen des *âtman*, alle Lebensformen umfaßt, einschließlich der ‚kleinen' Selbste (*jivas*) unseres gewöhnlichen gesellschaftlichen und persönlichen Lebens" (207).

wiesen,³³ weshalb er aus Eigennutz die ihn umgebende Natur bewahren sollte. Vielmehr findet sich nichts, was eine Sonderstellung des Menschen rechtfertigen würde. Der Mensch soll also endlich seinen Hochmut ablegen. Dies ist nicht nur ein wichtiger Schritt zur Lösung der gravierenden Umweltprobleme, sondern ebenso zu einem gelingenden menschlichen Leben.³⁴

## 5. Der Mensch im Zeitalter des Menschen

Infolge des globalen Umweltwandels hat sich die ökologische Diskussion in den vergangenen zwanzig Jahren weiterentwickelt. Die Figur des in die Naturbezüge eingebetteten Menschen hat sich etwas verschoben und zugleich intensiviert und wird aktuell unter dem Leitbegriff „Anthropozän" verhandelt. Das Anthropozän, also die Annahme einer neuen erdgeschichtlichen Phase, hat seinen Namen daher bekommen, dass der Mensch die Ursache der gegenwärtigen tiefgreifenden Umweltveränderungen ist. Deren Besonderheiten liegen darin, dass sie räumlich und zeitlich weit reichen, teils irreversibel sind und die grundlegenden Prozesse des Erdsystems umgestalten, also nicht nur oberflächliche, sondern systemische Veränderungen hervorrufen und den Planeten in einen neuen Systemzustand verschieben. Die Menschen verändern den Lauf der tiefen Geschichte.³⁵

Infolge dieser Macht wird der Mensch als „geologischer Faktor" bezeichnet. Dies bedeutet eine andere, in gewisser Weise stärkere Naturalisierung des Menschen im Vergleich zum gerade skizzierten Konzept des biotischen Akteurs.³⁶ Die Gemeinsamkeit der Empfindungsfähigkeit und des Strebens nach Lust oder das Faktum der Lebendigkeit lassen noch viel Raum für spezifische Besonderheiten des Menschen; die Ähnlichkeiten mit anderen Lebewesen könnten auch oberflächlich sein. Als geologischer Faktor ist der Mensch hingegen viel tiefer, eben systemisch in das Gefüge der Natur integriert.³⁷ Zugleich ergibt sich im Anthropozän zum ersten Mal die wirkliche Einheit der Menschheit: als kollektiver geologischer Akteur. Interne Unterschiede spielen keine Rolle, jede einzelne Emission zählt gleich viel.

---

33  Vgl. TEEB 2010; IPBES 2019.
34  Vgl. auch Ehrenfeld 1981.
35  Vgl. Hamilton 2017, 1–5; Chakrabarty 2021, 155–181.
36  Vgl. Braidotti 2014, 85 f.
37  Allerdings könnte die stärkere geophysikalische Einbindung des Menschen mit einer Lockerung der ökologischen Angepasstheit einhergehen. Der Aufstieg des Menschen an die Spitze der Nahrungskette erfolgte so schnell, dass sich die Ökosysteme nicht anpassen konnten. Und auch der Mensch muss sich in seine neue Rolle erst noch einfinden. Es fehlt ihm das Selbstvertrauen, er verhält sich eher wie der „Diktator einer Bananenrepublik" (Harari 2015, 12). In diesem Sinn lässt sich „das Menschenzeitalter als anthropologische Frage" (Haber/Held/Vogt 2016, 7) rekonstruieren.

## 5.1 Die sozioökologische Konstellation des Anthropozäns

Das Wort „Anthropozän" bringt das Auftauchen eines neuen geologischen Wirkfaktors zum Ausdruck. Wie in den Naturwissenschaften üblich, wird die Menschheit als Kollektiv in den Blick genommen. Die Aufmerksamkeit richtet sich auf die kumulativen Effekte der Handlungen aller Menschen. Um indes in ihrem Sinn verstanden zu werden, müssen diese Handlungen in ihrer soziokulturellen Gestalt, mithin im Kontext der modernen Gesellschaft, betrachtet werden. So gesehen ist die Bezeichnung „Anthropozän" ungenau. Sie verdeckt die spezifischen Bedingungen, unter denen die Menschen in ihren unzähligen, systemisch verknüpften Einzelhandlungen zu einem geologischen Faktor werden. Denn weder sind alle Menschen in gleicher Weise an diesem epochalen Wandel beteiligt, noch lässt sich diese Entwicklung biologisch erklären und damit rechtfertigen.

Die Notwendigkeit der Spezifizierung und der Benennung der entscheidenden sozioökologischen Konstellation greifen verschiedene Alternativvorschläge auf. Die Bezeichnung *Capitalocene* hebt die große Bedeutung der kapitalistischen Produktionsweise hervor,[38] während der Name *Plantationocene* auf die Verbindung von Kolonialismus, Sklaverei und Monokultur anspielt.[39] Andere Vorschläge sind vielleicht etwas malerischer: etwa *Dubai-cene*, nach der Wunderstadt des Erdöls, oder auch drastischer: *Obscene Epoch*, wegen der gewaltigen Müllmengen, die die Menschheit anhäuft, oder *Unforgiveable-crimescene*, angesichts der immensen Zahl ausgerotteter Tier- und Pflanzenarten;[40] aus einem anderen Blickwinkel ist es das *Eremozoikum*, das Zeitalter der Einsamkeit.[41] Man könnte es schließlich wegen der Strategien bewussten Nicht-Wissen-Wollens auch *Agnotocene* nennen.[42]

Es ist nicht zu erwarten und auch nicht erforderlich, dass sich mit einem Wort die vielfältigen Aspekte der neuen Epoche auf den Begriff bringen lassen. Aber die Komplexitätsreduktion sollte mitbedacht werden, wenn sprachlich von den Menschen in der spezifischen Sozialform der modernen Gesellschaft zum Kollektivsubjekt Mensch übergegangen wird.

Das Anthropozän stellt eben diese Sozialform, die Wirtschaftsweise, die Lebensmodelle, die Glücksvorstellungen und das Weltbild in Frage. Es entzieht ihnen die natürlichen Grundlagen, und es untergräbt ihre Legitimität. Die gerade

---

38 Vgl. Moore 2016; Moore 2017; Moore 2018; McNeill 2015, 19 f.
39 Vgl. Haraway 2015.
40 Vgl. Moore 2013; Crist 2013. Zum Aspekt des Abfalls vgl. auch Serres 1994, 53, 60 f.; Ostheimer 2015.
41 Vgl. Wilson 1999, 321.
42 Vgl. Bonneuil/Fressoz 2016, Kap. 9. Die Liste lässt sich beliebig fortsetzen; vgl. etwa die identitätspolitisch geprägten Vorschläge *Okzidentozän*, *Manthropocene* oder *white Supremacene* bei Di Blasi 2021, 166.

genannten Epochenbezeichnungen wie *Unforgiveable-crimescene* oder *Obscene Epoch* sind bei all dem Sprachwitz eine harte Anklage des globalisierten westlichen Wohlfahrtsmodells. Ihm wird vorgeworfen, an einem gewaltigen Verbrechen beteiligt zu sein. So betrachtet ist der Name „Anthropozän" höchst harmlos.

### 5.2 Das Globale und das Planetarische

So anschaulich diese Namensvorschläge sind und so sehr sie sich darum bemühen, die Ursachen für den globalen Wandel genauer zu benennen, so sehr könnte es doch sein, dass sie das Anthropozän verfehlen. Indem sie es in der Form von Modernisierung, Kapitalismus oder Globalisierung denken, bewegen sie sich im Horizont des Globalen und nicht des Planetarischen, wenn unter dem Globalen der Bereich verstanden wird, den zu koordinieren die Vereinten Nationen sich bemühen, und unter dem Planetarischen der Gegenstand der IPCC-Berichte.[43]

Beide Konzepte unterscheiden sich in mehreren Hinsichten. Die Globalisierung ist ein sozialer Prozess, der zwar nicht immer zielgerichtet verläuft, aber immer noch auf der Idee des Fortschritts und einem linearen Zeitverständnis aufruht – nach dem Motto „wie im Westen so auf Erden"[44] – und der das Versprechen der Steuerbarkeit in sich trägt.[45] Das Planetarische hingegen steht für einen komplexen natürlichen Prozess, der immer wieder neue dynamische Gleichgewichtszustände erreicht und der die Menschheit als Spezies umfasst.[46] Der Zeitmaßstab rechnet nicht nach jährlichen Gipfeltreffen, Wahlperioden oder vielleicht Generationen, sondern nach Jahrhunderttausenden und Jahrmillionen und ist damit konstitutiv apolitisch. Im Anthropozän muss das Verhältnis von Menschheits- und Planetengeschichte zum ersten Mal in ein einheitliches Konzept gebracht werden. Dazu müssen die vielfältigen Übergänge wie auch die Eigenheiten sichtbar gemacht und die stark voneinander abweichenden Maßstäbe in ein Verhältnis zueinander gesetzt werden. Wie schon beim Prinzip Nachhaltigkeit wird auch im Anthropozänkonzept das vernetzte Denken, das verschiedene Skalen adäquat verbindet, zur Basiskompetenz, um zu erkennen, wie die Welt als globale Kulturlandschaft ungekannte Eigendynamiken entwickelt.

---

43  Vgl. Chakrabarty 2021, 202.
44  Sachs 1993.
45  Zu einer kritischen Einordnung von Fortschritt im gegenwärtigen Kontext vgl. Vogt 2021, 147-183. Zur Kritik am Unterfangen, die Globalisierung zum Verstehenshorizont des Anthropozäns zu machen, vgl. Latour 2018.
46  Zur Betrachtung des Menschen unter der Perspektive der Spezies vgl. Weisman 2009; Zalasiewicz 2009; Chakrabarty 2021, 127, 136-139; kritisch: Hamilton 2017, 61.

In der tiefen Geschichte der planetarischen Zeit greifen andere Dynamiken, gelten andere Relevanzen und wirken andere Kräfte oder Akteure. Was den letzten Aspekt betrifft, wurde bereits die Figuration des Menschen als geologischer Faktor erwähnt. Zusammen damit wandelt sich das Handlungskonzept. Die Fokussierung auf den Aspekt der Wirkung ermöglicht eine Vergleichbarkeit mit nichtmenschlichen Einflussgrößen wie etwa einem Meteoriteneinschlag. Ein elaboriertes sozialtheoretisches Rahmenkonzept für dieses Handlungsverständnis bietet Latours Akteur-Netzwerktheorie, die anhand vieler Beispiele darlegt, dass auch nichtmenschliche Wesen *agency* besitzen, Mikroben ebenso sehr wie Luftpumpen.[47] Menschliche und nichtmenschliche Wesen bilden zusammen ein Netzwerk, das erst in seiner Gesamtheit die jeweilige Handlung ermöglicht. Latour erfasst damit eine große Lücke in vielen, auch theologischen, Sozialtheorien. Soziale Interaktionen werden mindestens ebenso sehr durch die Konfiguration von Dingen und Geräten gesteuert wie durch soziale Normen, so Latours These. Daher bestimmt er den Begriff der Handlung nicht mehr über Intentionalität, sondern allein über die Wirkung. Dieses Konzept, das Latour zunächst anhand der Wissenschafts- und Alltagspraxis entwickelte, bezieht er später auch auf die Umweltzerstörung[48] und die Erderwärmung.[49] So wie alle Entitäten, die das soziale Leben beeinflussen, als zur Gesellschaft gehörig anzuerkennen sind, so müssen nun auch alle, die von der Überschreitung der planetarischen Grenzen betroffen sind, an einen Verhandlungstisch gebracht werden: Flüsse, Landschaften, Ozeane, Tierarten.[50]

Diese Überlegungen verweisen auf die Dimension der Relevanz. Die Diskussionen über das Anthropozän waren von Anfang an von einem Erschrecken darüber begleitet, was die Menschheit angestellt hat. Die Ausrufung der neuen Epoche war ein Warn- und Weckruf. Dass immer wieder Motive aus der apokalyptischen Bildsprache genutzt werden, ist daher nicht verwunderlich.[51] Damit verbunden werden oft politisch-moralische Überlegungen. Die Gesellschaft soll die Natur nicht mehr als ein Außen betrachten, denn es gibt im Anthropozän kein Außen mehr, nur mehr den einen, gemeinsamen Planeten.[52] Der Anwendungsbereich der Gerechtigkeit soll daher auf die nichtmenschlichen Wesen aus-

---

47 Vgl. Latour 2001; Latour 2007; zu Pasteurs Forschung zu Mikroben vgl. Latour 2000, 137-210; zu Boyles Experimenten mit der Vakuumpumpe Latour 1995, 25-50. Kritisch zu dieser Verteilung von *agency* über die gesamte natürliche Welt Hornborg 2017; Hamilton 2017, 85-102, 109-111.
48 Vgl. Latour 2001.
49 Vgl. Latour 2017; Latour 2018.
50 Vgl. Latour 2017, 431-433; Théâtre Nanterre-Amandiers 2015.
51 Vgl. Ostheimer 2016, 45-50.
52 Vgl. Franziskus 2015; Chakrabarty 2021, 128 f, 136, 178, 203 f.

geweitet werden, wie zuweilen gefordert wird.⁵³ Die Nähe zu bio- und physiozentrischen Denkmodellen ist unübersehbar.

Der planetarische Blick im Anthropozändiskurs impliziert wie gesehen eine spezifische Form der Naturalisierung des Menschen. Zu dieser Naturalisierung muss indes ähnlich wie in den bio- und physiozentrischen Begründungsmodellen ergänzend eine zweite Perspektive hinzutreten, um aus der kausal geschlossenen Sichtweise heraustreten und Gestaltungsmöglichkeiten ansprechen zu können. Es finden sich daher auch Positionen, die eine „neue Anthropozentrik" nach dem Ende des modernen Weltbilds postulieren, so etwa bei Hamilton.⁵⁴ Als untaugliche Alternativen gelten das Leugnen der menschlichen Macht, tiefgrüne und ökozentrische Haltungen, wonach der Mensch zwar eine geologische Macht habe, sich aber zurückhalten solle,⁵⁵ die ökomoderne Auffassung, dass der Mensch seine neue Macht aktiv nutzen solle, etwa auch im Sinn eines gütigen Verwalters,⁵⁶ sowie die Position des „weiter so", die nur die Probleme verdränge. Stattdessen sollen die Einzigartigkeit und Besonderheit des Menschen anerkannt werden, um dann aus der Einsicht in die Verzahnung des Schicksals der Erde mit dem menschlichen Geschick eine besondere Verantwortung zu übernehmen.

Emotional und spirituell getragen wird sie von einer Haltung des Staunens und der Ehrfurcht gegenüber der Erde und vielleicht auch der Reue und der Speziesscham,⁵⁷ die die neuzeitliche Sicht auf die Natur als „storehouse of matters"⁵⁸ ablöst. Damit geht das Zeitalter des offenen Horizonts der unbegrenzten Möglichkeiten, der die Entwicklung der neuzeitlich-modernen Mentalität prägt,⁵⁹ in eine Epoche der planetarischen Demut und Verantwortung über.

## 6. Humanismus und Kreationismus

Wie jedes theoretische Konzept lässt sich auch der Humanismus als ein Denkwerkzeug betrachten. Jedes Werkzeug hat einen begrenzten Anwendungsbereich.⁶⁰ Für neue Fragestellungen müssen solche Werkzeuge erweitert, abgewandelt oder ergänzt werden. Nachdem in der neuzeitlichen Entwicklung um die gleiche Würde aller Menschen gerungen wurde, richtet sich nun der Blick auf

---

53 Vgl. z. B. Charbonnier 2022, 396.
54 Vgl. Hamilton 2017, 36–75.
55 Vgl. dazu Taylor 2020.
56 Vgl. Ellis 2011; Asafu-Adjaye u. a. 2015.
57 Vgl. Hamilton 2017, 161 f.
58 Bacon 1962, 255.
59 Vgl. etwa Grotius' Annahme, dass die Fischbestände der Meere unerschöpflich seien, oder Lockes Vorstellungen vom unbegrenzten Amerika; vgl. Grotius 1919, 72 (Kap. VII); Locke 1977, II § 33; Charbonnier 2022, 393–396.
60 Vgl. etwa Reckwitz 2021.

die moralische Relevanz nichtmenschlicher Naturwesen. Aus theologischer Sicht könnte die neue Leitidee hierfür analog zu Humanismus Kreationismus lauten – wenn dieser Ausdruck nicht schon für eine anders geartete Position belegt wäre. Alternativen bieten die Bezeichnungen „inklusiver Humanismus"[61], „aufgeklärte Anthropozentrik"[62] oder „ökologisch erweiterter Humanismus", der ausdrücklich nicht als Posthumanismus zu verstehen ist.[63]

Für die Entwicklung eines solchen Ansatzes ist es gerade nicht hilfreich, wenn Natur und Mensch einander gegenübergestellt werden. Denn dann ist damit zu rechnen, dass die Natur zum Objekt wird, zum Objekt der Erkenntnis, der technischen Manipulation oder der Fürsorge.[64] Stattdessen könnte es weiterführen, den Menschen als Teil der Natur anzusehen und ethische Überlegungen von dieser Verwobenheit ausgehen zu lassen.[65]

Dafür müssen die passenden Denkfiguren zum Teil erst noch entwickelt werden. Für die Ordnung der planetarischen Verhältnisse sind das Recht oder der größte kollektive Nutzen keine geeigneten Zentralkategorien.[66] Der Historiker Chakrabarty schlägt als neue Leitidee die Bewohnbarkeit der Erde für alle Spezies vor. Anspruchsvoller ist das Motiv der Geschwisterlichkeit aller Kreaturen, das sich in der Enzyklika *Laudato si'* ebenso findet wie in den von Bron Taylor so genannten „dunkelgrünen" Religionen oder in Haraways Veröffentlichungen.[67]

Die Geschwisterrolle ist allerdings nicht eindeutig. Mehrere Varianten lassen sich ausmachen: der Mensch als großer Bruder, der Verantwortung übernimmt, aber auch Macht ausübt, etwa als Herrscher, Verwalter, Gärtner oder Erdingenieur; der Mensch als Spätgeborener, der zu den großen Geschwistern aufschaut und von ihnen lernt, etwa in den Forschungen zu Bionik;[68] der Mensch als lebenslang vertrauter Weggefährte, der bei aller Konkurrenz die Freuden und Sorgen der Mitgeschöpfe teilt und sich grundlegend mit ihnen allen verbunden fühlt, wie es etwa der Sonnengesang zum Ausdruck bringt, der die Trias von Selbst-, Nächsten- und Gottesliebe um Schöpfungsliebe oder Ökophilie ergänzt, der sich in einer Haltung der Resonanz von der Natur ansprechen

---

61 Vgl. Eser 2016.
62 So lautet die Bezeichnung im sog. integrativen Nachhaltigkeitsansatz; vgl. Kopfmüller u. a. 2001, 152-163; Grunwald 2016, 97-99.
63 Vgl. Vogt 2021, 34, 133-136.
64 In diesem Sinn analysiert Latour die sogenannten Umweltkrisen als Krisen der Objektivität. Denn das epistemologische Problem besteht im Objektstatus der nicht-menschlichen Wesen; vgl. Latour 2001, 37, 302; Latour 2000, 10-27.
65 Vgl. Meyer-Abich 1990.
66 Vgl. Krebs 2021, 63.
67 Vgl. Chakrabarty 2021, 173, 204 u. ö.; Franziskus 2015, Nr. 92, 220 f., 228; Taylor 2020; Haraway 2015; Haraway 2016; Haraway 2018.
68 Vgl. Vogt 2021, 321 f.

und sich etwas Wichtiges über sich selbst sagen lässt,[69] der sich zugunsten der Geschwister selbst zurücknimmt, wie es z. B. im sogenannten *Ökomodernistischen Manifest* gefordert wird und titelgebend in Edward Wilsons Projekt der halben Erde ist.[70] Etwas umformuliert würde dies auf Suffizienz als speziesspezifische Tugend hinauslaufen im Unterschied zum viel problematisierten Gattungsegoismus. Diese Zurückhaltung oder „Frugalität" ist dabei nicht nur auf den Konsum zu beziehen, sondern ist vorab als „Maßhalten im Gebrauch" und im „Erwerb der Macht" zu verstehen, d. h. als „Bändigung des *Vollbringungstriebes*", die „am besten [...] bei Zielsetzungen [beginnt], die nicht durchaus nötig sind"[71].

Geschwisterlichkeit bedeutet auf Seiten des Menschen Naturverbundenheit. In einem neoaristotelischen Zugang entfaltet Nussbaum Naturverbundenheit als eine Grundfähigkeit des Menschen. Ihr Bezugspunkt ist nicht wie in bio- und physiozentrischen Ansätzen die Regelung der Beziehungen zwischen den Lebewesen, sondern die gelingende Entfaltung des Subjekts.[72] Geschwisterliche Naturverbundenheit ist so gesehen ein Weg zum und eine Form des Glücks.[73]

Die Entwicklung einer solchen Haltung der Geschwisterlichkeit ist ganz im Sinn des klassischen Humanismus eine Bildungsaufgabe. In dem ökologisch erweiterten Humanismus geht es, so Vogt,

> „nicht darum, die Idee des Humanismus als Menschwerdung des Menschen durch Kultur, Bildung und Nächstenliebe, die die europäische Geistesgeschichte und Ethik ganz wesentlich geprägt hat, zu verabschieden, sondern ganz im Gegenteil darum, innerhalb dieser Idee die Dimension des Natürlichen als Geschöpf und Kreatur zurückzugewinnen. Diese gehörte von Anfang an dazu, sowohl in der stoischen wie in der frühchristlichen Tradition, wo ‚humanum' nicht nur ein Hoheitstitel war, sondern auch ein Kennzeichen der Irrtumsanfälligkeit und Nicht-Göttlichkeit des Menschen, also ein Ausdruck der Demut. Die Gleichzeitigkeit von Demutsbewusstsein und ‚Gottfähigkeit' als ethischer Auftrag [...] ist der springende Punkt der gesamten christlichen Schöpfungstheologie und Mystik."[74]

---

69  Vgl. Rosa 2016, 281–328, 453–472.
70  Vgl. Asafu-Adjaye u. a. 2015; Wilson 2016; https://www.half-earthproject.org (16.3.2023).
71  Jonas 1997, 177f.
72  Vgl. Nussbaum 1999, 57f. Diesen Zugang wählt auch die Rio-Deklaration, die den Menschen neben „dem Recht auf ein gesundes und produktives Leben" ein Recht auf ein Leben „im Einklang mit der Natur" zuspricht. Anders als Nussbaum setzt sie allerdings nicht glücks-, sondern sollensethisch an; vgl. Vereinte Nationen 1992, Grundsatz 1.
73  Vgl. Seel 1997.
74  Vogt 2021, 136. Vgl. auch die Assoziationskette von terrestrisch, erdverbunden, human, Humus und Kompost bei Latour 2018, 101 oder die Figur der Kompostisten bei Haraway, z. B. Haraway 2018, 187–229, sowie die skeptische Einordnung bei Hamilton 2017, 115f.

Die Ausbildung von Suffizienz, Demut und Ehrfurcht, die Entwicklung einer geschwisterlichen Haltung ist, wie der Ausdruck der Menschwerdung schon andeutet, Teil eines positiven Programms, einer Lebenskunst.[75] Sie versteht die Erde nicht primär als Ressource, sondern als Lebenshaus, als Heimat.[76] Im Zeitalter des Menschen muss der Mensch die Art seiner Weltbeziehung verändern, und dies verlangt zugleich eine gewandelte Form der Selbstgestaltung des Menschen. Eine solche aktive, reflektierte und verantwortliche Selbstbildung ist eine zentrale Idee des Humanismus.

## Literaturverzeichnis

Asafu-Adjaye, John u. a. (2015): An Ecomodernist Manifesto, verfügbar unter: http://www.eco modernism.org [13.04.2024].

Bacon, Francis (1962): „Preparative Towards a Natural and Experimental History", in: Spedding, James/Ellis, Robert/Heath, Douglas (Hg.): The Works of Francis Bacon, Bd. IV, Stuttgart, 249-271.

Bentham, Jeremy (1970): An Introduction to the Principles of Morals and Legislation, hg. v. Burns, James H./Hart, Herbert L. A., London.

Birnbacher, Dieter (1991): „Sind wir für die Natur verantwortlich?", in: Ders. (Hg.): Ökologie und Ethik, Stuttgart, 103-139.

Bonneuil, Christophe/Fressoz, Jean-Baptiste (2016): The Shock of the Anthropocene: The Earth, History and Us, London.

Braidotti, Rosi (2014): Posthumanismus: Leben jenseits des Menschen, Frankfurt a. M./New York.

Capra, Fritjof (1996): Lebensnetz: Ein neues Verständnis der lebendigen Welt, Bern/München.

Chakrabarty, Dipesh (2021): The Climate of History in a Planetary Age, Chicago.

Charbonnier, Pierre (2022): Überfluss und Freiheit: Eine ökologische Geschichte der politischen Ideen, Frankfurt a. M.

Crist, Eileen (2013): „On the Poverty of Our Nomenclature", in: Environmental Humanities 3, 129-147.

Di Blasi, Luca (2021): „Anthropozänische Schuld: Zur Dezentrierung des Menschen in der Gegenwart", in: The Germanic Review: Literature, Culture, Theory 96 (2), 159-176.

Durkheim, Emile ($^5$1976): Die Regeln der soziologischen Methode, Darmstadt/Neuwied.

Ehrenfeld, David (1981): The Arrogance of Humanism, Oxford u. a.

Ellis, Erle (2011): „The Planet of no Return", in: Breakthrough Journal 2 (Fall).

Eser, Uta (2016): „Inklusiv denken: Eine Kritik der Entgegensetzung von Humanität und Natur", in: Haber, Wolfgang/Held, Martin/Vogt, Markus (Hg.): Die Welt im Anthropozän: Erkundungen im Spannungsfeld zwischen Ökologie und Humanität, München, 81-92.

Franziskus (2015): Laudato si': Über die Sorge für das gemeinsame Haus, Bonn.

Fraser-Darling, Frank (1991): „Die Verantwortung des Menschen für seine Umwelt", in: Birnbacher, Dieter (Hg.): Ökologie und Ethik, Stuttgart, 9-19.

Gray, John (2002): Straw dogs: Thoughts On Humans and Other Animals, London.

---

75  Vgl. Schmid 2008.
76  Vgl. Krebs 2013; Franziskus 2015; Latour 2018; Scruton 2013, bes. 217-259; Krebs 2021.

Grotius, Hugo (1919): Von der Freiheit des Meeres, Leipzig.
Grunwald, Armin (2016): Nachhaltigkeit verstehen: Arbeiten an der Bedeutung nachhaltiger Entwicklung, München.
Haber, Wolfgang/Held, Martin/Vogt, Markus (2016): „Das Anthropozän im Spannungsfeld zwischen Ökologie und Humanität: Einführung", in: Dies. (Hg.): Die Welt im Anthropozän. Erkundungen im Spannungsfeld zwischen Ökologie und Humanität, München, 7-15.
Hamilton, Clive (2017): Defiant Earth: The Fate of Humans in the Anthropocene, Cambridge.
Harari, Yuval (2015): Sapiens: A Brief History of Humankind, New York.
Haraway, Donna (2015): „Anthropocene, Capitalocene, Plantationocene, Chthulucene: Making Kin", in: Environmental Humanities 6, 159-165.
Haraway, Donna (2016): Das Manifest für Gefährten: Wenn Spezies sich begegnen: Hunde, Menschen und signifikante Andersartigkeit, Berlin.
Haraway, Donna (2018): Unruhig bleiben: Die Verwandtschaft der Arten im Chthuluzän, Frankfurt a. M./New York.
Hornborg, Alf (2017): „Artifacts Have Consequences, Not Agency. Toward a Critical Theory of Global Environmental History", in: European Journal of Social Theory 20 (1), 95-110.
IPBES (2019): Global Assessment Report on Biodiversity and Ecosystem Services of the Intergovernmental Science-Policy Platform on Biodiversity and Ecosystem Services, Bonn.
Jonas, Hans (1997): „Prinzip Verantwortung. Zur Grundlegung einer Zukunftsethik", in: Krebs, Angelika (Hg.): Naturethik: Grundtexte der gegenwärtigen tier- und ökoethischen Diskussion, Frankfurt a. M., 165-181.
Kopfmüller, Jürgen u. a. (2001): Nachhaltige Entwicklung integrativ betrachtet: Konstitutive Elemente, Regeln, Indikatoren, Berlin.
Korff, Wilhelm (2009): „Art. Sozialethik", in: Lexikon für Theologie und Kirche³, Bd. 9, 767-777.
Krebs, Angelika (2013): „,Und was da war, es nahm uns an': Heimat, Landschaft und Stimmung", in: Vogt, Markus/Ostheimer, Jochen/Uekötter, Frank (Hg.): Wo steht die Umweltethik? Argumentationsmuster im Wandel, Marburg, 215-225.
Krebs, Angelika (2021): Das Weltbild der Igel. Naturethik einmal anders, Basel.
Latour, Bruno (1995): Wir sind nie modern gewesen: Versuch einer symmetrischen Anthropologie, Berlin.
Latour, Bruno (2000): Die Hoffnung der Pandora: Untersuchungen zur Wirklichkeit der Wissenschaft, Frankfurt a. M.
Latour, Bruno (2001): Das Parlament der Dinge: Für eine politische Ökologie, Frankfurt a. M.
Latour, Bruno (2007): Eine neue Soziologie für eine neue Gesellschaft: Einführung in die Akteur-Netzwerk-Theorie, Frankfurt a. M.
Latour, Bruno (2017): Kampf um Gaia: Acht Vorträge über das neue Klimaregime, Berlin.
Latour, Bruno (2018): Das terrestrische Manifest, Berlin.
Leopold, Aldo (1989): A sand county almanac and sketches here and there, New York/Oxford.
Locke, John (1977): Zwei Abhandlungen über die Regierung, Frankfurt a. M.
Luhmann, Niklas (1986): Ökologische Kommunikation: Kann die moderne Gesellschaft sich auf ökologische Gefährdungen einstellen?, Opladen.
MacIntyre, Alasdair (³2007): After Virtue: A Study in Moral Theory, Notre Dame.
Marietta, Don (1995): For People and The Planet: Holism and Humanism in Environmental Ethics, Philadelphia.

McNeill, John (2015): „Nature Preservation and Political Power in the Anthropocene", in: Minteer, Ben/Pyne, Stephen (Hg.): After Preservation. Saving the American Nature in the Age of Humans, Chicago/London, 17-23.
Meyer-Abich, Klaus Michael (1990): Aufstand für die Natur: Von der Umwelt zur Mitwelt, München.
Moore, Jason (Hg.) (2016): Capitalocene or Anthropocene? Nature, History, and the Crisis of Capitalism, Oakland.
Moore, Jason (2017): „The Capitalocene, Part I: on the nature and origins of our ecological crisis", in: The Journal of Peasant Studies 44 (3), 594-630.
Moore, Jason (2018): „The Capitalocene Part II: accumulation by appropriation and the centrality of unpaid work/energy", in: The Journal of Peasant Studies 45 (2), 237-279.
Moore, Kathleen Dean (2013): „Anthropocene is the Wrong Word", in: Earth Island Journal 28 (1), verfügbar unter: http://www.earthisland.org/journal/index.php/eij/article/anthropo cene_is_the_wrong_word [13.04.2024].
Naess, Arne (1997): „Die tiefenökologische Bewegung: Einige philosophische Aspekte", in: Krebs, Angelika (Hg.): Naturethik: Grundtexte der gegenwärtigen tier- und ökoethischen Diskussion, Frankfurt a. M., 182-210.
Naess, Arne (2013): Die Zukunft in unseren Händen: Eine tiefenökologische Perspektive, Wuppertal.
Nassehi, Armin (2003): Geschlossenheit und Offenheit: Studien zur Theorie der modernen Gesellschaft, Frankfurt a. M.
Nussbaum, Martha (1999): Gerechtigkeit oder Das gute Leben, Frankfurt a. M.
Ostheimer, Jochen (2015): „Kein Platz im Himmel: Kohlendioxid als Abfallstoff – eine neue Facette im klimaethischen Diskurs", in: Bechmann, Ulrike u. a. (Hg.): Abfall: Theologisch-kritische Reflexionen über Müll, Entsorgung und Verschwendung, Wien, 299-317.
Ostheimer, Jochen (2016): „Die Renaissance der Geisteswissenschaften in der Ära des Menschen – die Rolle der angewandten Ethik im Anthropozän-Diskurs", in: Maring, Matthias (Hg.): Zur Zukunft der Bereichsethiken – Herausforderungen durch die Ökonomisierung der Welt, Karlsruhe, 33-54.
Ostheimer, Jochen (2019): Liberalismus und soziale Gerechtigkeit: Zur politischen Philosophie von Rawls, Nozick und Hayek, Paderborn.
Passmore, John (1974): Man's Responsibility for Nature: Ecological Problems and Western Traditions, London.
Rawls, John (1975): Eine Theorie der Gerechtigkeit, Frankfurt a. M.
Reckwitz, Andreas (2021): „Gesellschaftstheorie als Werkzeug", in: Reckwitz, Andreas/Rosa, Hartmut: Spätmoderne in der Krise: Was leistet die Gesellschaftstheorie?, Berlin, 23-150.
Rosa, Hartmut (2016): Resonanz: Eine Soziologie der Weltbeziehung, Berlin.
Sachs, Wolfgang (1993): Wie im Westen so auf Erden: Ein polemisches Handbuch zur Entwicklungspolitik, Hamburg.
Sandel, Michael (1982): Liberalism and the limits of justice, Cambridge.
Sandel, Michael (1993): „Die verfahrensrechtliche Republik und das ungebundene Selbst", in: Honneth, Axel (Hg.): Kommunitarismus: Eine Debatte über die moralischen Grundlagen moderner Gesellschaften, Frankfurt a. M./New York, 18-35.
Schmid, Wilhelm (2008): Ökologische Lebenskunst: Was jeder Einzelne für das Leben auf dem Planeten tun kann, Frankfurt a. M.

Schweitzer, Albert (2001): „Mensch und Kreatur in den Weltreligionen", in: Ders.: Kultur und Ethik in den Weltreligionen, hg. von Körtner, Ulrich/Zürcher, Johann (Werke aus dem Nachlaß), München, 177-220.
Schweitzer, Albert (2007): Kulturphilosophie, Bd. I und II, München.
Scruton, Robert (2013): Grüne Philosophie: Ein konservativer Denkansatz, München.
Seel, Martin (1997): „Ästhetische und moralische Anerkennung der Natur", in: Krebs, Angelika (Hg.): Naturethik: Grundtexte der gegenwärtigen tier- und ökoethischen Diskussion, Frankfurt a. M., 307-330.
Serres, Michel (1994): Der Naturvertrag, Frankfurt a. M.
Taylor, Bron (2020): Dunkelgrüne Religion: Naturspiritualität und die Zukunft des Planeten, Paderborn.
Taylor, Charles (1989): Sources of the Self: The Making of the Modern Identity, Cambridge.
Taylor, Paul (1986): Respect for Nature: A Theory of Environmental Ethics, Princeton.
Taylor, Paul (1997): „Die Ethik der Achtung gegenüber der Natur", in: Krebs, Angelika (Hg.): Naturethik: Grundtexte der gegenwärtigen tier- und ökoethischen Diskussion, Frankfurt a. M., 111-143.
TEEB (2010): The Economics of Ecosystems and Biodiversity: Mainstreaming the Economics of Nature: A Synthesis of the Approach, Conclusions and Recommendations of TEEB, verfügbar unter: https://www.teebweb.org/wp-content/uploads/Study%20and%20Reports/Reports/Synthesis%20report/TEEB%20Synthesis%20Report%202010.pdf [13.04.2024].
Théâtre Nanterre-Amandiers (2015): Théâtre des négociations „Make it work", verfügbar unter: https://nanterre-amandiers.com/evenement/le-theatre-des-negociations [13.04.2024].
Vereinte Nationen (1992): Rio-Erklärung über Umwelt und Entwicklung, Rio de Janeiro, verfügbar unter: https://www.un.org/depts/german/conf/agenda21/rio.pdf [13.04.2024].
Vogt, Markus (2021): Christliche Umweltethik: Grundlagen und zentrale Herausforderungen, Freiburg i. Br.
Weisman, Alan (2009): Die Welt ohne uns: Reise über eine unbevölkerte Erde, München/Zürich.
Welsch, Wolfgang (2012a): Homo mundanus, Weilerswist.
Welsch, Wolfgang (2012b): Mensch und Welt: Eine evolutionäre Perspektive der Philosophie, München.
Wilson, Edward (1999): Consilience: The Unity of Knowledge, New York.
Wilson, Edward (2016): Die Hälfte der Erde: Ein Planet kämpft um sein Leben, München.
Zalasiewicz, Jan (2009): Die Erde nach uns: Der Mensch als Fossil der fernen Zukunft, Heidelberg.

# Die Praxis der Menschenwürde – eine christliche Perspektive

*Marianne Heimbach-Steins*

## 1. Einführung

Der Titel, der mir für diesen Beitrag vorgegeben wurde,[1] bedarf einer Erschließung, soll er weder unerfüllbare Erwartungen noch Missverständnisse provozieren. Die Rede von *der* Praxis *der* Menschenwürde wirft die grundlegende Frage auf, ob sich dem Abstraktum *Menschenwürde* überhaupt eine bestimmte Praxis zuordnen lässt. Daher möchte ich den Begriff „Praxis" als *Suchbegriff* für Handlungsmodi verstehen, die der Menschenwürde Ausdruck geben und ihrem Anspruch Rechnung tragen. Unter dieser Prämisse wird, über die Beschreibung solcher Modi hinaus, vor allem nach Kriterien einer Praxis zu fragen sein, die der Menschenwürde Rechnung trägt und Ausdruck verleiht.

Auch der Untertitel *eine christliche Perspektive* verlangt nach genauer Lektüre: Das Attribut *christlich* unterstreicht erstens die Erwartung, dass christlicher Glaube und christliche Traditionen relevante Zugänge zu Praxen der Menschenwürde eröffnen, dass es aber auch andere, nicht christliche Zugänge gibt. Der unbestimmte Artikel signalisiert zweitens, dass auch im Horizont christlichen Glaubens und christlicher Theologie/Ethik mehr als *eine* Perspektive auf das Thema entwickelt werden kann, Verabsolutierungen also zu vermeiden sind. Und drittens zeigt das Nomen *Perspektive* an, dass es um *Sichtweisen* geht, die in einen Diskurs einzubringen und mit anderen Sichtweisen zu korrelieren sind: Es geht weder um *Dogmen* noch um bloße *Appelle*.

Christliche Traditionen haben gewiss zur Ausformulierung des Menschenwürde-Topos beigetragen. Sie haben Praxen hervorgebracht, die der Überzeugung der (unbedingten) Anerkennungs- und Schutzwürdigkeit menschlicher Existenz Ausdruck und Wirkung verleihen. Die Geschichte christlicher Diakonie bietet viele Beispiele für eine an diesen Überzeugungen geschulte Praxis – man denke zum Beispiel an Hospize, Einrichtungen der Armensorge, Schulen. Religiöse Unterweisung und christliche Theologien haben zu deren Einübung und Begründung beigetragen.

---

1 Der Beitrag basiert auf einem Vortrag im Rahmen des Symposiums „Mensch werden" am 4./5. 11. 2022 in der Katholischen Akademie in München. Die Vortragsversion ist veröffentlicht in der Zeitschrift der Katholischen Akademie in Bayern *zur debatte* Jg. 53, 1/2023, 6–11. Für die vorliegende Veröffentlichung wurde der Text lediglich geringfügig überarbeitet und durch einige Literaturhinweise ergänzt.

Allerdings hat das Christentum auch Praxen zugelassen, legitimiert und verfestigt, die mit der Achtung der Menschenwürde nicht vereinbar sind.[2] An dieser Stelle genügt ein Hinweis auf die sehr gegenwärtigen Abgründe der Missbrauchsskandale und ihrer schleppenden, widerwilligen oder ganz ausbleibenden Aufarbeitung in kirchlich-institutionellen Kontexten, um die Ambivalenzen ins Bewusstsein zu rufen, denen sich jeder christliche Anspruch, die Menschenwürde zu schützen, stellen muss. Zumal die Kirchen können sich keinesfalls davon freisprechen, institutionelle Praxen verantworten zu müssen, die der Anerkennung und dem Schutz der Menschenwürde entgegenstehen. Eine vollmundige Beanspruchung christlicher – und erst recht kirchlicher – Praxis der Menschenwürde ist daher ebenso wenig angebracht, wie es ein (im besten Fall schuldbewusster) Rückzug aus Engagementfeldern wäre, in denen die Menschenwürde verletzlicher Personen und Gruppen zu verteidigen ist.

In diesem Bewusstsein andauernder Ambivalenz die Praxis-Anforderungen zu ergründen, die mit der Behauptung der Menschenwürde einhergehen, ist und bleibt eine Aufgabe ethischer Begleitung, Kritik und Begründung. Sie kann ihr nur im Bewusstsein der Kontextualität sittlicher Einsicht sowie der Vielfalt der Sprechweisen, in denen der Anspruch der Menschenwürde artikuliert, befragt und verteidigt wird, gerecht werden.

Im Folgenden nähere ich mich dem Thema von meiner sozialethischen Werkbank aus, also mit subjektiv-selektiven Akzenten und in der Vorläufigkeit einer Arbeitsskizze. Um den Suchbegriff *Praxis der Menschenwürde* zu füllen, werde ich von (den) Verben ausgehen, die unser Sprachgebrauch üblicherweise mit dem Abstrakt-Substantiv Menschenwürde verbindet (2.). Sie drücken Praxismodi und Problemanzeigen aus; was sich in der Sprache zu erkennen gibt, werde ich zu systematisieren versuchen, und eine Brücke zu christlichen Verstehensangeboten schlagen (3.). Ein kurzes Fazit (4.) sichert den Ertrag in der entworfenen ethischen Perspektive.

## 2. „Praxis der Menschenwürde" – eine Sondierung der Verben

Es sind vor allem die Verben *achten, schützen, anerkennen*, die den Topos Menschenwürde begleiten, wenn es darum geht, dessen normativen Anspruch im Handeln aufzunehmen. Alle drei Verben repräsentieren Handlungsmodi, die mit unterschiedlicher Intensität ethische Implikationen der Menschenwürde geltend machen. Versuche, diese Modi konkret zu erschließen, führen immer auch zu

---

2   Problematische historische Konstellationen (z. B. Sklaverei, Umgang mit Häretikern, Kreuzzüge, Kolonialismus) bedürften einer gesonderten Erörterung, um nicht der Gefahr anachronistischer Urteile zu erliegen; dieses komplexe Feld kann hier nicht abgeschritten werden.

den Spiegelbegriffen *missachten, verletzen, verkennen/negieren*, in denen sich die Prekarität des Anspruchs der Menschenwürde spiegelt. Sie verweisen nicht nur auf die theoretische *Möglichkeit*, den Anspruch der Menschenwürde im Handeln zu verfehlen, sondern vor allem auch auf zahllose tatsächliche Verletzungserfahrungen und Gewaltakte. In einem Referenzrahmen, der die Menschenwürde als (letzte) moralisch bedeutsame Referenzgröße zugänglich macht, werden diese Akte als Angriff auf die Würde der betroffenen Personen(gruppen) lesbar.

## 2.1 Achten/Missachten

In Verbindung mit dem Nomen Menschenwürde impliziert das Verbum *achten* nicht nur *Respekt* vor einer abstrakten Würde, sondern vor deren menschlichem Träger: Adressiert wird nicht eine Idee, sondern ein lebendiges Gegenüber, das unter Rücksicht der ihm*ihr zugeschriebenen Würde wahrgenommen, dem Achtung entgegengebracht wird. Die adressierte Person hat *als Mensch* etwas, das einerseits Aufmerksamkeit erheischt, also Ignoranz verwehrt, und andererseits eine Grenze setzt, einem instrumentalisierenden Zugriff Einhalt gebietet.[3] Der sowohl provozierende als auch limitierende Anspruch verweist auf etwas, das die adressierte (Achtung empfangende) mit der handelnden (Achtung gebenden) Person verbindet – über Unterschiede und Fremdheitserfahrungen hinweg. Achtung basiert auf der Wahrnehmung des Gegenübers als im moralischen Sinne gleiches menschliches Wesen. Unbeschadet realer Differenzen, die weder ignoriert werden sollen noch können und die durchaus Quelle wechselseitiger Irritation sein können, kommt der Gleichheitsannahme Vorrang zu. Die Achtung des*der Anderen basiert damit notwendigerweise auf der *Selbstachtung* als Grundmaß der Wahrnehmung des*der Anderen und der Zuwendung zu ihm*ihr. Das biblische Liebesgebot macht nicht von ungefähr die Selbstliebe zum Maßstab der Nächstenliebe. Deshalb ist es eine unangemessene Moralisierung, wenn die Selbstachtung bzw. Selbstliebe als notwendige dritte Relation des Liebes-Ethos zuweilen unterschlagen wird.

---

3   Sprachlich kommt diese Wirkung in der Rede von der „Unverfügbarkeit" oder der „Unantastbarkeit" zum Ausdruck. Sie verweist entweder auf eine Setzung, der sich eine Gemeinschaft von Menschen verpflichtet haben könnte, oder auf eine Art gemeinsames Bekenntnis als Resultat einer „Sakralisierung" (Joas 2011), die – aufgrund geteilter Erfahrungen der Achtungs- und Schutzbedürftigkeit – die Person als Trägerin der so attribuierten Würde der Verfügung durch Andere (ob ggf. bis zu einem gewissen Grad auch durch sich selbst, ist umstritten) entzieht. Eine solche Übereinkunft beruht auf langfristigen historischen Bewusstwerdungs- und Lernprozessen, die zu entsprechenden ethischen Folgerungen geführt haben. Jedoch ist der einmal gewonnene Einsichtsstand weder per se gegen einen Rückfall hinter solche zivilisatorischen Errungenschaften gesichert noch vermag er offensichtlich schwerwiegende Verletzungen der Menschenwürde zu verhindern.

Einer Person die Achtung ihrer Menschenwürde zu *verweigern* – etwa dadurch, dass ihr ein Mindestmaß an Aufmerksamkeit versagt wird, dass ihr elementare Güter für eine humane Lebensführung vorenthalten werden –, bedeutet nicht nur, *etwas* an diesem Menschen, sondern *diesen Menschen selbst* zu missachten, ihm\*ihr die Zugehörigkeit zu der Gemeinschaft der ethisch Gleichwürdigen aufzukündigen. Praxen, die in diesem Sinne als Akte der Missachtung der Menschenwürde erfahren werden, provozieren die Frage, welche Voraussetzungen solches Handeln anleiten: Es ist zu ergründen, ob sie eine ausschließlich situativ bedingte Verweigerung gegenüber dem Anspruch des\*der Anderen zum Ausdruck bringen, oder ob darin eine tiefer liegende Verkennung oder Verweigerung zur Wirkung kommt, und welche Einstellungen und Überzeugungen der als missachtend erfahrenen Handlungsweise oder Haltung zugrunde liegen. Ein Beispiel: Wenn, wie ich es vor einiger Zeit in einem sorgfältig vorbereiteten theologischen Vortrag gehört habe, trans\* Menschen mit dreibeinigen Hunden verglichen werden, lässt die Tatsache, dass es sich erkennbar nicht um eine bloß spontane Äußerung handelte, auf einen Mangel an Achtung vor Menschen mit trans\* Identität schließen.

### 2.2 Schützen/Verletzen

Das Verbum *schützen* in Verbindung mit Menschenwürde umschreibt ein aktives, individuelles oder institutionell vermitteltes Engagement, das an der menschlichen Würde Maß nimmt und die Integrität der personalen Existenz zum Ziel hat. Es kann unmittelbar personenbezogen oder auch mittelbar dem Ziel zugeordnet sein. Menschen- bzw. Grundrechte dienen dem institutionellen Schutz der Menschenwürde, reichen aber allein nicht aus. Immer wieder müssen, oft auf der Basis der juristischen Bestätigung von Verletzungserfahrungen, konkretisierende (Rechts-)Normen für bestimmte Handlungsfelder erarbeitet werden; man denke zum Beispiel an das Urteil des Bundesverfassungsgerichts zum Personenstandsrecht 2017 (*Drittes Geschlecht*), das den Gesetzgeber verpflichtete, eine Regelung zur Repräsentation von Personen mit nicht binärer Geschlechtsidentität zu erarbeiten.[4] In jedem Fall geht es um den Schutz der Person als Träger\*in der Würde. Das zu schützende Gut (Würde) ist nicht direkt erreichbar, sondern muss auf eine konkretere Ebene transponiert werden, um Kriterien und Ansatzpunkte für einen situativ beziehungsweise strukturell wirksamen Schutz der Menschenwürde bestimmter Personen(gruppen) zu gewinnen.

Solche Ansatzpunkte sind vor allem in der Beobachtung von Praxen zu identifizieren, durch die die Menschenwürde bestimmter Personen(gruppen) verletzt wird, zum Beispiel durch öffentliche Herabsetzung, Bloßstellung, sprach-

---

4  Vgl. BVerfG (2019).

liche oder physische Übergriffe, oder auch dadurch, dass sie in einem herrschenden Ordnungssystem (Sprache, Recht, Moral) nicht sichtbar werden können. Verletzt wird die Menschenwürde typischerweise durch mehr oder weniger subtile – psychische, physische, sexuelle – Strategien der Gewalt beziehungsweise der Machtausübung, die das Gegenüber seiner menschlichen Integrität und/oder seiner Selbstbestimmung berauben, seine Vulnerabilität gezielt ausnutzen. Derartige Gefährdungen müssen als solche erkannt werden, sie müssen situativ abgewehrt und durch strukturelle Maßnahmen gegen potentielle weitere Übergriffe gebannt werden. Das geschieht oft erst reaktiv zu realen, unter Umständen lang andauernden systematischen Verletzungserfahrungen. Die Einsicht in beziehungsweise die Bereitschaft zur Auseinandersetzung mit dem gewaltsamen und Würde verletzenden Charakter bestimmter Praxen sowie deren Enttabuisierung und öffentliche Bearbeitung sind offensichtlich voraussetzungsreich. Wiederum liegt es nahe, beispielhaft auf die Erfahrungen mit sexuellem Missbrauch (in kirchlichen wie anderen gesellschaftlichen Kontexten) zu verweisen, oder auch auf das Thema Vergewaltigung in der Ehe, das in Deutschland erst seit dem Jahr 1997 als Straftatbestand anerkannt ist.

Um die Menschenwürde konkret und wirksam schützen zu können beziehungsweise um überhaupt erst eine diesem Ziel dienende Verständigung über die entsprechenden Notwendigkeiten möglich zu machen, ist es notwendig, präzise formulieren zu können, worauf sich der Schutz richten muss, welche Güter, die der Menschenwürde zugeordnet sind, auf dem Spiel stehen (zum Beispiel körperliche und seelische Integrität; Selbstbestimmung; Teilhaberechte). Im Kern geht es darum, Menschen davor zu bewahren, dass sie ihrer Subjektivität beraubt und zu einem Objekt fremder Interessen degradiert werden. Eine zentrale ethische Herausforderung liegt in der Spannung zwischen der Achtung personaler Selbstbestimmung und der Beantwortung von Schutzbedürfnissen angesichts bestimmter Verletzlichkeiten, zwischen der Gefahr paternalistischer Bevormundung bis hin zur Entmündigung und dem Risiko der Schutzlosigkeit. Beides kann zu einer Gefährdung des Personenwohls führen.

## 2.3 Anerkennen/Aberkennen, Negieren

Die Menschenwürde einer Person *anerkennen* bezeichnet prima facie eine Hinwendung zu dem*der Anderen, die diese Person ihrer eigenen Würde gewahr werden lässt beziehungsweise in diesem Würde-Status (existentiell) bestärkt. Philosophische Theorien der Anerkennung unterscheiden sich allerdings erheblich in Verständnis und Auslegung dieser Praxisform. Die Verknüpfung von Anerkennung und Würde legt eine moralisch eindeutig positive Lesart von Anerkennung nahe. So konzipiert etwa Axel Honneth in seinem Werk *Kampf um Anerkennung* (1992) und später in modifizierter Darstellung erneut in *Das Recht* *der Freiheit* (2011) soziale Sphären, in denen Anerkennung in Gestalt von *Liebe* (in den Primärbeziehungen), *Achtung* (in der Sphäre des Rechts) und *Wertschätzung* (im gesellschaftlichen Leistungsaustausch) vermittelt und dadurch die Fähigkeit zur Selbstbestimmung genährt wird.[5] *Kritische* Theorien der Anerkennung, wie sie unter anderen Judith Butler und Thomas Bedorf vertreten, verstehen diese hingegen elementarer als unhintergehbar prekären Grundakt der Subjektkonstitution und verweisen auf die nicht zu eliminierende Ambivalenz von Praxen der Anerkennung:[6] Selbst im günstigsten Fall, in dem die Anerkennung gebende Person ihr Gegenüber achtungsvoll, wertschätzend und hilfsbereit adressiert, wird diese Relation ein Moment der Festlegung, der Fremdbestimmung und damit der *Verkennung* des Gegenübers beinhalten. Dies mitzudenken, scheint als Impuls der Kritik überaus bedeutsam: (Macht-)Asymmetrien, die in sozialen Interaktionen wirken, sind aufzudecken und in ihrer Wirkung zu analysieren; Gefahren eines (keineswegs immer wohlmeinenden) Paternalismus, einer mehr oder weniger subtilen Instrumentalisierung des Gegenübers müssen ebenso zum Gegenstand der Kritik gemacht werden können wie die ausschließende Wirkung herrschender Ordnungsmuster.

Die grundlegende Prekarität von Anerkennung kommt etwa in der Erfahrung von Menschen zum Ausdruck, denen die herrschende Ordnung des Zusammenlebens keinerlei gesellschaftlichen Ort zubilligt und deren Ortlosigkeit unter bestimmten Bedingungen nicht einmal öffentlich besprechbar ist. So ist etwa die Wirkung einer binären Geschlechterordnung, die Menschen mit einer nicht-binären Geschlechtsidentität unsichtbar, rechtlich und sozial ortlos macht, ein markantes Beispiel dafür, wie voraussetzungsreich Anerkennung und wie wichtig die Kritik verkennender Strukturen im Denken und in gesellschaftlichen (und auch in religiös-institutionellen) Ordnungen tatsächlich ist.[7]

Damit kommt schließlich als radikalste Infragestellung der Menschenwürde das *Verkennen* bzw. *Negieren* in den Blick, das die Würde eines menschlichen Gegenübers, sei es ein Individuum oder eine Gruppe von Menschen, die bestimmte Eigenschaften teilt, generell bestreitet. Dies trifft etwa für rassistische Ideologien zu, die Angehörigen bestimmter Menschengruppen generell die (gleiche) Würde absprechen und entsprechend systematisch Würde verletzende Handlungsweisen rechtfertigen; oder für einen Nihilismus, der jeglichen kategorischen Achtungsanspruch gegenüber dem menschlichen (und dann vermutlich auch dem nicht-menschlichen) Leben zurückweist und alles Handeln verabsolutierten partikularen Interessen unterordnet.

Theorien prekärer Anerkennung verweisen sehr fundamental auf die Verletzlichkeit des Subjekts. Nicht nur mit Bezug auf bestimmte Situationen akuter,

---

5   Vgl. Axel Honneth 1992; ders. 2011.
6   Vgl. Butler 2001; dies. 2007; Bedorf 2010; Riedl 2017, 95–208.
7   Vgl. exemplarisch für den Kontext katholische Kirche: Heimbach-Steins 2023.

gegebenenfalls übelwollender Gefährdung ist von Vulnerabilität zu sprechen. Es ist auch von einer konstitutiven Vulnerabilität auszugehen, die den Würdestatus der Person als solchen prekär erscheinen lässt. Eine solche Generalisierung wirkt ethisch jedoch nicht entlastend, wie es eine essentialistische Lesart – mit der Denkfigur: *die conditio humana lässt eben keine vollständig integre Existenzweise zu* – nahelegen könnte, sondern fordert besondere kritische Aufmerksamkeit ein für die unerkannten, unsagbar bleibenden Quellen der Verletzung von Menschenwürde und personaler Integrität und für die inneren, in tiefen Überzeugungen gründenden, wie für die äußeren, gesellschaftlich, politisch, rechtlich wirksamen (gegebenenfalls institutionalisierten) Blockaden gegenüber der Anerkennung der Würde eines*einer Anderen. Judith Butler macht sie ganz elementar an dem Kriterium der Betrauerbarkeit fest: Wer in einer Gesellschaft nicht als betrauerbar gilt, ist schon vor dem physischen Tod sozial gestorben, weil aus der Gemeinschaft derer, die einander als Träger*innen der Menschenwürde anerkennen, ausgeschlossen.[8]

## 3. Theologisch-sozialethische Reflexion zu Praxen der Menschenwürde

Die von den Verben der Menschenwürde ausgehende Sondierung wirft eine Reihe untereinander zusammenhängender Fragen auf, denen sich die ethische Reflexion stellen muss. Im Folgenden möchte ich versuchen, mit wenigen Strichen ein auf diese Herausforderung antwortendes Arbeitsprogramm zu skizzieren.

### 3.1 Theologischer Horizont

Ein hermeneutischer Zugang leuchtet zunächst den Deutungshorizont aus, in dem Menschenwürde ethisch erschlossen wird. Auf einer Metaebene stellt sich zusätzlich die Aufgabe, das Verhältnis von Deutungshorizonten und Interpretationen der Menschenwürde zu reflektieren; das ist zum Beispiel für eine interreligiöse Verständigung sehr wichtig, aber auch für Diskurse, in denen religiös gehaltvolle Zugänge und säkular-humanistische Positionen aufeinandertreffen. Weltanschauliche oder religiöse Vorannahmen sowie theoretische Vorentscheidungen, die eine Annäherung an das Theorem Menschenwürde anleiten, müssen ausdrücklich ausgewiesen werden: Denn zum einen ist es wichtig, sich der Perspektivität, die jede Diskursposition gleich welcher weltanschaulichen Provenienz prägt, als solcher bewusst zu sein; zum anderen sind die inhaltlichen –

---

[8] Vgl. Butler 2010; Riedl 2017, 173–175.

vor allem anthropologischen – Annahmen offenzulegen, die der jeweils eingenommenen Perspektive inhärent sind. Mit Bezug auf die christliche Perspektivierung, die in diesem Beitrag ausgearbeitet werden soll, sind deshalb hier – in äußerster Knappheit – theologische Deutungslinien anzudeuten, die in einer biblisch informierten Herangehensweise aufscheinen. Sie zeigen die Richtung an, in der die Frage nach einer genuin christlichen Deutung der Menschenwürde beantwortet werden kann. Biblisch-theologische Anthropologie bettet den Menschen als *gottesbildliches Geschöpf* (Gen 1) in die kunstvoll geordnete Schöpfung[9] ein und macht ihm diese zugleich zur Aufgabe; sie reflektiert die *Ambivalenz* von sittlichem Vermögen (Gen 3) und dramatischer Gefährdung menschlicher Freiheit (Gen 4–9)[10] und antwortet darauf – das zieht sich als ein roter Faden durch die biblische Literatur – mit dem *Entgegen- bzw. Zuvorkommen Gottes*, der sein Geschöpf nicht dem Verderben preisgibt, sondern es rettend, befreiend und befähigend begleitet (vgl. Ex 3). Die neutestamentliche Kernbotschaft von der *Menschwerdung, der Kenosis und der Auferstehung Jesu Christi* kann ethisch als radikale Aneignung der konstitutiven menschlichen Verletzlichkeit durch Gott und als ebenso *radikale Würdigung des menschlichen Geschöpfs in seiner körperlich-seelisch-geistigen Konstitution* gelesen werden. Wenn die Auferstehung Jesu die Überwindung der Ambivalenz der menschlichen Gesamtkonstitution bedeutet, so geht sie doch gerade nicht mit einer Negation der Verletzlichkeit einher, vielmehr wird sie gewürdigt, an dieser Verwandlung teilzuhaben – die Wundmale, die der Auferstandene dem zweifelnden Thomas zeigt und zur Berührung anbietet, sind dafür ein starker metaphorischer Ausdruck (Joh 20). Gerade darin eröffnet sich eine Perspektive der *Hoffnung* auf *Rettung* gegen die Versuchung des Nihilismus oder Zynismus angesichts von Schwäche, Schuld und Leidverhaftung menschlicher Existenz. Die biblische Großerzählung von der Annahme des Imperfekten, der Heil(ig)-ung der verletzlichen Existenz durch Gott und der (eschatologischen) Bedeutung, die der in diesem Verheißungshorizont dem Menschen möglichen Anerkennung des verletzlichen Anderen zukommt, wie sie unter anderem im Samaritergleichnis (Lk 10) und in der matthäischen Gerichtsrede (Mt 25) zum Ausdruck kommt, bildet den Deutungshorizont für ein christliches Verständnis der Menschenwürde. In diesem Verstehensrahmen können gleiche Würde und unbedingte Anerkennung aller Menschen gedacht und verteidigt, die Unverfügbarkeit menschlichen Lebens vertreten und das verletzliche und beschädigte Leben als (von Gott) gewürdigt, schützenswert und würdevoll anerkannt werden. In diesem Horizont muss theologische Kritik christlicher und kirchlicher Praxen der Menschenwürde formuliert werden. Das Aufgabenspektrum christlicher Sozialethik umfasst deshalb auch eine kritische Ekklesiologie, eine kirchenspezifi-

---

9 Vgl. Steins/Heimbach-Steins 2022.
10 Vgl. Heimbach-Steins 2013, 131–134.

sche Institutionenkritik unter dem Fokus der Achtung, des Schutzes und der Anerkennung von Menschenwürde und Menschenrechten.[11]

## 3.2 Ethische Ansprüche – zu schützende Güter

Während der erste Zugang zu Praxen der Menschenwürde den Interpretationshorizont klärt, betrifft eine zweite Fragengruppe *ethische Ansprüche und zu schützende Güter*, die mit dem Abstraktum Menschenwürde aufgerufen werden.

Im Kern der ethischen Konflikte um die Menschenwürde steht die Frage, *wer (im ethischen Sinne) Mensch* und damit als Träger*in von Menschenwürde anerkannt ist. Infragestellungen, Verletzungen der Menschenwürde indizieren, dass eben nicht allen menschlichen Wesen das Menschsein im ethischen Sinn der Menschenwürde zuerkannt wird. Nicht nur explizit rassistische oder sexistische Bestreitungen, auch Kalküle mit gravierenden Einschränkungen von Lebensqualität und Selbstbestimmung bei bestimmten (gegebenenfalls alters- oder krankheitsbedingten) Einschränkungen können in einer Bestreitung des ethischen Status als Mensch, d. h. als Träger von Menschenwürde, resultieren (bestimmte philosophische Positionen unterscheiden dazu zwischen Mensch und Person, was eine christliche Anthropologie nicht vorsieht). Damit geht unmittelbar die Frage einher, wem die *Definitionsmacht* in dieser Frage zusteht bzw. wie diese begrenzt, kontrolliert und der Willkür von Interessenkalkülen entzogen werden kann.

Neben die Fragen nach dem Subjekt der Menschenwürde und der Definitionshoheit tritt die Frage nach den normativen Implikationen. Welche *Ansprüche und Pflichten* aus der Achtung der Menschenwürde resultieren, ist Gegenstand intensiver und differenzierter wissenschaftlicher, rechtlicher und politischer Debatten zu kontroversen Fragen im Umgang mit menschlichem Leben und Sterben, mit Zugehörigkeits- und Teilhabebedingungen einer Gesellschaft, mit Maßstäben und Standards von Lebensqualität und deren sozialpolitischer Absicherung. Solche Fragen sind nicht losgelöst von den Interpretationsvoraussetzungen, von weltanschaulichen und religiösen Überzeugungen, von Präferenzen und Zielsetzungen der Individuen und gesellschaftlichen Gruppen zu bearbeiten. Es ist deshalb notwendig und selbst ein Indiz der Wertschätzung von Menschenwürde, wenn kontroverse Debatten öffentlich und nach demokratischen Regeln mit möglichst umfassenden Beteiligungsmöglichkeiten geführt werden können. Öffentliche Räume zu schaffen und institutionell zu sichern, in denen um Achtung, Schutz und (reale) Anerkennung der Menschenwürde gerungen werden kann, ist unter der Bedingung von weltanschaulicher und religiöser Diversität beziehungsweise Heterogenität eine hochrangige politische Aufgabe, um erreich-

---

11 Vgl. Bogner 2022; Baumeister 2018; Heimbach-Steins 2005, 281–313.

te Standards nicht preiszugeben, sondern im Sinne des nie vollständig erreichten Ziels weiterzuentwickeln. *Universalisierung* ist ein Anspruch, der der Menschenwürde inhärent ist – und der für jede Generation und Epoche eine Aufgabe bleibt.[12]

### 3.3 Metaethische Fragen – Ethikverständnis

Eine dritte Frageperspektive nimmt methodische und metaethische Aspekte des Themas in den Blick, deren Entfaltung zugleich das jeweils beanspruchte Ethikverständnis beleuchtet: Der Status der Menschenwürde als *axiomatische Bezugsgröße* ist keinem Komparativ zugänglich. Menschenwürde wird im Handeln anerkannt oder bestritten, aber nicht vermehrt oder verringert. Konkrete Praxen können hingegen in unterschiedlicher Intensität auf die Menschenwürde Bezug nehmen und sie besser oder schlechter schützen. Sie sind gerade unter dieser Rücksicht Gegenstand ethischer Analyse und Kritik. Menschenwürde fungiert deshalb in der *ethischen Kritik* von Praxis vor allem als Problem-Indikator. Sie wird zum Thema, wenn sie gefährdet, verletzt oder bestritten wird. Gefährdungen, Verletzungen oder Bestreitungen der Menschenwürde konkreter Individuen oder ganzer Personengruppen sowie Leerstellen des Sagbaren bilden Ausgangspunkte und Bezugsgrößen einer kritischen, leidsensiblen, induktiv arbeitenden Ethik. Mit Achtung, Schutz und Anerkennung der Menschenwürde werden ethische Anforderungen an Praxis aufgerufen. *Normative Ethik* arbeitet die der Menschenwürde inhärenten Ansprüche aus, entwirft Orientierungsangebote, wie mit der Spannung zwischen Autonomie (Selbstbestimmung) und Abhängigkeit (Schutzbedürfnis) umzugehen ist, die der grundlegenden Verletzlichkeit des Subjekts Ausdruck gibt. Diese Spannung übersetzt gewissermaßen die Folgen der Verletzlichkeit auf die Ebene normativer Reflexion. Sie verweist auf die Notwendigkeit, handlungsleitende Kriterien zu erarbeiten, nach denen diese Grundspannung ethisch rechtfertigungsfähig austariert werden kann. Diese Aufgabe stellt sich für eine Vielzahl ethisch brisanter Themen – von Suizidassistenz über geschlechtliche Selbstbestimmung bis zur Frage von Zugehörigkeitsrechten für Migrant*innen (um nur wenige Beispiele zu nennen).

## 4. Fazit

Wer von *Praxis* oder *Praxen* der Menschenwürde spricht, besteht darauf, dass es um mehr als deklamatorische Anerkennung geht und soziales Handeln darauf auszurichten ist, den Würde-Status eines jeden Menschen durch Interaktionen

---

12 Vgl. dazu den Beitrag von Volker Gerhardt in diesem Band sowie sein grundlegendes Werk: Gerhardt 2019.

und Institutionen tatsächlich zur Geltung zu bringen. Ein solcher Anspruch setzt den *Glauben* bzw. die Überzeugung voraus, dass jedem Menschen etwas unbedingt Achtens- und Schützenswertes eigen ist. Dieser Glaube braucht, bildlich gesprochen, einen Anker, der das Geglaubte in einem guten Grund festmacht.

Akzeptanz für eine Praxis der Menschenwürde, die durch unbedingten und unteilbaren Respekt angesichts aller Diversität (nicht: deren ungeachtet!) bestimmt ist, muss im gesellschaftlichen Diskurs errungen werden. Konkrete Implikationen der Menschenwürde und daraus resultierende ethische Ansprüche können – angesichts divergierender Interpretationshorizonte – nicht als selbstverständlich konsensuell vorausgesetzt werden. Der Streit in der wissenschaftlichen wie in der politischen Öffentlichkeit mit und um Argumente ist ein notwendiges Medium des Schutzes der Menschenwürde. Zugleich darf der grundlegende Achtungs-, Schutz- und Anerkennungsanspruch, der von der Menschenwürde ausgeht, nicht von einer Mehrheitsmeinung abhängig gemacht werden. Konsens muss unter den Bedingungen weltanschaulicher und religiöser Diversität über die Grenzen bestimmter Bekenntnisgemeinschaften hinweg gesucht werden. Darin liegt eine zentrale Herausforderung für den Zusammenhalt von Gesellschaften und politischen Gemeinwesen – und ebenso eine Herausforderung für religiöse Bekenntnisgemeinschaften und die sie begleitende wissenschaftlich-ethische Reflexion.

Ethische Kritik, die Verletzungserfahrungen identifiziert und im Horizont der Menschenwürde deutet, fokussiert partikulare konkrete Verletzungserfahrungen *und* die Universalität der Verletzlichkeit als Bezugspunkte der ethischen Kommunikation. Sie reflektiert Anforderungen und Gelingensbedingungen einer Praxis der Menschenwürde, die den Menschen als Subjekt der Menschenwürde ganzheitlich wahrnehmen muss. Wer behauptet, die Menschenwürde zu schützen, aber die Identität bestimmter Menschen zum Anlass nimmt, ihnen die Ansprüche abzusprechen, die aus dieser Würde erwachsen und sie schützen, geht in die Falle einer bloß deklamatorischen Anerkennung und verwickelt sich in einen performativen Selbstwiderspruch. Ein Beispiel dafür ist die in der offiziellen kirchlichen Lehre immer noch, entgegen heute zugänglicher wissenschaftlicher Einsicht, aufrecht erhaltene Weigerung, diverse Geschlechtsidentitäten und die Vielfalt sexueller Orientierungen anzuerkennen.[13]

Ethisch reflektierte Praxis der Menschenwürde muss sich – zumal in dem angedeuteten theologisch-anthropologischen und soteriologischen Interpretationshorizont – der Ambivalenz von Anerkennungsprozessen stellen. Dass niemand die Grenzen der eigenen Subjektivität und ihrer Perspektivgebundenheit überwinden kann, führt unausweichlich ein Moment der Verkennung in das Anerkennungshandeln ein. Diese Einsicht sensibilisiert für die Verletzbarkeit des\*- der Anderen. Praxis der Menschenwürde bedeutet daher immer auch, mit eige-

---

13  Vgl. Fußnote 7.

ner und fremder Verletzlichkeit umzugehen. Die biblische Gottesbotschaft bietet ein Potential, gerade diese Einsicht zu erhellen. Vielleicht liegt darin ein, wenn nicht *der* Schlüssel zu einer Praxis der Menschenwürde in christlicher Perspektive.

## Literaturverzeichnis

Baumeister, Martin u.a. (Hg.) (2018): Menschenrechte in der katholischen Kirche: Historische, systematische und praktische Perspektiven (Gesellschaft – Ethik – Religion 14), Paderborn.

Bedorf, Thomas (2010): Verkennende Anerkennung, Berlin.

Bogner, Daniel (2022): „Kirche", in: Heimbach-Steins, Marianne u.a. (Hg.): Christliche Sozialethik: Grundlagen – Kontexte – Themen: Ein Lehr- und Studienbuch, Regensburg, 498–510, verfügbar unter: https://nbn-resolving.de/urn:nbn:de:hbz:6-55069604505 [13.04.2024].

Butler, Judith (2001): Psyche der Macht: Das Subjekt der Unterwerfung, Frankfurt a. M.

Butler, Judith (2007): Kritik der ethischen Gewalt: Erweiterte Ausgabe, Frankfurt a. M.

Butler, Judith (2010): A Carefully Crafted F**k You. (Interview by Nathan Schneider), verfügbar unter: https://www.guernicamag.com/a_carefully_crafted_fk_you/ [13.04.2024].

BVerfG (2019), Beschluss des Ersten Senats vom 10. Oktober 2017–1 BvR 2019/16 -, Rn. 1–69, verfügbar unter: http://www.bverfg.de/e/rs20171010_1bvr201916.html [13.04.2024].

Gerhardt, Volker ($^2$2019): Humanität: Über den Geist der Menschheit, München.

Joas, Hans (2011): Sakralität der Person: Eine neue Genealogie der Menschenrechte, Frankfurt a. M.

Heimbach-Steins, Marianne (2005): „Subsidiarität und Partizipation in der Kirche", in: Dies. (Hg.): Christliche Sozialethik: Ein Lehrbuch: Band 2: Konkretionen, Regensburg, 281–313.

Heimbach-Steins, Marianne (2013): „Biblische Hermeneutik und christliche Sozialethik", in: Vogt, Markus u.a. (Hg.): Theologie der Sozialethik (Quaestiones disputatae 255), Freiburg i. Br., 129–145.

Heimbach-Steins, Marianne (2023): Anerkennung geschlechtlicher Vielfalt – eine ausstehende kirchliche Lerngeschichte, in: Werner, Gunda u.a. (Hg.): Ewig wahr? Zur Genese von Glaubensüberzeugungen und ihrem Anspruch auf Wahrheit und Unveränderlichkeit: Ein interdisziplinärer Diskurs (Quaestiones disputatae 332), Freiburg i. Br., 265–278.

Honneth, Axel (1992): Kampf um Anerkennung: Zur Grammatik moralischer Konflikte, Frankfurt a. M.

Honneth, Axel (2011): Das Recht der Freiheit: Grundriß einer demokratischen Sittlichkeit, Frankfurt a. M.

Riedl, Anna Maria (2017): Ethik an den Grenzen der Souveränität: Christliche Sozialethik im Dialog mit Judith Butler unter Berücksichtigung des Kindeswohlbegriffs (Gesellschaft – Ethik – Religion 8), Paderborn.

Steins, Georg/Heimbach-Steins, Marianne (2022): „Cosmo-Politics: An Exegetical and Social-Ethical Reading of Genesis 1", in: Eckholt, Margit (Hg.): Creation – Transformation – Theology: International Congress of the European Society for Catholic Theology (Aug. 2021 – Osnabrück), Münster, 181–198.

# Das Christliche Menschenbild als reflexionsbedürftiger Kompass des Humanismus

*Markus Vogt*

Der Humanismus gründet in einer ganz bestimmten Auffassung vom Menschen. Diese speist sich neben philosophischen Quellen der griechischen und römischen Antike ganz wesentlich aus biblischen Impulsen. Als dritte Quelle des humanistischen Menschenbildes ist die moderne (natur)wissenschaftlich-anthropologische Forschung zu nennen. Vor dem Hintergrund dieser enorm fruchtbaren, aber spannungsreichen Synthese wurde die Berufung auf das christliche Menschenbild, das diese Elemente integriert, zur gesellschaftlich wirksamen Leitformel des abendländischen Humanismus. In der Katholischen Soziallehre sowie in sämtlichen Grundsatzprogrammen der Unionsparteien wird das christliche Menschenbild zwar oft beschworen, aber selten näher definiert. Im Schatten des Erfolges als eine Art konsensstiftende Zauberformel hat man es lange versäumt, kritisch zu fragen, was damit genau gemeint ist. Die Spannung zwischen seinen theologischen, philosophischen und humanwissenschaftlichen Aspekten muss heute neu ausgelotet werden.

Der folgende Beitrag reagiert auf diese Situation und unternimmt aus der Perspektive theologischer Anthropologie den Versuch, einige Merkmale dessen, was mit dem Begriff gemeint sein könnte, unter die Lupe zu nehmen. Dabei tauchen viele offene Fragen auf, die zu klären sind, wenn das christliche Menschenbild mehr sein soll als eine Leerformel. Das Menschenbild ist ein schillerndes und vielschichtiges Dispositiv, also ein Ensemble unterschiedlicher Diskurse.[1] In seinem Mittelpunkt steht die Erfahrung, dass der Mensch auf der Suche nach sich selbst ist, nicht festgelegt, sondern immer neu mit dem Anspruch konfrontiert, sich als Person, als Freiheitswesen und einmaliges Individuum zustande bringen zu müssen. Der Mensch ist sich selbst eine offene Frage. Ein Mensch zu sein und zu werden ist eine lebenslange Aufgabe. In der Feststellung einer solchen Entwurfsoffenheit stimmen die unterschiedlichen Zugänge zum Verständnis des Menschen, die den Humanismus prägen, überein. Daher ist die Synthese seiner biblischen, philosophischen und humanwissenschaftlichen Elemente keine sekundäre Verknüpfung, sondern eine spannungsvolle Einheit, die erst im Dialog der unterschiedlichen Perspektiven ihre volle Kraft als Kompass für eine menschenfreundliche Gesellschaft entfaltet.

---

1 Zu dem diskurstheoretischen Konzept des Dispositivs vgl. Foucault 2008.

## 1. Die Sakralität der Person

Die normative Architektur der neuzeitlich-abendländischen Gesellschaft ist durch nichts so sehr geprägt wie durch ihren „Glauben an die Menschenwürde"[2] und die „Sakralität der Person"[3]. Deren unverletzliche Würde zu schützen gilt in der modernen Demokratie als Auftrag und Legitimation aller politischen Gewalt. Im globalen Diskurs wird die universale Geltung dieser Prämisse jedoch zunehmend in Frage gestellt: Vertreter Chinas, Russlands und einiger islamischer Staaten bezeichnen sie als eine Vorstellung des westlich geprägten Christentums und reklamieren ihr gegenüber z. B. im UN-Menschenrechtsrat einen „kulturellen Vorbehalt".[4] Die Menschenrechte seien Ausdruck eines spezifisch abendländischen, individualistischen Menschenbildes und zugleich ein Instrument zur Durchsetzung eines westlichen Gesellschaftsmodells. Auch in Deutschland und in der gegenwärtigen Philosophie gibt es posthumanistische Strömungen, die die Unbedingtheit der Menschenwürde und die Universalität der Menschenrechte in Zweifel ziehen.[5]

In diesen ethisch-politisch vielschichtigen und spannungsreichen Auseinandersetzungen wird deutlich, dass die Konzepte der Menschenrechte und der darauf aufbauenden Demokratie durchaus höchst voraussetzungsreich sind. Sie können nicht angemessen ohne Bezug zu den kulturellen, religiösen, philosophischen und politischen Entwicklungen der europäischen Geschichte verstanden werden. Sie sind aus konkreten Erfahrungen der Gewalt und Ausgrenzung von Menschen entstanden und haben ihre gesellschaftliche Dynamik als Abwehr dieser gewaltsamen Exklusion erhalten.[6] Auch wenn die Menschenrechte teilweise eher gegen die Kirchen als von ihnen erkämpft wurden, war und ist die christliche Anthropologie für ihre Entdeckung und Praxis ein entscheidender Faktor. Diese paradoxe Spannung ist jedoch interessenspolitisch durchaus verständlich: Als kritischer Maßstab diente die Sakralität der Person auch einer Bewertung des Verhaltens der Religionsvertreter selbst. Die Menschenrechte sind ein unbequemer Maßstab für die Analyse von Herrschaftsverhältnissen sowohl in Politik und Gesellschaft wie auch in der Kirche.

Trotz der Ambivalenz des Verhältnisses von Kirche und Menschenrechten ist es sinnvoll, nicht auf ein religiös indifferentes, letztlich blutleeres Konzept zu setzen, sondern die spezifisch christlichen Impulse des Menschenbildes, das demokratischen Verfassungen zugrunde liegt, wach zu halten. Diese sind nach wie vor eine starke Motivationskraft für gelebte Humanität. Das schließt in keiner

---

2 Große Kracht 2014, vgl. auch Hilpert 2019.
3 Joas 2011.
4 Vgl. Legutke 2013, 26–35.
5 Vgl. dazu exemplarisch: Sorgner 2018 sowie den Beitrag von Sorgner in diesem Band.
6 Vgl. Joas 2011, 108–146.

Weise aus, dass auch spezifisch jüdische, islamische oder philosophische Zugänge zum Verständnis des Menschen wichtige Beiträge zum Schutz der Menschenwürde in unserer Gesellschaft leisten können. Möglicherweise bedarf es heute einer neuen Qualität des Gesprächs der monotheistischen Religionen untereinander sowie mit der politischen Philosophie, um die normative Leitidee, dass der Mensch als individuelle Person heilig ist und sich eine gerechte Gesellschaft auf deren Schutz fokussieren muss, wirksam zu verteidigen und weiterzuentwickeln.

Als Resümee der so erschütternden Erfahrungen von Inhumanität im Nationalsozialismus und der Shoa forderte Thomas Mann 1954 im kalifornischen Exil einen „religiös imprägnierten Humanismus"[7]. Er versteht diesen als „angewandtes Christentum"[8]. Dies ist insofern gerechtfertigt, als die biblische Tradition grundlegend von der Erfahrung inspiriert ist, dass die Achtung der Heiligkeit Gottes und der unbedingte Schutz des Menschen als Person sich wechselseitig bedingen. Die Achtung der Sakralität der Person übersetzt das christliche Gottes- und Menschenbild in einen Gesellschaftsvertrag. Sie achtet den Menschen als unverfügbares Geheimnis. Dabei ist der universale, alle religiösen und kulturellen Grenzen sprengende Anspruch von Anfang an mitgegeben.[9] Die Erfahrung, dass dieses Ideal in der Shoa so grausam verraten wurde, die als Negativfolie einen starken Konsens des „Nie-wieder" erzeugte, hat die europäischen Gesellschaften in der Nachkriegsepoche zusammengehalten und wesentlich zu den Jahrzehnten des Friedens beigetragen.

## 2. Wertschätzung von Vielfalt

Schon der Singular „das christliche Menschenbild" ist eine Vereinfachung, die leicht über die großen Differenzen in unterschiedlichen Jahrhunderten, Konfessionen und kulturellen Kontexten hinwegtäuscht. So sind beispielsweise calvinistische Leistungsethik, katholische Solidaritätsmoral und orthodoxe Spiritualität sehr verschiedene Lebenskonzepte, denen unterschiedliche Menschenbilder zugrunde liegen. Gerade diese Vielfalt macht die Kraft des Christlichen aus.[10]

Lange wurde der globale Anspruch christlicher Theologie und Ethik als Verabsolutierung des Europäischen missverstanden. Die Entdeckung der Bedeu-

---

7 Zitiert nach Kuschel 2013, 111; zur Vertiefung vgl. Detering 2012.
8 Zitiert nach Kuschel 2013, 115.
9 Entscheidend hierfür war der stoische Einfluss; vgl. hierzu die Beiträge von Volker Gerhardt sowie von Maximilian Forschner in diesem Band. Der die Grenzen religiöser und kultureller Zugehörigkeit überschreitende Anspruch ist jedoch auch für die biblische Tradition prägend, was beispielsweise im Dekalog zum Ausdruck kommt, der auch den Schutz der Fremden fordert, sowie bei den Propheten, die dies ebenso postulieren.
10 Zu Differenzen und Analogien des römisch-katholischen und des russisch-orthodoxen Menschenbildes vgl. Stubenrauch/Lorgus 2013.

tung unterschiedlicher Kontexte für das christliche Menschenbild, beispielsweise in Lateinamerika, Afrika oder Asien, ist ein noch längst nicht abgeschlossener Lernprozess, der die Gleichsetzung von „christlich" und „abendländisch" verbietet. Positiv ausgedrückt: Die Fähigkeit zur Integration von Zugängen in anderen Kontinenten zu dem, was es heißt, ein Mensch zu sein und was gelingendes Menschsein ausmacht, ist eine Bewährungsprobe für die Universalität des christlichen Menschenbildes. Denn dieses ist im Kern nicht ein fixiertes Bündel von Definitionsmerkmalen, sondern ein offenes Lernprogramm. Es ist plural auf Vielfalt und ständige Weiterentwicklung angelegt.

Man kann das Gottesgebot „Du sollst dir kein Bildnis machen" auch auf den Menschen anwenden: Du sollst dir kein Bildnis vom Menschen machen.[11] Die Achtung des Menschen als ein nie restlos bekanntes und deshalb auch nie vollständig verfügbares Geheimnis ist ein Gebot der Achtung von Menschenwürde. Zugleich ist es eine Voraussetzung für Liebe, denn wenn der Nächste vollständig berechenbar und verfügbar wäre, könnten wir ihn nicht lieben. Das Wesen des Menschen ist nicht festgelegt.[12] Er ist überraschungs- und damit auch entwicklungs- und freiheitsfähig. Eine offene Gesellschaft, die Vorurteile wegen Herkunft, Rasse und Geschlecht vermeidet, ist die Konsequenz dieses Menschenbildes und ein (oft nur sehr unvollkommen eingelöstes) Postulat der christlich-abendländischen Kultur.

Die Migrationsgesellschaft sowie der Ruf nach Anerkennung für die Rechte von Minderheiten stellen diesen Anspruch gegenwärtig auf eine harte Probe. Die konkrete Praxis der Wertschätzung von Vielfalt und Differenz ist ein Prozess, der individuell wie gesellschaftlich je neu der Aushandlung bedarf. Entscheidend ist dabei die stete Bereitschaft zur kritischen Auseinandersetzung mit den eigenen Vorurteilen über andere Menschen (und bisweilen auch über sich selbst). Unter der Bedingung von Dialogfähigkeit wird Vielfalt zur Chance, auch andere Perspektiven und Mentalitäten kennenzulernen. Das Maß der Einheit der Gesellschaft ist dann nicht Uniformität, sondern die kommunikative Bereitschaft, wechselseitig voneinander zu lernen und sich gerade durch Verschiedenheit zu bereichern. Die Wertschätzung von Vielfalt ermöglicht die Entfaltung von Individualität ohne Egozentrik oder Isolation.

---

11   Vgl. dazu beispielsweise das Drama „Andorra" von Max Frisch, das im Kern eine Kritik von Vorurteilen ist; Frisch 2006.
12   Vgl. dazu exemplarisch: Becker/Heinrich 2016.

## 3. Die Demokratisierung der Gottebenbildlichkeit

Der in der ägyptischen Königstheologie bekannte Topos der Gottebenbildlichkeit wird in der Bibel demokratisiert und auf alle Menschen angewendet (Gen 1,27).[13] Diese sozialtheologische Revolution hat bis heute nichts von ihrer gesellschaftskritisch-befreienden Kraft eingebüßt. Die ethisch-politische Konsequenz der Gottebenbildlichkeit ist die unbedingte Würde des Menschen, auf der die modere Rechtskultur einschließlich der deutschen Verfassung beruht. Sie gilt grenzüberschreitend für alle.

Die Sicherung der Menschenwürde kann nach christlicher Auffassung nicht allein durch das Recht gesichert werden, sondern braucht das Zeugnis gelebter Solidarität in Grenzsituationen von Leid, Armut, Fremdheit, Behinderung sowie am Anfang und Ende des Lebens. Die Würde, die jedem, der Menschenantlitz trägt, gleichermaßen zukommt, ist Schutzgut und Anspruch zugleich. Gottebenbildlichkeit ist für Meister Eckart (1260–1328) eine lebenslange Bildungsaufgabe: Mit seiner Definition von „Bildung" als geistige Formung des Menschen nach dem Bilde Gottes zu einem zu vernunft-, freiheits- und liebesfähigen Wesen hat der christliche Mystiker einen die europäische Kulturgeschichte prägenden Begriff erfunden.[14]

Der Anspruch auf Bildungszugang als Menschenrecht[15] ist eine durchaus konsequente Entfaltung und weitere Demokratisierungsstufe dieses Programms. Es ist theoretisch global akzeptiert, jedoch hinsichtlich der kulturellen Voraussetzungen und Inhalte humaner Bildung viel zu wenig reflektiert. Es bedarf heute neuer Übersetzungen, um zeitgemäß und interkulturell verständlich zu erschließen, was Gottebenbildlichkeit als pädagogische und kulturelle Aufgabe der Formung von Humanität bedeuten kann. Bildung im Anspruch der Gottebenbildlichkeit darf nicht auf akademische Bildung verkürzt werden, sondern umfasst ebenso Herzens- und Charakterbildung sowie praktische Fähigkeiten. Sie lässt sich als Chance zur Herausbildung einer freien, individuellen und aufrechten Persönlichkeit zusammenfassen.

## 4. Die Anerkennung der Personalität konkretisiert sich in den Menschenrechten

Die unbedingte Würde des Menschen wird meist mit dem Personbegriff verknüpft. Nicht selten wird dieser jedoch lediglich als eine moderne Verpackung des alten neuscholastisch-substanzontologischen Denkens verwendet. Dies wi-

---

13  Vgl. Schellenberg 2011.
14  Vgl. Schweitzer 2011, 55.
15  Vgl. Heimbach-Steins/Kruip/Kunze 2007.

derspricht dem Ursprung des Personbegriffs: Er kommt vermutlich aus dem etruskischen *phersu* („Maske") und hat sich in der lateinischen Tradition etabliert. Seit dem 13. Jahrhundert wurde Person meist in Verbindung gebracht mit *per-sonare* (hindurchtönen), bezogen auf die Trichteröffnung der Schauspielermaske.[16] Das Hindurchtönen eines nicht unmittelbar sichtbaren Handlungsträgers ist auch eine entscheidende Pointe bei der Karriere des Begriffs im Kontext der Trinitätstheologie: Der eine Gott kann uns in verschiedenen Erscheinungsformen gegenübertreten.

Für Kant ist die Person gerade nicht die Substanz, an der Subjektsein und Würde aufgehängt ist, sondern eher eine Art „Behälter". So formuliert er den kategorischen Imperativ als Postulat „die Menschheit in der Person zu achten"[17]. Dies geschieht durch die Übereinstimmung mit dem allgemeinen Sittengesetz als Grundlage von Freiheit, Autonomie und Würde. Wenn sich der individuelle Mensch jedoch tatsächlich als dieses Subjekt der Würde erfahren und entfalten soll, müssen die dafür nötigen soziokulturellen Bedingungen beachtet und anerkannt werden. Damit eröffnet sich ein Weg vom abstrakten Personalismus zur Entfaltung seiner Konsequenzen für individuelle Freiheits-, soziale Anspruchs- und politische Mitwirkungsrechte. Gerade für die Katholische Kirche war und ist dies ein mühsamer Lernprozess. Die Verbindung des Gedankens der unbedingten Menschenwürde mit konkreten Formen des gesellschaftlichen „Kampfes um Anerkennung"[18] ist heute eine zentrale Achse der Weiterentwicklung politischer Philosophie. Wer den Personalismus ernst nimmt, muss sich um die konkreten sozialen und kulturellen Bedingungen für gelingendes Menschsein kümmern und für entsprechende Rechte eintreten.

Eine andere aktuelle Debatte, die zur Differenzierung und Weiterendwicklung des Personkonzeptes zwingt, ist die Bioethik, die nicht zuletzt den Deutschen Ethikrat sowie die Kirchen und die Medien seit vielen Jahren intensiv beschäftigt. Angesichts vielfältiger Grenzüberschreitungen des medizinischen Fortschritts vermag das alte substanzontologische Verständnis von Personsein den heutigen Fragestellungen nicht mehr in vollem Umfang gerecht zu werden.[19]

---

16  Die Etymologie ist hier jedoch nicht eindeutig; Scaliger verweist auf *per-zonare*, umgürten (ich bedanke mich für diesen Hinweis bei Gregor Vogt-Spira).
17  Kant 1968, 435.
18  Honneth 2021. Zu dem Lernprozess der katholischen Soziallehre auf dem Weg von der abstrakten Anerkennung der Personwürde hin zu konkreten Postulaten für die Entfaltung der Person vgl. Hünermann 2013.
19  So bedarf beispielsweise die Schutzwürdigkeit von Embryonen differenzierter Konzepte, die einerseits würdigen, dass die Befruchtung von Ei und Samenzelle der deutlichste Einschnitt in der Entwicklung des werdenden Menschen ist, andererseits nicht jede befruchtete Eizelle schon im vollumfänglichen Sinne eine Person ist. Denn die Mehrzahl kommt nie zur Einnistung. Wenn man Beziehungsfähigkeit als Definitionsmerkmal von Personsein auffasst, liegt es nahe – wie etwa in Großbritannien – die Einnistung der Blastozyste in der Gebärmutter als

Der paradoxe Tatbestand, dass der Mensch von Anfang an Person ist, und es doch zugleich erst wird, bedarf hinsichtlich der Schutzbestimmungen am Anfang des Lebens eines intensiven Dialogs zwischen theologischer und philosophischer Ethik sowie humanwissenschaftlich-medizinischer Forschung.

## 5. Humanität braucht Distanz gegenüber dem Bild des perfekten Menschen

Das Gebot der Bergpredigt „Seid vollkommen" (Mt 5,48) (griechisch: τέλειος [teleios]) meint nicht fehlerlose Perfektion, sondern Zielorientierung, Wirksamkeit und Fruchtbarkeit im Handeln. Manche verbinden damit auch den Anspruch des Authentischen. Das christliche Menschenbild fordert entsprechend nicht Fehlerlosigkeit, sondern Hingabe und Leidenschaft im Engagement für Andere und für ein gutes Leben sowie vor allem Ehrlichkeit im Umgang mit sich selbst. Zur Ehrlichkeit gehört auch die schonungslose Wahrnehmung, wo man an seinen eigenen Ansprüchen scheitert oder hinter ihnen zurückbleibt. Heutige Moraltheologie beachtet stärker den humanwissenschaftlichen Befund, dass die Einheit des Individuums mit sich selbst eine fragile Größe ist und Biographien häufig von tiefen Brüchen geprägt sind.[20] Krisen sowie biographische Umbrüche und Neuanfänge können Impulsgeber sein für entscheidende Reifungs- und Lernprozesse hin zu mehr Authentizität. Das hat enorme ethische Konsequenzen für eine Distanz gegenüber der Vorstellung, dass man selbst und andere immer fehlerlos sein müssten.

Das christliche Menschenbild setzt nicht auf das Ideal des perfekten Menschen, sondern auf die stete Bereitschaft zu Umkehr und Neuanfang im Vertrauen auf die Barmherzigkeit Gottes. Man könnte diese „Spiritualität von unten"[21] als Umkehr der Denkbewegung herkömmlicher Spiritualität bezeichnen: Nicht der Aufstieg zu Gott im Sinne einer Selbstvervollkommnung steht im Mittelpunkt, sondern der Abstieg Gottes zum Menschen, der ihn auch in den Abgründen menschlicher Existenz aus seiner Verlorenheit befreit. Gott wird Mensch, nicht der Mensch Gott. Das Streben nach moralischem Aufstieg durch Tugenden ist dadurch nicht ausgeschlossen, aber anthropologisch und theologisch in die zweite Reihe verwiesen. Der erste Schritt ist die Ermutigung zum nüchternen, gleichwohl nicht verurteilenden Blick auf die eigene Armut.

Im Verhältnis zum eigenen Körper geht christliche Anthropologie auf Distanz zu einem auf Leistung und verallgemeinerbare Standards bezogenen Per-

---

physiologischen Vorgang von Beziehungsfähigkeit im Körper der werdenden Mutter als ein wichtiges Kriterium in den Blick zu nehmen. Vgl. Kipke 2001.
20 Vgl. Sautermeister 2013.
21 Vgl. dazu Vogt/Schädlich-Buter 2022, 63–117.

fektionismus. Individualität und Authentizität zeigen sich gerade auch im Nicht-Perfekten. Menschen mit Behinderung oder in Armut, Knechtschaft oder Schuld verlieren nichts von ihrer Würde. Die biblischen Propheten interessieren sich ausdrücklich für Menschen in schwierigen Situationen und sagen ihnen besondere Gottesnähe zu. In der Zuwendung zu Ausgegrenzten sowie Menschen mit Verletzungen und in schwierigen Situationen liegt eine bis heute nicht stillgestellte revolutionäre Kraft des biblischen Menschenbildes und der christlichen Glaubenspraxis.

Gegenwärtig findet dieser Ansatz besonders durch Papst Franziskus weltweit großes Echo. Indem er die christliche Option für die Armen mit einem befreiungstheologisch inspirierten Blick auf Machtverhältnisse verbindet, wird der Papst zum unbequemen Mahner für alle, deren Wohlstand auf ökonomischen und politischen Exklusionsmechanismen beruht. Auch ekklesiologisch ist Franziskus unbequem: Indem er sich vom Modell der Kirche als „societas perfecta" distanziert und stattdessen in dem Apostolischen Schreiben *Evangelii gaudium* (EG) lieber von einer „verbeulten Kirche" (EG 49) spricht, die sich dialogisch auf gesellschaftliche und innerkirchliche Auseinandersetzungen zugunsten der am Rande stehenden Menschen einlässt. Das Beispiel des sexuellen Missbrauchs, dessen Vertuschung durch kirchliche Würdenträger ganz wesentlich durch den vermeintlichen Zwang, das Bild einer perfekten Kirche aufrecht erhalten zu müssen, motiviert war und ist, zeigt, wie schwer die Perspektivenumkehr theologisch, ekklesiologisch und anthropologisch Vielen immer noch fällt. Ehrlichkeit ist wichtiger als das Image des Fehlerlosen.

In der christlich-abendländischen – vielleicht müssten wir präziser sagen: in der postchristlich-abendländischen Kultur – ist das markanteste Merkmal des Menschenbildes die Betonung seiner Individualität. Der Mensch ist „In-dividuum", d. h. wörtlich „unteilbar". Faktisch sind wir jedoch ständig mit uns selbst uneins. Der Populärphilosoph Richard David Precht bringt diese Erfahrung prägnant auf den Punkt: „Wer bin ich – und wenn ja, wie viele?"[22] Die Unteilbarkeit des Individuums ist keine vorfindliche Gegebenheit, sondern eine Zielgröße. Lebenslang sind wir unterwegs zu uns selbst, zu unserer inneren Einheit, Kohärenz und Identität. Indem das christliche Menschenbild sowohl die Fragilität als auch die Würde der menschlichen Existenz wahrnimmt, kann es gegenüber dem Anspruch des Perfekten auf Distanz gehen, ohne in Resignation zu verfallen.

---

22 Precht 2007.

## 6. Der Mensch ist Beziehungswesen

Das markanteste Merkmal der jüdischen, christlichen und islamischen Tradition ist die Sicht des Menschen als Beziehungswesen. Nur in Beziehung gewinnen wir Selbststand – in Beziehung zum Nächsten, zu Gott und zu uns selbst. Gottes-, Nächsten- und Selbstliebe sind biblisch keine Alternativen, sondern drei Dimensionen, die sich wechselseitig ergänzen und ermöglichen. Nach biblischer Tradition lässt sich Gott nicht im Unbestimmten finden, sondern in der Zuwendung zum Nächsten, die wiederum ein gewisses Maß an Selbstliebe psychologisch voraussetzt und fördert.

In seiner theologischen Anthropologie verbindet der jüdische Philosoph Emmanuel Levinas die Anthropologie der Beziehung mit dem Verantwortungsbegriff: Er spricht von der „Anarchie der Verantwortung". Sie ist „an-archisch", ohne αρχή ([arché], Anfang, Herrschaft) im Individuum, da sie ihren Ursprung in der Begegnung mit dem Nächsten hat, der uns zur Verantwortung ruft. Das Sich-auf-den-Nächsten-hin-Überschreiten und sich auch gegen eigene Interessen In-die-Pflicht-nehmen-Lassen versteht Levinas als immanente oder soziale Transzendenz, als Ursprung des Personseins, in dem Selbst-, Sozial- und Gottesbeziehung als Einheit gedacht sind. Freiheit ist demnach nicht eine im isolierten Individuum vorfindliche Souveränität, sondern etwas, das aus der Begegnung mit dem Nächsten entsteht, da der Mensch erst in ihr zum sittlichen Subjekt wird. Sie ist also nicht Axiom der Moral, sondern Folge praktizierter Verantwortung.[23] Sie bleibt wesentliche Zielgröße gelingenden Lebens, ist aber nicht der quasi metaphysische, ganz ins Subjekt verlagerte Ausgangspunkt des gesamten Moral- und Gesellschaftsverständnisses, sondern das Resümee eines sozialen Prozesses der Begegnung eines Menschen mit seinem Nächsten. Freiheit entsteht in der Erfahrung der Selbstüberschreitung auf Andere hin.

Die Differenzierung des Ideals der Autonomie ist beispielsweise für Inklusion von Menschen mit Behinderung sowie für den Umgang mit Schwerkranken am Lebensende von zentraler Bedeutung: Souveräne Autonomie ist in diesen Kontexten oft nicht mehr erreichbar und kann, wenn die Würde an diesem Leitbild festgemacht wird, zu Verzweiflung führen. In der Konsequenz des beziehungsorientierten biblischen, jüdisch-christlich-islamischen Menschenbildes ist „assistierte Autonomie"[24] keine Einschränkung der Würde. Es gehört zur Menschlichkeit des Menschen, immer wieder existenziell auf Hilfe und Anerkennung angewiesen zu sein.[25] Diese Hilfe und Anerkennung zu geben und im Be-

---

23 Vgl. Vogt 2016.
24 Vgl. Graumann 2009.
25 Zur fundamentalen Bedeutung der Anerkennung als Ermöglichung gelingenden Menschseins sowie den vielfältigen Formen und Bedingungen gesellschaftlicher Anerkennung vgl. Honneth 2018.

darfsfall auch anzunehmen ist eine unverzichtbare Dimension von Humanität. Das schließt keineswegs aus, dass die Hilfe stets auf die Ermöglichung von Freiheit ausgerichtet sein sollte. Der Umgang mit Menschen mit Behinderungen ist ein Maß für die Humanität der Gesellschaft.

Insofern die Fixierung des modernen abendländischen Menschenbildes und Gesellschaftsmodells auf das Ideal der individuellen Autonomie ein wesentlicher Grund für das tiefe Misstrauen vieler Menschen in außereuropäischen Kulturen ist, kann die Differenzierung und soziale Einbettung dieses Ideals durch eine Rückbesinnung auf theologische Anthropologie zugleich wesentlich zur interkulturellen Verständigung beitragen. Der Anspruch, Individualität und Gemeinschaft zusammenzudenken, prägt das christliche Menschenbild, muss jedoch in unterschiedlichen Kontexten je neu ausbalanciert werden. Heute ist dafür besonders die ökologische Dimension eine grundlegende Herausforderung, in der die christliche Tradition von anderen lernen kann und muss. Die europäische Tradition hat lange verdrängt, dass der Mensch auch in ökologischer Hinsicht ein Beziehungswesen ist.[26] Als Beziehungswesen hat der Mensch ein Recht auf Teilhabe und Inklusion[27] sowie auf kulturelle, ökologische und soziale Beheimatung.

## 7. Ohne Transzendenz wird der Gedanke der unbedingten Würde des Menschen fragil

Provokativ hat die These, dass ohne Transzendenz der Gedanke der unbedingten Würde des Menschen fragil wird, bereits Nietzsche zum Ausdruck gebracht: Der Tod Gottes hat den Tod des Menschen zur Folge, genauer: Der Verlust des Gottesglaubens führt zur Überwindung des Gedankens einer jedem Menschen unbedingt geltenden Würde zugunsten des durch Daseinskampf, Züchtung und Selektion herauszubildenden Übermenschen.[28] In diesem Sinn sprach Henri de Lubac in seiner Interpretation von Feuerbach und Nietzsche von der „Tragödie des atheistischen Humanismus"[29]. Dieser münde in die Hybris eines vermeintlichen „Menschgottes", der blind ist für seine eigenen Grenzen und an sich selbst scheitert.[30] In ähnlicher Weise warnte ebenfalls in den 1950er Jahren Jacques Maritain (1882–1973) vor einem transzendenzlosen Humanismus.[31] Er forderte, „dass ein wahrhafter Humanismus den Aspekt der Religiosität in sein Konzept

---

26 Vgl. Vogt 2021.
27 Vgl. Vogt 2016.
28 Zu dem weiten Feld der hier nur sehr knapp und etwas holzschnittartig angedeuteten Nietzsche-Interpretation vgl. exemplarisch Meier 2017.
29 De Lubac 1984, bes. 13–48.
30 Vgl. De Lubac 1984, 214–243.
31 Vgl. dazu den Beitrag zu Maritain von Arnd Küppers in diesem Band.

integrieren müsse"[32]. Aus christlicher Perspektive steht nicht der Mensch als sich selbst setzendes und genügendes Subjekt im Mittelpunkt, sondern der Mensch als ein auf Gott und auf den Nächsten verwiesenes Beziehungswesen. Die Würde des Menschen ist nicht aus individuellen Leistungen ableitbar, sondern aus der Beziehung zu Gott, der dem Menschen in der Menschwerdung nahe gekommen ist.

Die Ambivalenz des säkularen Personalismus zeigt sich heute in unterschiedlichen Kontexten: Ökologisch wird er als anthropozentrischer Speziesismus und „Gattungsegoismus" kritisiert.[33] Im Dialog zwischen Bewusstseinsphilosophie und Gehirnforschung zeigt sich gegenwärtig auf bedrängende Weise, wie fragil das Descartes'sche Konstrukt des *„cogito ergo sum"* als absolut gesetzter Ausgangspunkt personaler Identität ist. Die tiefen Ambivalenzen der abendländisch-neuzeitlichen Anthropozentrik verdeutlichen, dass ein atheistischer Humanismus, der nicht über sich selbst hinauszuweisen vermag, Gefahr läuft, in sein Gegenteil umzuschlagen und den Menschen zum Sklaven der vermeintlich selbst gesetzten Freiheit zu machen. Interkulturell steht die „Wende zum Subjekt" in der abendländischen Moderne unter dem Verdacht eines gemeinschaftsfeindlichen Individualismus. Der egozentrische „Kult des Individuums" ist nicht zukunftsfähig und bedroht den Zusammenhalt der europäischen Gesellschaften von innen.

Nach Maßgabe der biblischen Anthropologie ist und bleibt der Mensch stets gefährdetes und zur Demut aufgefordertes Geschöpf unter Mitgeschöpfen. Er kann seine besondere Berufung als „gottfähiges"[34] Wesen nur finden, wenn er um seine Grenzen weiß und seine Egozentrik in der Beziehung zu Gott, zum Nächsten und zur Schöpfung überschreitet. Die Würde des Menschen als Person ist nach christlicher Vorstellung keine biologisch vorgegebene Sonderstellung, sondern eine ständig neu herausfordernde Aufgabe des verantwortlichen Handelns und damit der Selbstrealisierung als sittliches Subjekt. Nur in Beziehung zu Gott, zu seinem Nächsten und zu seiner Umwelt findet der Mensch zu sich selbst.

Christliche Anthropologie stellt nicht den Menschen in den Mittelpunkt, sondern Gott. Man sollte statt von Anthropozentrik deshalb besser von Theozentrik sprechen. Um auszudrücken, dass Ethik ohne den Bezug zum Menschen als sittliches Subjekt nicht denkbar ist, hat sich in der Umweltethik auch der Begriff „Anthroporelationalität" eingebürgert.[35] Diese ist aus christlicher Sicht zwar auf den Menschen bezogen, aber theozentrisch rückgebunden. Ohne diese Rück-

---

32  Baab 2013, 79.
33  Vgl. exemplarisch für diese weite Debatte: Singer 1996, 27–62 und 343–398; Singer 2013, 98–136.
34  Ratzinger [Benedikt XVI.] 2011, 76.
35  Vgl. dazu Vogt 2021, 329–343.

bindung mündet die Anthropozentrik in einen Gattungsegoismus, der das Zusammenleben im Haus der Schöpfung massiv aus dem Gleichgewicht bringt. Die ökologische Lage zeigt auf dramatische Weise die bereits in den 1950er Jahren angesprochene, aber in dieser Dimension nicht vorhergesehene „Tragödie des transzendenzlosen Humanismus".

„Ein Humanismus, der nicht über sich selbst hinausweist auf ein anderes", so Golo Mann, „ist wie eine abgeschnittene Blume. Man weiß nicht, wie lange er hält."[36] Der christliche Glaube an die in der Menschwerdung Gottes gründende Einheit von Transzendenz und unbedingter Menschenwürde kann die Errungenschaften der europäischen Subjektphilosophie vor der Selbstzerstörung durch die Unkenntnis ihrer eigenen Voraussetzungen, die in eine egozentrische Praxis mündet, retten.

## 8. Der Mensch ist auf Vergebung angewiesen

Der Mensch entdeckt seine Individualität oft erst im Angesicht verpasster Freiheit und damit von Schuld oder Differenz gegenüber seinen besseren Möglichkeiten. Denn erst dann wird sich das Individuum selbst zur Frage. Der Religionsphilosoph Richard Schaeffler (1926–2019) macht den Unterschied zwischen philosophischer und theologischer Ethik daran fest, dass Philosophie die Freiheit als Axiom voraussetze, während Theologie angesichts verpasster Freiheit nach der als Geschenk und Gnade gedachten Bedingung ihrer Möglichkeit frage.[37] Freiheit und Verantwortung können wir letztlich nur aushalten, wenn wir auf die Möglichkeit der Vergebung und der Barmherzigkeit vertrauen. Das christliche Menschenbild geht davon aus, dass jeder Mensch zur Freiheit berufen ist, dass jeder Mensch im Umgang mit sich selbst aber auch die Erfahrung macht, oft an diesem Anspruch zu scheitern und des Zuspruchs zu bedürfen, um sich neu auf den Weg zu machen.

Barmherzigkeit ist das zentrale Thema, das Papst Franziskus als Kern des christlichen Gottesbildes und einer darauf bezogenen Ethik auf neue und eindringliche Weise ins Gespräch bringt. „Die Kirche ist nicht in der Welt, um zu verurteilen", so Papst Franziskus, „sondern um die Begegnung mit dieser ursprünglichen Liebe zu ermöglichen, die die Barmherzigkeit Gottes ist."[38] 2016 rief er als Jahr der Barmherzigkeit aus. Ein Menschenbild und eine Moral ohne Barmherzigkeit werden inhuman. Nicht wenige Elemente des moralischen Rigorismus und Systemdenkens in der christlichen Tradition selbst sind dafür Negativbeispiele, die unzählige Menschen in Konfliktsituationen belastet haben und

---

36 Hier zitiert nach Sachs 2014, 80.
37 Vgl. Schaeffler 2004.
38 Papst Franziskus 2016, 74.

belasten. Die Ethik Jesu zielt jedoch nicht auf Belastung und Verurteilung, sondern auf Befreiung und Entfaltung des Humanen: „Denn mein Joch drückt nicht, und meine Last ist leicht." (Mt 11,30)

Eine der frohen Botschaft des Evangeliums gemäße Ethik beginnt dort, wo Moralisieren aufhört. Ohne das Vertrauen in die Barmherzigkeit läuft die gesamte Ethik letztlich auf den Versuch hinaus, über andere zu Gericht zu sitzen und für uns selbst nachzuweisen, dass wir nicht belangbar sind. Die Konsequenzen stellt Dürrenmatt (1921–1990) anschaulich in den drei Varianten seines Stückes „Die Panne" dar: Einmal weist der Handlungsreisende Traps seine Unschuld nach, ist aber dann letztlich auch gar nicht mehr Autor seines eigenen Lebens, sondern bloßer Spielball der Umstände. In einer zweiten Variante verzweifelt er und hängt sich selbst auf. In einer dritten Version ist er bereit, Schuld auf sich zu nehmen. Das Resümee: Eine Ethik, die die anthropologischen Dramen von Schuld und Vergebung kennt, ist Voraussetzung für eine humane Kultur.

Die Faszination der biblischen Schriften liegt wesentlich darin, dass sie diese Dramen so lebensnah und ausdrucksstark erzählen. Sie veranschaulichen das jüdisch-christliche Menschenbild auf höchst lebendige Weise. Auch in einer säkularen Kultur sind die biblischen Erzählmuster als narrativer Ausdruck des Menschenbildes eine unerschöpfliche Quelle der Inspiration. Sie haben die Geschichten von Liebe und Hass, Scheitern und Neuanfang sowie Schuldverstrickung und Vergebung als dem zentralen Stoff der modernen Romane nicht unerheblich beeinflusst. Dabei ist die Deutungshoheit längst weit über den Rahmen der europäischen Literatur hinausgewachsen. Die Weltliteratur zeigt, dass die Phänomene von Schuld und Vergebung nicht biblisches Sondergut sind, sondern eine universale Erfahrung dessen, was es heißt, Mensch zu sein.

## 9. Humane Solidarität zielt auf Hilfe zur Selbsthilfe

Die befreiende und humanisierende Kraft des christlichen Menschenbildes liegt wesentlich darin, dass es den Menschen sowohl in seiner Neigung zu Bequemlichkeit, Schuld und Gewalt als auch in seiner Möglichkeit zu Freiheit, Verantwortung und Hingabe sieht. Es benennt die Schwächen, nicht um zu verurteilen, sondern um Reue, Umkehr und Versöhnung zu ermöglichen. Zugleich blickt es auf die Stärken, nicht aufgrund einer naiv-optimistischen Sicht, sondern aus der Überzeugung, dass jedem Menschen Begabungen (Charismen) geschenkt sind, mit denen er sein Leben bewältigen kann. Auch pädagogisch und psychologisch wird vielfach bestätigt, dass Entwicklungsförderung nicht nur einer Kritik der Schwächen bedarf, sondern ebenso einer Wahrnehmung und Förderung der Stärken.

Eine Ethik im Zeichen des christlichen Menschenbildes hat zum Ziel, die Stärken der Schwachen und an den Rand Gedrängten zu entdecken und subsidiär im Sinne einer „Hilfe zur Selbsthilfe" zur Entfaltung zu bringen.[39] Dies ist beispielsweise in der Sozialpolitik oder in der Flüchtlingshilfe von bleibender Aktualität als Herausforderung für eine in jeder Situation neu zu findende Balance zwischen Hilfe und Eigenverantwortung. Wenn Hilfe von oben herab geleistet wird, kann sie demütigend wirken und abhängig machen. Nur wenn sie mit einer gewissen Demut und auf Augenhöhe in Anerkennung der gleichen Würde aller Menschen geleistet wird, entfaltet sich ihr befreiendes Potential.

In der Entwicklungspolitik konkretisiert sich dies beispielsweise, indem nicht nur Hilfsgüter geliefert werden, sondern Bildung, kulturelle Eigenständigkeit und Demokratie sowie Infrastruktur und Marktzugang gefördert werden. In der Sozialpolitik, um ein zweites Beispiel zu nennen, zielt dies auf eine „solidarische Leistungsgesellschaft": „Es gilt", so Alois Glück, der diesen Begriff geprägt hat,

> „eine neue Leistungskultur zu gestalten. Und der Zwilling der Leistungskultur ist eine neu belebte Sozialkultur. Leistungskultur ist mehr als Leistungsfähigkeit in einem Spezialgebiet. Leistungsbereitschaft ist mit der Bereitschaft, Verantwortung zu übernehmen, verbunden. Sozialkultur ist mehr als organisierter Sozialstaat. Die Quelle ist eine gelebte Solidarität in der Bereitschaft, nicht nur für sich selbst, sondern auch für Mitmenschen und das Gemeinwesen Verantwortung zu übernehmen. Leistungskultur und Sozialkultur, Leistungsbereitschaft und Solidarität sind keine Gegensätze, sie stehen in Wechselbeziehung zueinander. [...] Eine solidarische Leistungsgesellschaft ist ein Zukunftsentwurf, für den es sich lohnt, mit Leidenschaft zu arbeiten."[40]

Der Anspruch einer Solidaritätskultur, die keinen zurücklässt, die ihn aber auch nicht aus der Pflicht entlässt, seine Talente (wenn sie auch noch so klein erscheinen) zu entfalten und sich entsprechend seiner Möglichkeiten anzustrengen, prägt das christliche Menschenbild. Es hat im Sozialstaat seinen angemessenen ordnungspolitischen Ausdruck gefunden, muss aber in der höchst sensiblen Balance zwischen Solidarität und Eigenverantwortung immer wieder neu ausgehandelt werden.

## 10. Humanität braucht Einfachheit und die Anerkennung von Grenzen

Der Begriff „Humanität" kommt von *humus*, Erde. Biblisch ist der Mensch *adam*, der zur Erde Gehörende. Auch das Wort *humilitas*, Demut, ist dem gleichen Wortstamm zuzurechnen. Humanität gründet in Demut und der Anerken-

---

39  Man kann die Zielrichtung christlicher Ethik von daher auch als *Empowerment*, „Befähigung" oder *Capacity-building* umschreiben und von einer bloßen Mitleidsethik und dem „Ressentiment der Schwachen" (Nietzsche) abgrenzen; vgl. Vogt 2009.
40  Glück 2006, 24f.

nung von Grenzen. Sie braucht – um einen Begriff von Martin Heidegger (1889–1976) aufzugreifen – die „unerschöpfliche Kraft des Einfachen"[41]. Solche Einfachheit und Demut als Existenzial gelingenden Menschseins wurde nirgendwo so konsequent vergessen wie in der europäischen Moderne.[42] Ihre Wiederentdeckung ist heute ein Überlebensprogramm, das einen grundlegenden Kulturwandel voraussetzt und eine große gesellschaftliche Transformation zur Folge hat.

Vorschläge hierfür finden sich in der Enzyklika „Laudato si'", einem Meilenstein in der Entwicklung der katholischen Soziallehre. Dieser Text ist von der Zuversicht getragen, dass eine „ökologische Umkehr"[43] und tiefgreifende gesellschaftliche Transformation möglich sind. „Das Verschwinden der Demut in einem Menschen, der maßlos begeistert ist von der Möglichkeit, alles ohne jede Einschränkung zu beherrschen, kann letztlich der Gesellschaft und der Umwelt nur schaden."[44] In der Entfaltung dessen, wie ein einfaches, aber sinnerfülltes gutes Leben im Einklang mit der Natur aussehen könnte, knüpft der Papst exemplarisch an lateinamerikanisch-indigene Traditionen des *buen vivir* an und bringt diese in ein Gespräch mit christlicher Spiritualität, islamischer Mystik sowie ökologischer Konsumkritik.[45] Eine öko-philosophische Vertiefung der Existenzweise des Menschen als Akteur in einem vielschichtigen Beziehungsnetz von Akteuren entfaltet Bruno Latour in seinem Monumentalwerk „Enquête sur les modes d'existence"[46], das er als „kritische Anthropologie der Moderne" versteht. Nach dieser Analyse beruht die ökologische Maßlosigkeit auf einem anthropologischen Irrtum.

In der Synthese mit dem modernen westlich-abendländischen Fortschrittsglauben hat die christliche Kultur viele Aspekte einer Anthropologie der Schöpfungsverbundenheit und der Demut, die sich auch in ihrer eigenen Tradition finden, verdrängt. Sie täte gut daran, diese im Gespräch mit der eigenen Geschichte sowie mit anderen Kulturen und Religionen wieder neu zu entdecken. Das ist keineswegs nur ein Glasperlenspiel philosophisch-theologischer Spekulation, sondern eine grundlegende „mentale Infrastruktur"[47] für die nötigen gesellschaftspolitischen Weichenstellungen auf dem mühsamen Weg der „großen Transformation" in eine postfossile, klimaverträgliche sowie humane und sozio-

---

41 Heidegger 2006, 7.
42 Vgl. dazu das von der Enzyklika Laudato si' inspirierte Oratorium „Wir sind Erde", das im November 2021 in der Berliner Philharmonie uraufgeführt wurde (Komposition: Gregor Mayrhofer, Libretto: Markus Vogt), verfügbar unter: https://gregor-a-mayrhofer.com/home/news/wir-sind-erde-online-auf-youtube/.
43 Papst Franziskus 2018, Nr. 216–221.
44 Papst Franziskus 2018, Nr. 224.
45 Vgl. dazu Vogt 2021, 240–267 und 639–673.
46 Latour 2012.
47 Welzer 2014.

kulturell resiliente Gesellschaft. Man könnte dies unter dem Leitbegriff „ökologische Humanität" zusammenfassen.⁴⁸

Ohne eine Rückkehr zur Einfachheit und Genügsamkeit schlägt das Programm des europäischen Humanismus mit seiner charakteristischen Wende der Vernunft nach außen in sein Gegenteil um: Es mündet in eine Zerstörung der Bewohnbarkeit der Erde. Bisher hat die abendländisch-humanistische Zivilisation in ihrem weltweiten technisch-ökonomischen Siegeszug gezeigt, dass sie höchst effizient Ressourcen für die Entfaltung humaner Möglichkeiten zu erschließen vermag. Nun muss sie ihre Zukunftsfähigkeit darin erweisen, dass sie angesichts der globalen Klima- und Umweltkrise zu „intelligenter Selbstbeschränkung"⁴⁹ befähigen kann. Humanität braucht Einfachheit und die Anerkennung von Grenzen.

## 11. Die Revolution zum Humanen ist ein nicht abschließbarer Lernprozess

Von seinem antiken Ursprung her hat das christliche Menschenbild zwei Wurzeln: eine biblische und eine griechisch-römische. Es bezieht seine Dynamik von Anfang an aus dem Spannungsfeld zwischen theologischen und säkularen Zugängen, die sich wechselseitig ergänzen, vertiefen und kritisch beobachten. Kennzeichnend für den abendländischen Humanismus ist von daher, dass er einerseits spezifisch biblisch geprägt ist, anderseits zugleich den Anspruch auf eine prinzipiell gegenüber allen Menschen offene und auf ihre Entfaltung ausgerichtete Vernunft hat.

Das christliche Menschenbild und dementsprechend auch das Ringen um eine humane Gesellschaft haben sich in einem beständigen, nie zur Ruhe kommenden Prozess entfaltet. Gerade die Bereitschaft, sich in der Auseinandersetzung mit neuen Erfahrungen, Begegnungen und Perspektiven weiterzuentwickeln, ist eines seiner prägnantesten Merkmale. Nur so konnte die christliche Anthropologie die ihr eigene Spannung zwischen biblischen und philosophischen Wurzeln bewältigen. Heute ist diese Dynamik auf die Integration globaler Perspektiven hin weiterzudenken. Die europäische Kultur und das ihr zugrundeliegende Menschenbild können nicht als geschlossene Konzepte gedacht werden, sondern nur als ein offenes, stets über sich selbst hinausverwiesenes Projekt.

Der universale Anspruch kann und sollte dabei nicht dadurch zur Geltung gebracht werden, dass man die kulturellen und religiösen Wurzeln zugunsten einer abstrakten Vernunft „neutralisiert", sondern dadurch, dass man die Offenheit, Anteilnahme und Lernfähigkeit in der Ausrichtung auf die Anerkennung

---

48 Vgl. dazu Vogt 2016, 93–104.
49 Offe 1989.

des Anderen hervorhebt. „Compassion", grenzüberschreitende Anteilnahme am Schicksal der Bedrängten, ist – so Johann Baptist Metz – das „Weltprogramm des Christentums im Zeitalter des Pluralismus der Religionen und Kulturen"[50]. Das christliche Menschenbild zielt nicht auf einen kontextlosen Universalismus, der alle kulturellen Differenzen einebnet, sondern auf grenzüberschreitende Solidarität und Lernbereitschaft. Es geht davon aus, dass der Mensch stets neu durch die Begegnung mit anderen Menschen in seiner personalen Entfaltung wächst. Das christliche Menschenbild zielt auf eine nicht abschließbare „Revolution zum Humanen"[51].

## 12. Die Überwindung des Partikularismus als Programm

Das christliche Menschenbild hat die europäische Kultur geprägt und ist selbst rückgeprägtes Produkt dieser Kulturgeschichte. Es ist ein unaufgebbares Merkmal europäischer Identität. Angesichts der zunehmenden Präsenz von Menschen, die weder christlich noch europäisch geprägt sind, stößt die Berufung auf das christliche Menschenbild jedoch auf eine paradoxe Logik: Die Offenheit für Fremde gehört unabdingbar zu seinem Kern. Das christliche Menschenbild eignet sich daher gerade nicht als Instrument für eine exklusiv verstandene Verteidigung der „christlichen Leitkultur".[52] Die jüdisch-christliche Dimension des Glaubens an die Sakralität der Person fordert programmatisch die Offenheit für Fremde als Test ihrer Glaubwürdigkeit. Das Postulat einer solchen solidarischen Offenheit für Fremde findet sich bereits in der Tora: „Der Fremde, der sich bei euch aufhält, soll euch wie ein Einheimischer gelten und du sollst ihn lieben wie dich selbst; denn ihr seid selbst Fremde in Ägypten gewesen. Ich bin der Herr, euer Gott." (Lev 19,33 f)

Die Zukunftsfähigkeit der modernen Demokratie hängt heute wesentlich davon ab, dass sie sich einerseits der christlich-abendländischen Wurzeln neu vergewissert – denn ohne diese werden ihre normativen Leitbegriffe weder verständlich noch kulturell wirksam. Sie muss dies jedoch so entfalten, dass sie dadurch nicht in ein partikularistisches Ethos verfällt, sondern vielmehr zum interkulturellen Dialog befähigt. Das kann gelingen, indem sie ihren universalen Anspruch in der Fähigkeit zu vernunftgeleiteter Debatte sowie einer Kultur von offener Begegnung, Inklusion und Teilhabe bewährt. Nach dem Anspruch des christlich-abendländischen Menschenbildes und dem daraus abgeleiteten Politikverständ-

---

50 Metz 2000.
51 Korff 1973.
52 Es ist paradox, dass sich ausgerechnet die mehrheitlich dem Christentum längst entfremdete AfD die Verteidigung des christlichen Abendlandes auf die Fahnen schreibt. Sie hat ein tief gespaltenes Verhältnis zur Religion; vgl. Dröge 2017, 143 f.; Hidalgo/Hildmann/Yendell 2019.

nis ist die Demokratie eine ständig weiterzuentwickelnde Ordnung. Ihr Maßstab ist der Mensch als Person, der stets neu als „Wurzelgrund, Träger und Ziel aller Institutionen" (GS 25) zur Geltung zu bringen ist.

## Literaturverzeichnis

Baab, Florian (2013): Was ist Humanismus? Geschichte des Begriffes, Gegenkonzepte, säkulare Humanismen heute, Regensburg.

Becker, Patrick/Heinrich, Christiane (Hg.) (2016): Theonome Anthropologie? Christliche Bilder von Menschen und Menschlichkeit, Freiburg i. Br.

De Lubac, Henri (1984): Über Gott hinaus: Tragödie des atheistischen Humanismus, Einsiedeln.

Detering, Heinrich (2012): Thomas Manns amerikanische Religion: Theologie, Politik und Literatur im kalifornischen Exil, Frankfurt a. M.

Dröge, Markus (2017): „Die Wahrheit sagen", in: Thielmann, Wolfgang (Hg.): Alternative für Christen? Die AfD und ihr gespaltenes Verhältnis zur Religion, Neukirchen-Vluyn, 129–148.

Foucault, Michel (2008): Dispositive der Macht: Über Sexualität, Wissen und Wahrheit, Berlin.

Frisch, Max (2006): Andorra, Frankfurt a. M.

Glück, Alois (2006): „Stark + Solidarisch: Die solidarische Leistungsgesellschaft. Leitbild für eine Reformpolitik in Deutschland", in: Ders./Vogel, Bernhard/Zehetmair, Hans (Hg.): Solidarische Leistungsgesellschaft: Eine Alternative zu Wohlfahrtsstaat und Ellbogengesellschaft, Freiburg i. Br., 9–49.

Graumann, Sigrid (2009): Assistierte Autonomie: Von einer Behindertenpolitik der Wohltätigkeit zu einer Politik der Menschenrechte, Utrecht.

Große Kracht, Hermann-Josef (Hg.) (2014): Der moderne Glaube an die Menschenwürde: Philosophie, Soziologie und Theologie im Gespräch mit Hans Joas, Bielefeld.

Heidegger, Martin ([11]2006): Der Feldweg, Frankfurt a. M.

Heimbach-Steins, Marianne/Kruip, Gerhard/Kunze, Axel (Hg.) (2007): Das Menschenrecht auf Bildung und seine Umsetzung in Deutschland: Diagnosen – Reflexionen – Perspektiven (Forum Bildungsethik 1), Bielefeld.

Hidalgo, Oliver/Hildmann, Philipp W./Yendell, Alexander (2019): Religion und Rechtspopulismus (Argumentation Kompakt 3/2019), München, verfügbar unter: https://www.hss.de/download/publications/Argu_Kompakt_2019-3_Religion.pdf [13.04.2024].

Hilpert, Konrad (2019): Ethik der Menschenrechte: Zwischen Rhetorik und Verwirklichung, Paderborn.

Honneth, Axel ([2]2018): Anerkennung. Eine europäische Ideengeschichte, Berlin.

Honneth, Axel ([11]2021): Kampf um Anerkennung. Zur moralischen Grammatik sozialer Konflikte, Frankfurt a. M.

Hünermann, Peter (2013): „Die theologische Grundlegung der christlichen Sozialethik in Gaudium et spes", in: Vogt, Markus (Hg.): Theologie der Sozialethik (Quaestiones disputatae 255), Freiburg i. Br., 23–62.

Joas, Hans (2011): Die Sakralität der Person: Eine neue Genealogie der Menschenrechte, Berlin.

Kant, Immanuel (1968): „Grundlegung zur Metaphysik der Sitten", in: Akademie Ausgabe von Immanuel Kants Gesammelten Werken, Bd. VI, Berlin, 385–464.

Kipke, Roland (2001): Mensch und Person: Der Begriff der Person in der Bioethik und die Frage nach dem Lebensrecht aller Menschen (Berliner Arbeiten zur Erziehungs- und Kulturwissenschaft 8), Berlin.

Korff, Wilhelm (1973): „Revolution zum Humanen", in: Theologische Quartalschrift 153/1, 15–24.

Kuschel, Karl-Josef (2013): „Ein religiös imprägnierter Humanismus", in: Die Politische Meinung 519, 111–115.

Latour, Bruno (2012): Enquête sur les modes d'existence: Une anthropologie des Modernes, Paris (deutsch: Existenzweisen: Eine Anthropologie der Modernen, Berlin 2014).

Legutke, Daniel: „Zwischen islamischen Werten und allgemeinen Menschenrechten: Zur Rolle der Organisation für Islamische Zusammenarbeit im UN-Menschenrechtsrat", in: Amosinternational 7/2, 26–35.

Meier, Hans (2017): Was ist Nietzsches Zarathustra? Eine philosophische Auseinandersetzung, München.

Metz, Johann Baptist (2000): „Compassion: Zu einem Weltprogramm des Christentums im Zeitalter des Pluralismus der Religionen und Kulturen", in: Ders./Kuld, Lothar/Weisbrod, Adolf (Hg.): Compassion: Weltprogramm des Christentums: Soziale Verantwortung lernen, Freiburg i. Br., 9–18.

Offe, Claus (1989): „Fessel und Bremse: Moralische und institutionelle Aspekte ‚intelligenter Selbstbeschränkung'", in: Honneth, Axel/McCarthy, Thomas/Wellmer, Albrecht (Hg.): Zwischenbetrachtungen: Im Prozess der Aufklärung: Jürgen Habermas zum 60. Geburtstag, Frankfurt a. M., 739–774.

Papst Franziskus (2016): Der Name Gottes ist Barmherzigkeit. Ein Gespräch mit Andrea Tornielli, München.

Papst Franziskus ($^4$2018): Enzyklika Laudato si': Über die Sorge für das gemeinsame Haus (Verlautbarungen des Apostolischen Stuhls 202), Bonn.

Precht, Richard David (2007): Wer bin ich – und wenn ja wie viele? Eine philosophische Reise, München.

Ratzinger, Joseph [Benedikt XVI.] (2011): Jesus von Nazareth: Zweiter Teil: Vom Einzug in Jerusalem bis zur Auferstehung, Freiburg i. Br.

Sachs, Susanne (2014): BIOPHILIE als didaktische Orientierungsmetapher für den interdisziplinären Bildungsauftrag in Schule und Hochschule (Schriften zur Interdisziplinären Bildungsdidaktik 25), München.

Sautermeister, Jochen (2013): Identität und Authentizität: Studien zur normativen Logik personaler Orientierung (Studien zur Theologischen Ethik 138), Freiburg i. Br.

Schaeffler, Richard (2004): Philosophische Einübung in die Theologie: Erster Band: Zur Methode und zur theologischen Erkenntnislehre (Scientia & Religio I/I), Freiburg i. Br./München 2004.

Schellenberg, Annette (2011): Der Mensch, das Bild Gottes? Zum Gedanken einer Sonderstellung des Menschen im Alten Testament und in weiteren altorientalischen Quellen (Abhandlungen zur Theologie des Alten und Neuen Testaments 101), Zürich.

Schweitzer, Friedrich (2011): Menschenwürde und Bildung: Religiöse Voraussetzungen der Pädagogik in evangelischer Perspektive (Theologische Studien NF 2), Zürich.

Singer, Peter (1996): Animal Liberation: Die Befreiung der Tiere, Reinbeck.

Singer, Peter ($^3$2013): Praktische Ethik, Stuttgart.

Sorgner, Stefan Lorenz (2018): Schöner neuer Mensch, Berlin.
Stubenrauch, Bertram/Lorgus, Andrej (Hg.) (2013): Handwörterbuch: Theologische Anthropologie: Römisch-katholisch/Russisch-orthodox, Freiburg i. Br.
Vogt, Markus (2009): „Die Stärke der Schwachen: Vorstudien zu einem sozialethischen Programm", in: Münchener Theologische Zeitschrift 60/1, 2–17.
Vogt, Markus (2016a): „Die Freiheit der Verantwortung", in: Breidenstein, Urs (Hg.): Verantwortung – Freiheit und Grenzen, Basel, 7–38.
Vogt, Markus (2016b): „Humanökologie – Neuinterpretation eines Paradigmas mit Seitenblick auf die Umweltenzyklika Laudato si'", in: Haber, Wolfgang/Held, Martin/Ders. (Hg.): Die Welt im Anthropozän: Erkundungen im Spannungsfeld zwischen Ökologie und Humanität, München, 93–104.
Vogt, Markus (2016c): „Inklusion: eine Leitkategorie aus Sicht der Christlichen Sozialethik", in: Vierteljahrschrift für wissenschaftliche Pädagogik 92/1, Paderborn, 10–30.
Vogt, Markus (2021): Christliche Umweltethik: Grundlagen und zentrale Herausforderungen, Freiburg i. Br.
Vogt, Markus/Schädlich-Buter, Gustav (2022): Spiritualität und Verantwortung: Zur christlichen Lebensform im Spannungsfeld zwischen Weltdistanz und Weltgestaltung (Diakonische Spiritualität 4), Vallendar-Schönstatt.
Welzer, Harald (2011): Mentale Infrastrukturen. Wie das Wachstum in die Welt und in die Seelen kam (Heinrich-Böll-Stiftung Schriften zur Ökologie 14), Berlin.

## Kapitel 3: Zukunft des Humanismus

# Plädoyer für eine normative humanistische Anthropologie

*Julian Nida-Rümelin*

## 1. Vorbemerkung

Vor nicht allzu langer Zeit konnte man sagen, die philosophische Anthropologie ist tot, so wie die Metaphysik auch einmal scheinbar tot war.* Das hat sich inzwischen deutlich geändert, aber wie es weitergehen wird, ist schwer abzuschätzen. Wir befinden uns mitten in einer Diskussion, die letztlich darüber entscheiden wird, ob diese Subdisziplin der Philosophie wieder den Status erreichen wird, den sie lange Zeit hatte.

Die Herausforderung meines Vortrages besteht darin, eine humanistische Anthropologie zu verteidigen oder Umrisse einer solchen Anthropologie zu skizzieren. Dabei wird meine sich jetzt schon über Jahrzehnte hinziehende Auseinandersetzung mit der Bedeutung praktischer und theoretischer Gründe eine wichtige Rolle spielen. Letztlich ist das, was ich hier im Hinblick auf die Anthropologie oder die Möglichkeit einer humanistischen Anthropologie schildere, ein Aspekt dieser Auseinandersetzung.[1]

Es gibt eine Reihe erklärter Anthropologie-Gegner, zu ihnen gehören Ernst Tugendhat, Jürgen Habermas sowie John Rawls. Bei Rawls etwa soll das *concept of a person* keine Rolle für seine politische Theorie spielen. Der Kommunitarismus als Gegenspieler zum politischen Liberalismus wird häufig als anthropologiefreundlicher angesehen. Das ist meines Erachtens nicht zwingend, steht doch im Zentrum kommunitaristischen Denkens die Annahme, dass die moralische Person sich über ihre Zugehörigkeit zu sozialen, kulturellen, religiösen, nachbarschaftlichen, familiären Gemeinschaften definiert. Dabei handelt es sich aber zunächst einmal nicht um anthropologische Kategorien. Der Pluralismus, der dem Kommunitarismus etwa Michael Walzers eigen ist, hängt von der Vielfalt von Gemeinschaftsbindungen und Gemeinschaftszugehörigkeiten ab und ist in dieser Hinsicht anthropologiekritisch.

---

\* Dieser Text ist eine nur leicht redigierte Fassung eines freien Vortrages, den ich am 4. Juni 2015 auf dem 10. Kongress der Österreichischen Gesellschaft für Philosophie an der Universität Innsbruck gehalten habe (auf der Philosophischen Audiothek nachzuhören). Eine frühere Fassung wurde am 7. Mai 2015 am Exzellenzcluster „Religion und Politik" der Universität Münster vorgetragen. Der mündliche Sprachstil wurde belassen. Für die redaktionelle Überarbeitung danke ich Elizabeth Bandulet.

1   Vgl. Nida-Rümelin 2016.

Wenn man sich die zwei großen Strömungen der politischen Philosophie der letzten Jahrzehnte – Liberalismus und Kommunitarismus – vor Augen führt, sieht es also erst einmal nicht gut aus für die philosophische Anthropologie. Eine Ausnahme bilden Neo-Aristotelikerinnen, wie Philippa Foot[2] und Martha C. Nussbaum. Nussbaum hat gemeinsam mit dem linksliberalen, praktischen Philosophen und Ökonomen Amartya Sen den *capability approach* entwickelt. Das ist ein anthropologisches Projekt, jedenfalls so, wie Martha Nussbaum es versteht.[3] Aber sie steht damit ziemlich einsam da und auch Amartya Sen hat sich mit seiner letzten großen Monographie, *Die Idee der Gerechtigkeit*, deutlich von der gemeinsamen neo-aristotelischen Phase, in der die beiden den *capability approach* entwickelt haben, distanziert.[4]

Ausgehend von einer Kritik der traditionellen Anthropologie werde ich im Folgenden ein Argument entwickeln, das zeigt, warum man ohne Anthropologie nicht auskommt, und warum *diese* von mir vertretene Form von Anthropologie dieser Kritik nicht ausgesetzt ist. Ich werde also eine These zur Diskussion stellen bzw. ein *Plädoyer für eine normative (humanistische) Anthropologie* entwickeln, nicht aber allgemeine Informationen über die Entwicklung des anthropologischen Denkens oder eine Übersicht über die unterschiedlichen Theorieansätze vorstellen – das wäre ein ganz anderer Vortrag. Ich möchte eine bestimmte philosophische Auffassung, *meine* philosophische Auffassung, zu dieser Thematik zur Diskussion stellen.

## 2. Kritik der Anthropologie

Ich will nun – in systematischer Absicht – drei Kritiken gegen die traditionelle Anthropologie, das traditionelle Naturrechtsdenken, vorbringen.

Die erste Kritik bezieht sich auf das, was ich als *Krypto-Normativität* bezeichne. Ein gutes Beispiel dafür sind die Beratungen des Parlamentarischen Rates zum Grundgesetz 1948/1949, also des Rates, der nach dem Zweiten Weltkrieg versuchte, die normativen juridischen Fundamente der entstehenden Republik zu entwickeln. Nachdem die vier weiblichen Mitglieder vorgeschlagen hatten, die Gleichberechtigung von Mann und Frau ins Grundgesetz aufzunehmen, wurde ihnen von prominenten Politikern der damaligen Zeit zweierlei entgegengehalten: Erstens, man lebe in einer christlichen Kultur und die Vorstellung der Gleichberechtigung von Mann und Frau sei mit dem christlichen Menschenbild und der natürlichen Ordnung der Geschlechter unvereinbar. Dieses Argument war auch nicht ganz von der Hand zu weisen, denn die Verände-

---

2  Vgl. Foot 2000.
3  Vgl. Nussbaum 1993.
4  Vgl. Sen 2010.

rung der offiziellen katholischen Auffassung zu dieser Thematik erfolgte erst mit dem II. Vatikanischen Konzil (1962 bis 1965) in einem sehr mühsamen Prozess und wenn es heute Abspaltungen, wie zum Beispiel die Piusbruderschaft, gibt, zeigt das, wie mühsam dieser Veränderungsprozess war, den viele immer noch nicht akzeptieren. Das zweite Argument lautete, dass eine solche Gleichberechtigung von Mann und Frau mit familienrechtlichen Normen unvereinbar sei, die ja noch fortgalten. Auch wenn man die NS-Veränderungen des Familienrechtes wieder rückgängig machte, gab es in Deutschland bis in die 1970er Jahre hinein deutliche Einschränkungen, was die Autonomie von Frauen anging. Männer mussten ihre Zustimmung geben, wenn Frauen berufstätig werden wollten und konnten die Zustimmung jederzeit mit dem Argument zurückziehen, dass die Betreffende den Haushalt vernachlässige. Insofern war das zweite Argument völlig zutreffend: Die Gleichberechtigung von Mann und Frau war mit der gängigen juridischen Praxis, auch mit der etablierten, von einer Hierarchie der Geschlechter geprägten, Lebensform nicht kompatibel.

Um auf das Beispiel der Beratungen des Parlamentarischen Rates zurückzukommen: Statt darüber zu diskutieren, ob Frauen und Männer in einer Gesellschaft gleichberechtigt leben sollten, wird festgestellt, Gleichberechtigung entspreche nicht der menschlichen Natur, unser Menschenbild sei damit nicht vereinbar. Dieses Menschenbild stützt sich auf Befunde, die dem Urteil der Deliberation, der Abwägung, entzogen sind. Auch Konservative, die heute noch Homosexualität als sittenwidrig bezeichnen, begründen ihre Position mit der vermeintlich objektiven Widernatürlichkeit der Homosexualität als eine Praxis, die der gegebenen Menschennatur widerspreche.

Das verstehe ich unter *Krypto-Normativität:* Statt explizit zu sagen, was einem missfällt, was den eigenen Werten nicht entspricht und statt zu versuchen, diese Werte zu rechtfertigen, zieht man sich auf eine Argumentationsform zurück, die in Wirklichkeit normativ ist, sich aber als eine nicht-normative tarnt, nämlich als eine Feststellung der objektiven Menschennatur. Das heißt, man kauft sich mit der jeweiligen Anthropologie eine normative Orientierung, eine normative Theorie mit ein. Im frühen zwanzigsten Jahrhundert gab es so etwas wie eine „quasi-naturalistische" Erneuerung der Anthropologie. Ich nenne sie „quasi-naturalistisch", weil ich den Hauptvertretern, ich denke da an Arnold Gehlen[5], Helmuth Plessner[6] und einige andere, nicht zu nahetreten und sie nicht fehlinterpretieren will. Es sind sicher keine Naturalisten im engeren Sinne, aber sie verfolgen die Grundidee, dass sich die Anthropologie unter Bedingungen der zeitgenössischen Wissenschaft an empirischen Erkenntnissen, die Spezies Mensch betreffend, zu orientieren habe. Es wird überlegt, was nun das Besondere dieser Spezies ausmacht, im Vergleich zu anderen Spezies, die es auf der Welt

---

5 Vgl. Gehlen 1940.
6 Vgl. Plessner 1928.

gibt. Dazu gehört nach Auffassung dieser quasi-naturalistischen Anthropologie zum Beispiel das Nicht-Festgelegtsein, die Anpassungsfähigkeit an ganz unterschiedliche Umweltbedingungen usw. Problematisch an diesem Ansatz ist allerdings die Willkürlichkeit der Auswahl dieser besonderen Eigenschaften. Damit will ich nicht sagen, die Naturwissenschaft, die Anthropologie im naturwissenschaftlichen Sinne, sei uninteressant und philosophisch irrelevant. Das Verhältnis zwischen naturwissenschaftlicher Anthropologie und philosophischer Anthropologie ist komplex, aber der Versuch, die Anthropologie zu verwissenschaftlichen, indem man sie zu einer Quasi-Naturwissenschaft umdeklariert und versucht, gewisse, durch empirische Studien zu ermittelnde Essentialia menschlicher Natur festzulegen, ist eine hoch dubiose Angelegenheit.[7]

Die philosophische Problematik der traditionellen Anthropologie zeigt sich auch in einem anderen Phänomen, das ich als *Fundamentalismus* bezeichnen möchte. In älteren Lehrbüchern der politischen Ideengeschichte beginnt die entsprechende Darstellung der Theorien jeweils mit Ausführungen zur Anthropologie. Um etwa die Staatstheorie von Hobbes, Rousseau oder Marx verstehen können, müsse man sich zunächst der Anthropologie zuwenden, diese sei die Basis für alles andere, sie fundiere die jeweiligen Positionen der politischen Denker.[8] Bei Hobbes ist das explizit: Aufbauend auf den physikalischen Grundlagen macht er sich Gedanken über den besonderen Körper Mensch, der als ein belebter Körper bestimmte Eigenschaften hat: So wie Himmelskörper durch Anziehungs- und Abstoßungskräfte werden Menschen durch Liebe und Hass angetrieben, und das Ganze wird gesteuert durch bestimmte sensorische Stimuli. Freiheit gibt es nicht, der einzige Unterschied des Menschen zu anderen belebten Körpern besteht darin, dass er des *prospectus,* also der Vorausschau, fähig ist: Er kann sich Urteile bilden über das, was passieren wird und so hat der Mensch als einziges Lebewesen Angst vor dem Tod, insbesondere vor seinem eigenen gewaltsamen Tod. Dies ist das anthropologische Fundament, aus dem sich, folgt man der traditionellen Argumentation, der Rest deduktiv entwickeln lässt, zum Beispiel der Naturzustand, in dem die Menschen in einem *bellum omnium contra omnes* gefangen sind.[9] Damit bekommt das Anthropologische etwas Apodiktisches, es bekommt Postulat-Charakter.

---

7  Die bereits erwähnte, zeitgenössische Neo-Aristotelikerin Martha C. Nussbaum vertritt hingegen einen sogenannten aristotelischen „internen Essentialismus", der die Vorstellung feststehender, unveränderlicher Wahrheiten, die Natur des Menschen betreffend, explizit ablehnt. Aussagen über das für den Menschen Gute seien nur aus der Innenperspektive heraus – und somit eben nicht unter Bezugnahme auf extern vorgegebene, empirisch zu ermittelnde Fakten – zu treffen (vgl. Nussbaum 1993; Nussbaum 1995).

8  In der Tat sind die drei lateinischen Publikationen von Thomas Hobbes auch so aufgebaut: *De Corpore* ist Physik, *De Homine* Anthropologie und *De Cive* politische Philosophie.

9  Vgl. Hobbes 2000, 96. Charakteristischerweise beginnt Thomas Hobbes nicht mit der Anthropologie, auch wenn dies in der Sekundärliteratur vielfach so dargestellt wird.

An dieser Stelle sind zwei Formen von Fundamentalismus zu unterscheiden. In der englischsprachigen Diskussion stehen mit *foundationalism* und *fundamentalism* entsprechend auch zwei unterschiedliche Termini zur Verfügung. *Foundationalism* heißt: Wir haben ein Fundament, von dem ausgehend die Theorie logisch-deduktiv aufgebaut wird. Die Theorie steht und fällt mit diesem Fundament, das selbst keiner Rechtfertigung mehr bedarf. Von *fundamentalism* sprechen wir, wenn ein bestimmter Bereich von Überzeugungen, von Meinungen, von Theorien, apodiktisch gesetzt und der Kritik entzogen wird, also hier das Prinzip „Alles steht zur Debatte" nicht mehr gilt.

Krypto-Normativität, *fundamentalism* und *foundationalism* sind also die drei sehr berechtigten Einwände, die gegen die traditionelle Anthropologie vorgebracht werden.

## 3. Die Unverzichtbarkeit der Anthropologie

Die Anthropologie scheint tot zu sein, sollten wir uns da nicht von allen anthropologischen Argumenten fernhalten? Ich halte diese Schlussfolgerung für falsch und werde im Folgenden für die Unverzichtbarkeit der Anthropologie in einem bestimmten, später noch genauer zu bestimmenden, Verständnis argumentieren.

Für Anthropologiekritiker spielt die *Unterscheidung von Regeln und Werten* eine große Rolle. Es ist eine merkwürdige Karriere, die diese genommen hat. Bernard Williams, den man vielleicht auch als Neo-Aristoteliker bezeichnen kann, nimmt eine ähnliche Unterscheidung vor, allerdings mit ganz anderen Intentionen als Habermas, nämlich zwischen Normen und Werten oder, in der politischen Philosophie, zwischen Kultur und Politik. Bei John Rawls soll der sogenannte *overlapping consensus* die kulturelle Neutralität der Demokratie oder jedenfalls die fast gerechte Gesellschaft, wie er das nennt, ausmachen.[10] Wir haben also einen gemeinsamen Gerechtigkeitssinn, der unabhängig davon ist, wie wir leben, oder – in den Formulierungen, die sich seit Bernard Williams durchgesetzt haben – der von starken Wertungen unabhängig ist. Rawls vertritt eine schwache und eine starke Theorie des Guten, wobei die starke Theorie des Guten das ist, was dem Leben eigentlich Sinn gibt. Diese starke Theorie des Guten ist aber eingebettet in die Grundstruktur (*basic structure*), welche Gerechtigkeit in der Gesellschaft garantiert und unabhängig von den starken Wertungen ist. Auch bei Habermas darf das Ethische, das Partikulare, das, was an die Lebensformen gebunden ist, nicht auf die politische Ebene durchschlagen.

Das Problem daran ist, dass diese Trennung, systematisch gesehen, nicht funktioniert. Das lässt sich unter Rückgriff auf die zeitgenössische Entscheidungstheorie zeigen. Wir offenbaren mit jeder Entscheidung, die regelkonform

---

10  Vgl. Rawls 1971, 340 f.

ist, eine sogenannte *pro-attitude*. Wir nehmen wertend Stellung und die Regelbefolgung, die in einer demokratischen Gesellschaft politisch und gesellschaftlich von so großer Bedeutung ist, die von gleichem Respekt, gleicher Würde, gleichen individuellen Rechten geprägt ist, muss durch eine kulturelle Praxis abgestützt sein. Wenn sie das nicht ist, dann ist sie gewissermaßen hohl, dann hat sie keine Substanz. Eine Gesellschaft, in der Menschen in öffentlichen Verkehrsmitteln aufstehen, wenn sich jemand mit anderer Hautfarbe neben sie setzt, ist nicht demokratiefähig. Ich bin nicht dafür, ein solches Verhalten unter strafrechtlichen Normen zu sanktionieren, darum geht es nicht. Es geht um eine kulturelle, alltägliche Praxis, in der sich dieser gleiche Respekt, die gleiche Anerkennung, die gleiche Autonomie der Individuen ausdrücken muss.

Ohne diese alltägliche, lebensweltliche, in die Lebensform integrierte Praxis gleichen Respekts und gleicher Anerkennung gibt es keine Demokratie, wie immer die Rechtsnormen aussehen mögen. Die Vorstellung also, dass man die Lebensformen von der politischen Ordnung abkoppeln könne, ist eine Illusion. Wenn in bestimmten kulturellen Milieus Mädchen dazu erzogen werden, ihren älteren Brüdern bedingungslos zu gehorchen, dann ist ein solches kulturelles Milieu im Konflikt mit den normativen Grundlagen einer Demokratie. Eine Demokratie lebt nur dann, sie ist nur dann substanziell, wenn religiöse und kulturelle Lebensformen vereinbar sind mit gleichem Respekt, gleicher Anerkennung und gleicher Autonomie. Demokratie ist nicht eine Staats- und Rechtsform allein, sondern sie ist zugleich Lebensform. Rawls und Habermas sind mir Geistesverwandte im politischen Sinne. Es gibt viele Gemeinsamkeiten, große Sympathien, aber in diesem Punkt gibt es meines Erachtens einen fundamentalen Irrtum des politischen philosophischen Liberalismus.

## 4. Normative Anthropologie

Die Gegenthese wäre, dass wir in jeder Debatte darüber, welche Regeln in der Gesellschaft gelten sollten, wertend Stellung nehmen. Diese wertende Stellungnahme folgt, wenn sie kohärent ist, einer bestimmten Logik des Bewertens, sie hat bestimmte Präsuppositionen, sie macht bestimmte Annahmen, die sie machen muss, um überhaupt plausibel sein zu können, und das geht nicht ganz ohne Anthropologie. Diese neue normative und, wie wir später sehen werden, humanistische Form von Anthropologie, für die ich plädiere, lässt sich folgendermaßen charakterisieren: Sie ist erstens nicht krypto-normativ, sondern explizit normativ. Sie sagt, worum es geht, sie nimmt normativ Stellung. Sie schließt sich nicht dem naturalistischen Trend an, der in der Gegenwartsphilosophie, auch in den gegenwärtigen Sozialwissenschaften und in den Feuilleton-Debatten, zu beobachten ist. Diese normative Anthropologie behauptet, dass sie kein Projekt der Naturwissenschaft sein kann, aus kategorialen Gründen. Sie ist nicht fundamentalistisch, weder im Sinne eines Fundamentalismus im engeren Sinne, noch im Sinne eines erkenntnistheoretischen *foundationalism*.

Wie gelangen wir nun zu den Inhalten dieser normativen anthropologischen Theorie, und was könnte uns dazu veranlassen, sie als „humanistisch" zu bezeichnen? In diesem Zusammenhang ist der Ansatz Peter Strawsons wichtig, dessen epochaler Aufsatz *Freedom and Resentment*[11] eine neue Methode in der zeitgenössischen praktischen Philosophie analytischer Prägung etabliert hat.[12]

Strawson ist bekannt für seine Rekonstruktion der kantischen Erkenntnistheorie, in der er versucht, Kant mit der analytischen Philosophie zu versöhnen, indem er die apriorischen Elemente uminterpretiert. Er bezeichnet das dann als deskriptive Metaphysik, etwas, das wir in unserer jeweiligen Praxis – und jetzt verwende ich eine Terminologie, die Strawson nicht verwendet – des *Gründegebens und Gründenehmens* sowohl im theoretischen Bereich, also wenn es um Überzeugungen geht, wie auch im praktischen Bereich, wenn es um die Frage geht „Was soll ich tun?", immer schon voraussetzen. Das metaphysische Projekt wird also nicht mehr fundamentalistisch verstanden, sondern rekonstruktiv: Ich überprüfe eine bestimmte Praxis des Gründegebens und Gründenehmens, prüfe, welche Präsuppositionen diese Praxis hat, und je nachdem, wie valide diese Praxis ist, ergeben sich dann entsprechende Folgen für die Prämissen, für die Metaphysik, die dort impliziter im Spiel ist. Diese Metaphysik hat keinen fundamentalistischen Status im Sinne von *foundationalist*. Sie ist erst recht nicht fundamentalistisch, jedenfalls nicht in dem Sinne, dass bestimmte philosophische Positionen der Kritik entzogen sind. Sie stellt sich der Diskussion, ist ein rekonstruktives Projekt, das sich an dem bewährt, was wir nicht bereit sind aufzugeben.

Der berühmte Aufsatz *Freedom and Resentment* endet mit der etwas dunklen Formulierung, es gehe ja eigentlich um Freiheit, keine Theorie könne uns dazu bringen, die menschliche Freiheit aufzugeben. Denn wenn wir das täten, würden wir radikal vereinsamen, es gäbe kein menschliches Miteinander mehr in einer Welt, in der wir diese Prämisse aufgeben. Das ist eine sehr tiefe und verlässliche philosophische Einsicht, die wir denen entgegenhalten können, die meinen, mit ein paar neurophysiologischen Argumenten gezeigt zu haben, dass der Mensch nicht verantwortlich und nicht frei ist. In diesem Fall würde alles kollabieren.

Es gibt also eine Praxis des Gründegebens und Gründenehmens in unserer Alltagswelt. An dieser Praxis muss sich Vieles bewähren, zum Beispiel ethische Theorien. Diese können ihrerseits allerdings auch wiederum die Praxis verändern. Wir gelangen überhaupt erst zu einer ethischen Theorie, weil in unserer

---

11  Strawson 1960.
12  Besonders eindrücklich vorgeführt von R. Jay Wallace in *Responsibility and the Moral Sentiments* (Wallace 1998).

alltäglichen Praxis Inkohärenzen auftreten, ansonsten würden wir gar nicht anfangen, philosophisch zu deliberieren. Wir erhoffen uns durch die Systematisierung auch eine Veränderung. Man könnte – damit wende ich mich jetzt gegen den Wittgenstein'schen Quietismus – sagen, wir spielen *ein* großes Sprachspiel, das insgesamt kohärent sein muss. In diesem einen großen Spiel gibt es, der Strawson'schen Methodik deskriptiver Metaphysik folgend, einige Invarianzen. Eine Invarianz, auf die Strawson hingewiesen hat, besteht darin, dass wir uns gegenseitig nur dann zur Verantwortung ziehen können, wenn wir uns wechselseitig die Möglichkeit unterstellen, dass wir auch anders hätten handeln können. Die Affizierbarkeit durch Gründe impliziert in diesem Sinne also Freiheit. Es ist nicht ausgeschlossen, um noch mal den Status dieser Art von Anthropologie zu erläutern, dass wir uns alle irren. Wenn Wolf Singer und Gerhard Roth Recht hätten, dann wäre das alles ein großes Illusionstheater.

Die Philosophie ist nicht in der Lage, die Lücken zu füllen, die gerissen werden, wenn man eine fundamentale Skepsis an den Tag legt. Das ist der große kartesische Irrtum. Da hilft auch Gott nicht, wie man bei Descartes sieht. Es gibt bestimmte Annahmen, die wir machen müssen, sonst ist das Ganze unserer Deliberationen und Praktiken nicht stimmig. Diese Annahmen lassen sich substantiieren, das ist jedenfalls die These, die dieses Projekt trägt. Dazu gehört, dass Gründe eine Rolle spielen, dass das Akzeptieren von Gründen eine kausale Rolle in der Welt hat. Wenn wir das aufgeben, kommen wir in Schwierigkeiten. Das naturalistische Alternativprogramm behauptet, Gründe seien etwas anderes als sie scheinen, sie seien in Wirklichkeit bestimmte kausale Phänomene, die sich im Prinzip mit den Mitteln der Naturwissenschaft vollständig beschreiben und erklären lassen. Ich glaube, das ist falsch.[13] Ich glaube sogar, das ist beweisbar falsch, jedenfalls dann, wenn man die meta-mathematischen Resultate aus den 1930er Jahren ernst nimmt. Sie können die Theoreme der Prädikatenlogik erster Stufe algorithmisch nicht beweisen, das ist wiederum bewiesen, bis heute von niemandem bestritten. Wenn das stimmt, dann ist jedenfalls eine Form des Gründegebens kein kausaler Prozess, weil kausale Prozesse algorithmisch sind. Die Psychologismus-Kritik von Husserl und Frege spricht dagegen, dass logische Inferenzen nichts anderes seien als psychologische Gesetzmäßigkeiten und diese vielleicht nichts anderes sind als neurophysiologische. Naturalisten müssten die Psychologismus-Kritik von Husserl und Frege zurückweisen. Gründe sind also nicht algorithmisch und deswegen nicht übliche Ursachen im Sinne von naturwissenschaftlich beschreibbaren Regularitäten. Sie sind zudem normativ und schon deswegen kein möglicher Gegenstand der Naturwissenschaft.

Gründe sind keine mentalen Zustände, das sich-Gründe-zu-eigen-Machen ist ein mentaler Zustand oder ein mentaler Prozess, meinetwegen auch ein neurophysiologischer, aber Gründe selbst sind objektiv. Gründe haben Eigenschaf-

---

13   Vgl. Nida-Rümelin 2005.

ten, die sie gegen eine naturalistische Einbettung immunisieren und das ist der Kern einer humanistischen Anthropologie.

Das Gründegeben und Gründenehmen, der Streit darum, was richtig und was falsch ist, macht die menschliche Lebensform aus, und zwar nicht erst seit 300 Jahren, seit der Europäischen Aufklärung. Alle menschlichen Lebensformen, jedenfalls die, die wir kennen, weisen das auf. Und damit machen sich die Menschen überall, in allen Kulturen, wechselseitig *verantwortlich* für das, was sie tun. Sie stellen sich zur Rede, sie streiten, ob etwas richtig oder falsch war, zulässig oder unzulässig usw. Damit wird viel präsupponiert, nämlich unter anderem, dass diese Menschen sich von Gründen affizieren lassen, sonst bräuchte man keine Gründe entgegenhalten.

Wenn meine Analyse halbwegs zutrifft, dann heißt das, dass sich mit dieser Fähigkeit, sich von Gründen affizieren zu lassen, drei fundamentale Merkmale einer humanistischen Anthropologie identifizieren lassen:

*Rationalität bzw. Vernunft.* Eine rationale oder vernünftige, ich verwende beide Begriffe austauschbar, Person ist eine solche, die Gründe abwägen kann und sich dann davon in ihren Überzeugungen, ihren Handlungen und in ihren emotiven Einstellungen affizieren lässt. Es handelt sich gewissermaßen um eine Substitution des Rationalitätsbegriffs.

*Freiheit.* Was macht eine Person frei im Sinne von Willensfreiheit? Theoretisch frei ist eine Person, wenn sie die Überzeugung vertritt, für die sie die besten Gründe hat. Praktisch frei ist eine Person, wenn ihr Handeln eben nicht vollständig von etwas anderem als von ihren eigenen Gründen determiniert ist.

*Verantwortung.* Wann machen wir eine Person verantwortlich für das, was sie tut? Wann trägt eine Person Verantwortung? Dann, wenn sie in der Lage ist, gründegeleitet zu urteilen, zu handeln und emotive Einstellungen zu entwickeln. Wir machen Menschen selbstverständlich auch für ihre emotiven Einstellungen verantwortlich. Wer das bestreitet, gerät in Konflikt mit unserer lebensweltlichen Interaktionspraxis und unseren geteilten reaktiven menschlichen Gefühlen.

Das also ist der Kern meiner „humanistischen" Anthropologie. Es handelt sich dabei um keine Setzung – weder fundamentalistisch im Sinne von *foundationalist* noch im Sinne von *fundamentalist*. Sie ist auch nicht krypto-normativ, sondern explizit normativ. Gründe sind nämlich normativ: Wir sollten so handeln, dass die guten oder die besseren Gründe dafür sprechen. Wir sollten Überzeugungen haben, für die die besten Gründe sprechen. Wir sollten emotive Einstellungen ablegen, wenn sie nicht von Gründen gestützt sind oder sie mit guten Gründen nicht vereinbar sind. Die humanistische Anthropologie, für die ich plädiere, ist explizit normativ, sie stellt sich der normativen Kritik.

## Literaturverzeichnis

Gehlen, Arnold (2009): Der Mensch: Seine Natur und seine Stellung in der Welt, Wiebelsheim.
Foot, Philippa (2001): Natural Goodness, Oxford.
Hobbes, Thomas (2000): Leviathan oder Stoff, Form und Gewalt eines kirchlichen und bürgerlichen Staates, hg. v. Iring Fetscher, übers. v. Walter Euchner, Frankfurt a. M.
Nida-Rümelin, Julian (2005): Über menschliche Freiheit, Stuttgart.
Nida-Rümelin, Julian (2016): Humanistische Reflexionen, Frankfurt a. M.
Nussbaum, Martha C. (1993): „Menschliches Tun und soziale Gerechtigkeit: Zur Verteidigung des aristotelischen Essentialismus", in: Brumlik, Micha/Brunkhorst, Hauke (Hg.): Gemeinschaft und Gerechtigkeit, Frankfurt a. M., 323–363.
Nussbaum, Martha C. (1995): „Aristotle on Human Nature and the Foundations of Ethics", in: Altham, James J. E./Harrisson, Ross (Hg.): World, Mind and Ethics. Essays on the Ethical Philosophy of Bernard Williams, Cambridge/New York, 86–131.
Plessner, Helmuth (1975): Die Stufen des Organischen und der Mensch: Einleitung in die philosophische Anthropologie, Berlin/New York.
Rawls, John (1971): A Theory of Justice, Cambridge.
Sen, Amartya (2010): The Idea of Justice, London.
Strawson, Peter (1960): „Freedom and Resentment", in: Proceedings of the British Academy 48, 1–25.
Wallace, R. Jay (1998): Responsibility and the Moral Sentiments, Cambridge.
Walzer, Michael (1983): Spheres of Justice: A Defense of Pluralism and Equality, New York.

# Plädoyer für einen Metahumanismus
## Reflexionen zwischen Trans- und kritischem Posthumanismus

*Stefan Lorenz Sorgner*

Das Universum entstand vor etwa 14 Milliarden Jahren und die Erde vor etwa 4,5 Milliarden Jahren. Dann dauerte es noch eine weitere Milliarde Jahre, bis sich erste Lebensformen entwickelten. Erst in den jüngsten 530 Millionen Jahren haben sich Säugetiere, Amphibien, Reptilien, Fische und Vögel entwickelt. In diesem Zeitraum wäre das Leben auch fast schon wieder ausgestorben. Vor 440, 372, 252, 201 und 66 Millionen Jahren gab es die großen fünf Ereignisse von Massenaussterben, bei denen zuweilen sogar 95 % aller marinen Lebensformen ausgestorben sind. All dies geschah noch bevor der erste Mensch entstanden war. Die letzten gemeinsamen Vorfahren von Menschen und Menschenaffen lebten vor etwa 6 Millionen Jahren.

Der *homo sapiens* ist wohl vor rund 300.000 Jahren entstanden. Damals setzte aufgrund einer Genmutation die Sprachentwicklung ein, so dass die Voraussetzungen für Sprache vorhanden waren, die in jedem Einzelfall dann wieder mittels eines kulturellen und elterlichen Upgrades realisiert werden muss. Die kulturelle Steuerung macht uns zu tatsächlich sprachfähigen Lebewesen. Mit diesem Upgrade ist der Mensch entstanden. Bei der Sprachfähigkeit handelt es sich also um ein elterliches Upgrade, weshalb *homo sapiens* auch als Cyborgs bezeichnet werden können.[1] Das Wort Cyborg steht schließlich für den kybernetischen Organismus, wobei das Wort kybernetisch von dem altgriechischen *kybernaetaes*, also dem Steuermann eines Schiffs kommt. Cyborgs sind gesteuerte Organismen, und Menschen sind solche gesteuerten Organismen, die aufgrund der Steuerung die Sprachfähigkeit erlangen und damit auch zu vernünftigen Wesen werden. Jeder Mensch entwickelt aufgrund einer jeweils idiosynkratischen Steuerung eine eigene verkörperlichte Vernunft.[2]

Bei der Vernunft handelt es sich nicht um einen immateriellen Funken, sondern vielmehr um das Ergebnis eines kulturellen Upgrades. Mit der entsprechenden Genmutation sind wir zum sprachfähigen Cyborg geworden, und als *homo sapiens* sind wir stets sprachfähige Cyborgs gewesen, wobei es sich bei der Vernunft um einen Teil des evolutionär entstandenen Körpers handelt. Der Körper wiederum besteht aus etwa 39 Billionen nicht-menschlicher Zellen, die zum

---

1 Vgl. Sorgner 2022a.
2 Vgl. Varela/Thompson/Rosch 2017.

Großteil in unserem Darm leben, und aus etwa 30 Billionen menschlichen Zellen. Unser Körper hat also mehr nicht-menschliche als menschliche Zellen. Auch sonst sind die Grenzen unserer Körper gar nicht so einfach zu bestimmen. Unsere Smartphones können etwa als erweiterter Geist, als *extended mind* verstanden werden. Ein Mensch mit Cochlear Implantat kann dieses mit dem eigenen Smartphone steuern und so die eigenen kognitiven Kapazitäten beeinflussen. Wenn ihm das Smartphone gegen seinen Willen weggenommen wird, dann kann dies durchaus auch als Verletzung der körperlichen Integrität verstanden werden, da so seine kognitiven Möglichkeiten beschränkt werden. Auch wenn der eigene Avatar im Metaversum ungewollt durch einen anderen Avatar bedrängt und berührt wird, dann kann dies als Verletzung der körperlichen Integrität aufgefasst werden. Der ständig sich im Prozess der Veränderung befindliche Körper, in dem auch die Vernunft als Teil vorhanden ist, besteht aus mehr nicht-menschlichen als aus menschlichen Zellen und kann möglicherweise siliziumbasierte Smartphones und digitale Avatare umfassen.

Es ist dieses Bild des *homo sapiens*, welches insbesondere bei kritischen Posthumanistinnen das Vorherrschende ist. Ihr zentrales Anliegen ist, das kulturell geschaffene und in unserem Kulturbereich vorherrschende Menschenbild zu verwinden, das auf der kategorialen ontologischen Dualität einer immateriellen Vernunft und eines materiellen Körpers beruht, da mit ihm zentrale Diskriminierungsstrukturen einhergehen. Der auf kategorialen ontologischen Dualitäten beruhende Humanismus wurde kulturell erschaffen und hat bestimmte Herrschaftsstrukturen etabliert. Zentrale Entwicklungsschritte dieses kulturellen Prozesses sind die Anthropologien Platons, der Stoiker, Descartes' und auch Kants. Wichtige problematische Diskriminierungsprozesse lassen sich treffend anhand von Platons Höhlengleichnis erläutern.[3] Die helle Sonne steht für das unbedingt Gute, wohingegen die dunklen Schatten weit davon entfernt mit dem Bösen identifiziert werden. So ist der Rassismus als kulturelle Struktur entstanden. Die Sonne repräsentiert die Vernunft, die weithin mit dem Männlichen identifiziert wurde, wohingegen unvernünftige Urteile häufig auf vermeintlich typisch weibliche Gefühle zurückgeführt wurden. So ist der Sexismus strukturell entstanden. Die Vernunft ist weiterhin eine Eigenschaft, die traditionell den Menschen kennzeichnete. Allen anderen Lebewesen kommt sie nicht zu. So ist der Speziesismus entstanden. Weiterhin ermöglicht einem die Vernunft, die unbedingte Wahrheit in Korrespondenz zur Wirklichkeit zu erkennen. So entstand der Aletheismus, die Diskriminierung aller Unwissenden, die weit entfernt von der einzigen tatsächlichen Wahrheit denken, leben und handeln. Eine dieser Wahrheiten ist, so etwa Aristoteles, dass wir unserer Natur gemäß handeln sollten. Und in der Natur unserer Genitalien liegt es, sich fortzupflanzen. Wenn wir sie nicht auf diese

---

3   Vgl. Sorgner 2022b.

Weise gebrauchen, handelt es sich um ein unnatürliches Verhalten. So entstand die Heteronormativität.

Das zentrale Anliegen kritischer Posthumanistinnen ist es, diese diskriminierenden Prozesse zu verwinden, die auf verkrusteten kulturellen Strukturen einer speziellen Form des Humanismus beruhen. Hiermit gehen zahlreiche Herausforderungen einher, die mitunter gar nicht so einfach aufzulösen sind. Es ist diese Vorgehensweise, die mir grundsätzlich plausibel erscheint, aber noch unzählige intellektuelle, nicht notwendigerweise einfach zu lösende Herausforderung umfasst. Auch gibt es Vertreterinnen des kritischen Posthumanismus, deren Zielsetzungen höchst problematisch sind, z. B. diejenigen, die davon ausgehen, dass die Klimaveränderung die zentrale gegenwärtige Herausforderung der Menschheit darstellt und infolgedessen wie folgt argumentieren: Der entscheidende Faktor für die Klimaveränderung ist die Überbevölkerung. Eigentlich sollte auch nicht von der Klimaveränderung als Herausforderung gesprochen werden, da eine Welt ohne Veränderung des Klimas kaum gedacht werden kann. Das Phänomen sollte treffender als globale menschengemachte Erwärmung beschrieben werden. Aber auch hinsichtlich dieser ist festzustellen, dass die Überbevölkerung den entscheidenden Prozessen zugrunde liegt. Hieraus ergibt sich bei manchen die moralische und möglicherweise auch rechtliche Verpflichtung, auf Fortpflanzung zu verzichten bzw. sie politisch zu regeln. Solche paternalistischen und eugenischen Gedankengänge sind moralisch höchst problematisch und stehen im Konflikt mit der fantastischen kulturellen Errungenschaft von sozial-liberalen Demokratien. Wer die Überbevölkerung als die zentrale gegenwärtige Herausforderung ansieht, muss zu Forderungen gelangen, die im Konflikt zu Strukturen stehen, auf denen sozial-liberale Demokratien beruhen. Es gibt andere, vielversprechendere Ansätze mit der globalen Erwärmung umzugehen, die im Einklang mit den Errungenschaften sozial-liberaler Demokratien stehen und die mit technischen Innovationen zu tun haben. Technische Innovationen als das entscheidende Hilfsmittel zur Erhöhung der personalen Lebensqualität zu sehen, wird von Transhumanisten vertreten.

Der Transhumanismus ist geistesgeschichtlich klar vom kritischen Posthumanismus zu unterscheiden.[4] Zahlreiche zentrale Elemente des Transhumanismus teile ich.[5] Radikale Variationen des Transhumanismus, wie etwa das Konzept des *mind uploadings*, erscheinen mir jedoch höchst unplausibel und, was noch wichtiger ist, entfernt von dem, was in absehbarer Zeit für uns gesellschaftlich relevant ist. Der zentrale transhumanistische Gedanke ist der, dass wir mittels technischer Innovationen unsere bisherigen personalen Begrenzungen erweitern sollten, um so die Wahrscheinlichkeit eines florierenden Lebens zu erhöhen. Die meisten Transhumanisten vertreten Varianten einer naturalistischen An-

4  Vgl. Ranisch/Sorgner 2014.
5  Vgl. More/Vita-More 2013.

thropologie. Entscheidend für ihr Selbstverständnis sind jedoch normative Forderungen, die durch ihr evolutionäres Weltbild nahegelegt werden.

Impfungen, Antibiotika und Anästhetika wurden in den vergangenen 250 Jahren entwickelt. Das öffentliche Nutzen des Internets ist gerade einmal seit 1990 gegeben. Das erste Smartphone wurde 2007 vorgestellt. Ein Leben ohne die digitale Welt ist heute bereits nicht einmal mehr vorzustellen. Die Genschere CRISPR/Cas 9 wurde 2012 veröffentlicht. Musks Neuralink, das Hirn-Computer-Schnittstellen erforscht, wurde 2016 gegründet. Die Interaktion von Gentechniken, Gehirn-Computer-Schnittstellen und der Digitalisierung ist einer der vielversprechendsten Bereiche, um die gegenwärtigen personalen Begrenzungen zu überschreiten. Transhumanisten fordern eine proaktive Grundhaltung zur Förderung insbesondere dieser Techniken.

In Deutschland ist der Transhumanismus insbesondere durch Sloterdijks Rede „Regeln für den Menschenpark"[6], der im Übrigen kein Transhumanist, sondern ein biokonservativer Denker ist, und Habermas' implizite Replik in seinem Essay zur liberalen Eugenik bekannt geworden.[7] Seitdem sind jedoch schon mehr als 20 Jahre vergangen, und der Transhumanismus hat sich von einer kulturellen Nischenbewegung einer kleinen Gruppe von Intellektuellen zu einem weit verbreiteten kulturellen Phänomen entwickelt, das im Silicon Valley, bei Netflix Serien, bei Computerspielen, bei Hollywood-Filmen und auch aus unserem lebensweltlich-relevanten Alltag nicht mehr wegzudenken ist.

Der *homo sapiens* ist vor 300.000 Jahren entstanden. Wird es in 300.000 Jahren noch Menschen geben? Wenn wir die Schnelligkeit der jüngsten Entwicklungen betrachten, ist dies wohl nicht wahrscheinlich. Entweder werden Menschen dann ausgestorben sein oder sich weiterentwickelt haben. In der Vergangenheit hing es von der natürlichen Selektion ab, wer überlebt. Nun haben wir die Möglichkeit der menschlichen Selektion. Wir können die Evolution verbessern. Sollten wir dies tun? Da kein moralischer Verdienst darin besteht, genetisches Roulette zu spielen, ist das proaktive Eingreifen in der Tat die moralisch angemessene Reaktion auf die neu gegebenen technischen Möglichkeiten. Unter Transhumanisten wird dann darüber diskutiert, ob es sich hierbei um eine moralische Pflicht handelt, wie dies von vielen utilitaristischen Transhumanisten vertreten wird, ob es sich um eine naheliegende Wahlmöglichkeit handeln sollte oder ob es ein Laster wäre, nicht auf diese Möglichkeiten zurückzugreifen. Dieses Spektrum an Möglichkeiten verdeutlicht, dass es sich beim Transhumanismus bei Weitem nicht um eine homogene Gruppierung von libertären, utilitaristischen Hyper-Humanisten handelt, die alle nur auf ein schneller, weiter und höher abzielen, um so einen Superman auf Viagra oder eine Wonderwoman mit Botox hervorbringen zu können. Eine andere unter Transhumanismus-Kritikern

---

[6] Sloterdijk 2001.
[7] Vgl. Habermas 2018.

weit verbreite Variante der Darstellung ist es, den Transhumanismus als eine kulturelle Bewegung zu charakterisieren, die darauf abzielt, unsere Persönlichkeiten auf eine Festplatte hochzuladen, um so unsterblich zu werden.

Bei beiden leider weit verbreiteten Repräsentationen handelt es sich um verzerrende Karikaturen, die mit einer kritisch informierten Analyse des Transhumanismus nichts zu tun haben. Es gibt jedoch noch weitere Vorurteile bezüglich des Transhumanismus, die ein Hindernis für eine breitere akademische Rezeption dieses intellektuellen Weltverständnisses darstellen. Stets wird implizit vermittelt, dass kritisch denkende Intellektuelle dem Transhumanismus notwendigerweise ablehnend gegenüberstehen müssen. Eine kleine Auswahl von unzutreffenden Vorurteilen soll kurz dargelegt werden. Auf diese Weise können weitere Facetten des „neuen Menschen" hervortreten. Die folgenden vier Vorwürfe sollen hier kurz thematisiert werden: 1. Der Totalitarismus-Vorwurf; 2. Der Vampir-Kapitalismus-Vorwurf; 3. Der Anthropozentrismus-Vorwurf; 4. Der Ungerechtigkeits-Vorwurf.

## 1. Der Totalitarismus-Vorwurf

Wenn Habermas in seinem Essay zur liberalen Eugenik von Nietzscheanischen Züchtungsfantasien der Transhumanisten spricht, denen er eine auf einer Verfassung beruhende pluralistische Gesellschaft entgegenstellt,[8] dann steckt in dieser Aussage genau dieser Totalitarismus-Vorwurf verborgen. Wenn er im Jahr 2014 transhumanistisches Schaffen in den Kontext von sektenähnlichem Denken rückt,[9] dann bestärkt er diesen Vorwurf sogar noch. Demgegenüber steht die Rezeption des Transhumanismus bei den gegenwärtig führenden Intellektuellen Russlands, wie etwa bei Alexander Dugin, dessen Tochter 2022 bei einem Anschlag ums Leben kam, und der ein Vordenker der Wahrheit der eurasischen Orthodoxie ist. Dugin bezeichnet den Transhumanismus explizit als eine Idee des Teufels. Der Pluralismus, die LGBTQIA*-Bewegung und alle anderen Übel der Welt sind für ihn Erscheinungsformen des Transhumanismus, der als der böse Gegenspieler der orthodoxen Wahrheit dargestellt wird.[10]

Habermas kritisiert den Transhumanismus als anti-pluralistische Bewegung.[11] Dugin hingegen kritisiert ihn aufgrund seines Pluralismus. Habermas' Einschätzungen sind höchst unplausibel. Der Transhumanismus kennt keine Riten, Heilsbringer, Gebete, Heilige oder Gebote. Es gibt noch nicht einmal notwendige Dogmen. Das Gegenteil ist der Fall. Der Fokus liegt auf naturwissenschaftlichen Einsichten. Wenn neue Ergebnisse vorliegen, müssen alte

---

8 Vgl. Habermas 2018.
9 Vgl. Habermas u. a. 2014.
10 Vgl. Dugin 2021.
11 Vgl. Habermas 2018.

Entscheidungen revidiert und neue Strategien ergriffen werden. Es handelt sich um eine pragmatische, liberale und naturwissenschaftliche Vorgehensweise. Auch auf politischer Ebene ist der Transhumanismus unverdächtig. Politisch sind alle führenden Transhumanisten im liberalen Spektrum einzuordnen, wobei die Bandbreite enorm groß ist. Sie reicht von libertären Ausrichtungen bis hin zu sozial-liberalen Vorstellungen von Demokratie. Kein einziger führender Transhumanist vertritt eine autoritäre politische Struktur. Dies bedeutet nicht, dass bei libertären politischen Ordnungen nicht die Gefahr besteht, dass implizit paternalistische Tendenzen befördert werden. Diese Sorge ist sicherlich zutreffend. Es ist also nicht so, dass eine libertäre politische Ausrichtung nicht gewisse Herausforderung mit sich bringt. Dieser Umstand liegt aber stärker im Libertarismus als im Transhumanismus begründet.

Dugins Charakterisierung des Transhumanismus hingegen ist als Beschreibung schon wesentlich zutreffender: Pluralismus, die Unterstützung der LGBTQIA*-Bewegung und der Einsatz von Gentechniken zur Förderung des personalen Florierens sind durchaus Normen, die im Transhumanismus weithin geteilt werden.[12] Das Problem liegt in seiner Charakterisierung des Transhumanismus als Idee des Teufels. Seine Beschreibung des Transhumanismus ist nicht unplausibel, nur seine normative Bewertung muss auf den Kopf gestellt werden. Es sind gerade die anti-autoritären, anti-paternalistischen und anti-totalitären Grundhaltungen, die kennzeichnend für den Transhumanismus sind und die gerade für diesen sprechen. Dugins Bewertung des Transhumanismus als Idee des Teufels ist das Problem, weniger seine Beschreibung des Transhumanismus.

## 2. Der Vampir-Kapitalismus-Vorwurf

Gerade aus dem linken politischen Spektrum hört man häufig, dass mit dem Transhumanismus ein Kapitalismus ohne Berücksichtigung der nächsten Generationen und der Nachhaltigkeit einhergeht. Es ist sicherlich zutreffend, dass die globale Erwärmung eine der wichtigen Herausforderungen unserer Tage ist. Handelt es sich hierbei jedoch um die wichtigste Herausforderung, der alle anderen Überlegungen unterzuordnen sind oder nicht? Dies ist die entscheidende Frage. Wenn dies der Fall sein sollte, dann ließen sich eugenische Regelungen begründen, das Verbot der Fortpflanzung, von Flügen sowie auch des Fleischverzehrs. Selbstredend könnten solche Entscheidungen nur innerhalb eines Landes getroffen werden, da glücklicherweise keine Weltregierung vorhanden ist, die globale gesetzliche Regelungen treffen kann. Wenn ein Land Kohlekraftwerke und Atomkraftwerke verbietet, dann werden ebensolche Kraftwerke in anderen Ländern gebaut. Im Zweifelsfall wird der so gewonnene Strom oder die so ge-

---

12  Vgl. Sorgner 2018.

wonnene Energie dann noch in das Land importiert, in dem die Verbotsregelungen getroffen wurden. Eine wirkmächtige Lösung sieht anders aus.

Ein anderer Ansatz sieht vor, nicht-nachhaltige Vorgänge höher zu besteuern. Auf diesen Ansatz trifft jedoch die gleiche Herausforderung zu, wie die gerade genannte. Außerdem fördert sie noch die soziale Ungerechtigkeit innerhalb eines Landes. Fleisch, Flüge und geheizte Fincas nur für die Reichen. Wichtig ist weiterhin zu realisieren, dass die exponentielle Bevölkerungszunahme der Hauptgrund für unseren enormen Konsum und nicht-nachhaltiges Handeln ist, was letztlich die entscheidenden Gründe für die Klimaveränderungen darstellen. Welche Möglichkeiten sind gegeben, diese Herausforderung anzugehen? Ein Fortpflanzungsverbot ist eine totalitäre eugenische Maßnahme, die die Grundstrukturen von liberalen Demokratien untergräbt. Eine steuerliche Handhabung führt zur sozialen Ungerechtigkeit. Kinder nur für Reiche. Beide Maßnahmen stellen weiterhin keine globalen Ansätze dar. Die Bevölkerungen Chinas und Indiens stellen zusammen bereits jetzt mehr als ein Drittel der Weltbevölkerung dar. Weiterhin gilt zu beachten, dass mit dem steigenden Reichtum auch ein erhöhter Fleischkonsum einhergeht. Fleisch zu essen, ist ein Zeichen sozialer Distinktion. Könnten (moralische) Appelle ein Ansatz sein, um Menschen vom Fleischkonsum abzubringen? Ein umfassender, effektiver und schneller Wandel im Handeln kann durch Appelle wohl kaum erzielt werden. Es wird also ein Ansatz benötigt, der global funktioniert, ohne dass auf globaler Ebene totalitäre Regelungen getroffen werden müssen, was weder wünschenswert noch realistisch ist.

Der Ökonom und Statistiker der Universität Oxford, Max Roser, der auch für die herausragende Webseite *ourworldindata* verantwortlich ist, hat aufgezeigt, dass die Bevölkerungsentwicklung in vier Stufen verläuft. Mit der qualifizierteren medizinischen Versorgung und verbesserten Hygiene gehen eine geringere Säuglingssterblichkeit und eine längere Lebensdauer einher. Mit einer erhöhten Bildung, gesteigerten Lebensqualität und gesicherten Unterkunft, Verpflegung und sozialen Absicherung verringert sich weiterhin noch die Fortpflanzungsrate. In Deutschland liegt sie bei 1,5, in Österreich bei 1,4 und in Italien sogar nur bei 1,2. Dieses Phänomen kann auch global beobachtet werden. Studien der Vereinten Nationen zeigen sogar auf, dass, wenn Lebensqualität, Hygiene und der Zugang zur Bildung, Krankenversorgung und Grundnahrungsmitteln weiterhin so ansteigen wie bisher, davon ausgegangen werden kann, dass der 12-milliardste Mensch nie geboren wird. Wenn diese Forschung zutreffend ist, dann bedeutet dies, dass die Überbevölkerung nicht das entscheidende Problem sein wird, da mittels Innovationen die Lebensqualität so gesteigert werden kann, dass die Fortpflanzungsrate signifikant zurückgeht.

Der gesteigerte Zugang zu Fortpflanzungstechniken ist ein weiterer Ansatz, um diese Entwicklung weiter zu fördern. Pille, Kondom, künstliche Befruchtung, Leihmutterschaft und schließlich die künstliche Gebärmutter, an der bereits gearbeitet wird, sind Entwicklungen, die dazu führen, dass wir die Sexualität von der Reproduktion abkoppeln können. Sexualität ist zur Unterhaltung da, wohingegen die Reproduktion technisch realisiert wird, um auf diese Weise die Wahrscheinlichkeit einer verbesserten Lebensqualität zu fördern.

Wenn diese Einschätzungen plausibel sind, dann sind global keine totalitären, paternalistischen, eugenischen, sozial-ungerechten oder auch ineffizienten Maßnahmen nötig, um die Herausforderung „Bevölkerungsentwicklung" und damit einhergehend auch die Frage der Klimaveränderung anzugehen. Vielmehr scheinen die hier dargelegten Maßnahmen zu verdeutlichen, dass mittels Innovationen die Errungenschaften der liberalen Demokratie bewahrt werden können und die Herausforderung „globale Erwärmung" trotzdem wirkmächtig angegangen werden kann. Hiermit soll nicht gesagt werden, dass keine anderen Maßnahmen notwendig sind. Diese Überlegungen verdeutlichen zumindest, dass wir nicht verzweifeln müssen. Die bereits erwähnten Studien von Max Roser u. a. legen zumindest nahe, dass mittels einer weltweiten Steigerung der Lebensqualität, wodurch auch die Herausforderung „globale Gerechtigkeit" berücksichtigt wird, die aneinander gekoppelten Herausforderungen Überbevölkerung und globale Erwärmung erfolgreich angegangen werden können.

## 3. Der Anthropozentrismus-Vorwurf

Es gehe dem Transhumanismus nur um die Steigerung der *menschlichen* Lebensqualität. Es handele sich um einen *Hyper-Humanismus*. Es drehe sich beim Transhumanismus alles *nur um den Menschen*, selbst wenn von der Überwindung des Menschen gesprochen wird. Auch hierbei handelt es um weit verbreitete Kritikpunkte.

Diese können leicht entkräftet werden. Ein zentrales Anliegen der meisten Transhumanisten ist es, dass *der Personenstatus auf nicht-menschliche Lebewesen ausgeweitet wird*. Der *Anti-Speziesismus und Anti-Anthropozentrismus* sind ganz zentrale Aspekte der meisten transhumanistischen Anthropologien. Diese Stoßrichtung ist nicht ohne moralische Herausforderungen, jedoch hat sie beim Transhumanismus ganz praktische Implikationen.

Der Kohlendioxidausstoß in der Massentierhaltung ist ein entscheidender Faktor der globalen Erwärmung. Mit der Steigerung der Lebensqualität und der Bevölkerungsrate in Indien und China steigt der dortige Fleischkonsum weiter enorm an. Alternativen sind notwendig. In Singapur wurde vor gar nicht allzu langer Zeit der Verkauf von künstlichem Fleisch rechtlich erlaubt. Tiere müssen nicht mehr geschlachtet werden. Der Kohlendioxidausstoß durch tierische Abgase ist nicht mehr vorhanden. Die Verseuchung der Böden ist nicht mehr gegeben. Antibiotika zur Vorbeugung von Krankheiten müssen nicht mehr gegeben werden, was wiederum Konsequenzen für das Risiko der Entstehung von antibiotikaresistenten Keimen hat. Gleichzeitig haben US-amerikanische Forscher auch noch veganen Käse entwickelt, der aus echter Laktose gewonnen wird. Die Laktose stammt jedoch nicht von Kühen, sondern von der genetisch modifizierten Hefe. Mittels des *genome editing* kann also vegane Milch realisiert werden, die die Grundlage für den Käse darstellt. An diesen und zahlreichen weiteren Beispielen kann aufgezeigt werden, wie mittels technischer Innovationen der Anthropozentrismus im Handeln vermieden werden kann, ohne dass wir auf Fleisch und Käse verzichten müssen. Weder Verbote noch Besteuerungen oder Werbemaßnahmen sind notwendig, um den Lebensstil zu verändern, sondern ausschließlich bessere Alternativen. Bei diesen stellt sich dann auch nicht die Frage, wie diese global realisiert werden können. Vielmehr steigt die Nachfrage nach solchen Produkten automatisch. Sie muss nicht erzwungen werden. Dies ist der große Vorteil des Anliegens, anthropozentrisches Denken mittels technischer Innovationen zu vermeiden.

## 4. Der Ungerechtigkeits-Vorwurf

Das Unterwandern des Gleichheitsgrundsatzes und die Förderung von Ungerechtigkeit waren zwei wichtige Anliegen, weshalb Fukuyama den Transhumanismus herausstellte, als er Anfang dieses Jahrtausends danach gefragt wurde, welche Idee er für die gefährlichste der Welt hält.[13] Anhand eines Beispiels soll gezeigt werden, dass der gegenwärtige Umgang mit digitalen Daten in Europa nicht in unserem demokratischen Interesse ist und dass wir die Bedeutung von digitalen Daten radikal umdenken müssen. Dieser Gedanke soll hier nur kurz angesprochen werden. In meiner Monographie „We have always been cyborgs"[14] habe ich ihn detailliert erläutert.

Dass Daten das neue Öl sind, wird weithin von Wirtschaftswissenschaftlerinnen vertreten. Digitale Daten sind intellektuelles Eigentum. Öl hingegen ist ein Rohstoff. Dies sind unterschiedliche Entitäten. Die Einschätzung ist trotzdem zutreffend, da beide Entitäten mit Geld, Macht und Einflussnahme zu tun haben. Mit der europäischen Datenschutzgrundverordnung ist es in Europa jedoch enorm schwierig, auf umfassende Weise digitale Daten zu sammeln. Diese sind allerdings von kaum unterschätzbarer Relevanz, da sie für die naturwissenschaftliche Forschung benötigt werden, zur technischen Innovation, zum Einsatz von Ressourcen und Energien, zur politischen Entscheidungsfindung und noch aus zahlreichen anderen Gründen. In den USA werden digitale Daten von den großen Tech-Unternehmen gesammelt und in China auf noch effizientere Weise vom Staat, da Daten auch die Grundlage für deren Sozialkreditsystem darstellen.

---

13 Vgl. Fukuyama 2004.
14 Vgl. Sorgner 2022a.

Digitale Daten sind von kaum unterschätzbarer Relevanz, und Europa verzichtet darauf, diese effizient zu sammeln, zu analysieren und zu nutzen. Es ist diese Grundhaltung, die gegenwärtig die zentrale Herausforderung für Europa darstellt. Wenn digitale Daten so relevant sind, wie dies weithin von Wirtschaftswissenschaftlerinnen vertreten wird, dann wird die Datenschutzgrundverordnung signifikante Konsequenzen für Europa haben, die zum weiteren wirtschaftlichen Abstieg führen wird, da Innovation und Forschung nur in China effizient realisiert werden können. Dort sind die dafür notwendigen digitalen Daten vorhanden. Wenn es Europa wirtschaftlich schlechter geht, wird es die Mittelklasse wohl als erste stark zu spüren bekommen. Ihnen wird es entweder absolut oder auch nur relativ schlechter gehen als bisher. Wenn dies der Fall ist, dann suchen die Betroffenen Schuldige, die sie in der Regel bei den Andersdenkenden, den Ausländern, den Flüchtlingen, anderen Minderheiten oder dem bösen Anderen im Allgemeinen finden. Die Spannung wird immer stärker, bis dass es zum Bürgerkrieg kommen wird. Dies sind die Aussichten, wenn die finanziellen Mittel nicht mehr so vorhanden sind, wie dies bislang der Fall war. Es sind die gegenwärtigen Gesetzgebungen, die zum Unfrieden, zur Unzufriedenheit und zum Aufruhr in Europa führen werden. Aus diesem Grund ist ein Umdenken bezüglich der Bedeutung digitaler Daten unerlässlich.

Mein Vorschlag ist es, dass personalisierte digitale Daten vom Staat gesammelt werden sollten. Sie können dann entpersonalisiert an Unternehmen verkauft werden, von denen sie analysiert werden können. Diese Analyse sollte primär durch Algorithmen geschehen, da Menschen leicht zu korrumpieren sind. Der entscheidende Clou ist es jedoch, dass der finanzielle Gewinn, den der Staat mittels der Algorithmen realisiert, im allgemeinen, demokratischen Interesse verwendet werden sollte. Das Interesse, das weithin geteilt wird, ist es, gesund länger zu leben, d. h. eine verlängerte Gesundheitsspanne. Mit den erzielten Gewinnen sollte etwa die öffentliche allgemeine Krankenversicherung bezahlt werden. Dann würden die digitalen Daten tatsächlich in einem demokratischen Sinne genutzt werden. Gegenwärtig ist es so, dass auf die umfassende Berücksichtigung der digitalen Daten in Europa verzichtet wird, sie in den USA dazu benutzt werden, den Reichtum der Tech-Unternehmerinnen zu steigern, und in China sind sie vorhanden, um die autoritäre politische Ordnung zu festigen. Nirgendwo werden digitale Daten im demokratischen Sinne genutzt. Aus diesem Grund muss über die Bedeutung von digitalen Daten neu nachgedacht werden. Es war mir wichtig, diesen Punkt noch kurz, wenn auch stark verkürzt zu erwähnen, da diese Fragestellung aus meiner Sicht eine der gegenwärtig relevantesten ist, zu der es dringend gilt, sich neu zu positionieren.

## 5. Fazit

In diesem Überblicksbeitrag ging es mir darum, einige der zentralen Herausforderungen herauszustellen, auf die posthumanes Denken aufmerksam macht. Mit diesem posthumanen Paradigmenwechsel geht die Notwendigkeit einher, zahlreiche verkrustete Strukturen des dualistischen Humanismus, der über 2500 Jahre westliches Denken und Handeln geprägt hat, zu verwinden. Ich freue mich auf den weiteren intellektuellen Austausch zu diesen gegenwärtig hochbrisanten Themen. Nur über einen offenen, kritischen und pluralistischen Diskurs ist es möglich, zu einer angemessenen Berücksichtigung der Pluralität an Interessen und Perspektiven gelangen zu können.[15]

## Literaturverzeichnis

Dugin, Alexander (2021): „Über den Transhumanismus", in: Schipkow, Wassilij A. (Hg.): Nach dem Menschen. Ideologie und Propaganda des Transhumanismus. Mit drei Essays von Igumen Vitalij (Utkin), Prof. Alexander Dugin und Wladimir Basenkow (Philosophia Eurasia 7), Wachtendonk, 133–137.

Fukuyama, Francis (2004): The World's Most Dangerous Ideas: Transhumanism, in: Foreign Policy 144, 42–43.

Habermas, Jürgen u. a. (Hg.) (2014): Biologie und Biotechnologie: Diskurse über eine Optimierung des Menschen, Wien.

Habermas, Jürgen (2018): Die Zukunft der menschlichen Natur: Auf dem Weg zu einer liberalen Eugenik?, Frankfurt a. M.

More, M./Vita-More, Natasha (Hg.) (2013): The Transhumanist Reader: Classical and Contemporary Essays on the Science, Technology, and Philosophy of the Human Future, Oxford.

Ranisch, Robert/Sorgner, Stefan Lorenz (2014): „Introducing Post- and Transhumanism", in: Dies. (Hg.): Post- and Transhumanism: An Introduction (Beyond Humanism: Trans- and Posthumanism 1), Berlin/Frankfurt a. M., 7–27.

Sloterdijk, Peter (2001): Nicht gerettet: Versuche nach Heidegger, Frankfurt a. M.

Sorgner, Stefan Lorenz (2018): Schöner neuer Mensch, Berlin.

Sorgner, Stefan Lorenz (2019): Übermensch: Plädoyer für einen Nietzscheanischen Transhumanismus (Schwabe Reflexe 59), Basel.

Sorgner, Stefan Lorenz (2022a): We have always been Cyborgs: Digital Data, Gene Technologies, and an Ethics of Transhumanism, Bristol.

Sorgner, Stefan Lorenz (2022b): Philosophy of Posthuman Art (Posthuman studies 5), Basel.

Varela, Francisco J./Thompson, Evan/Rosch, Eleanor (2017): The Embodied Mind: Cognitive Science and Human Experience, London.

---

15  Vgl. Sorgner 2019.

# Kritik des Post- und Transhumanismus
## Eine Antwort auch auf Stefan Sorgner

*Markus Vogt*

Es ist ein qualitativer Sprung in der Technikentwicklung, dass der Mensch nicht nur die Umwelt um sich herum seinen Bedürfnissen anzupassen versucht, sondern auch danach strebt, sich selbst durch technologische Mittel zu optimieren. Aktuelle Entwicklungen, insbesondere in den Bereichen von Nanotechnologie, Digitalisierung, Gentechnik und Pharmakologie, eröffnen ganz neue Möglichkeiten, um nicht nur gesundheitliche Defizite zu kompensieren, sondern auch körperliche Fertigkeiten des Menschen zu erweitern, seine intellektuelle Leistungsfähigkeit zu steigern und psychische Belastungsgrenzen auszudehnen. Bezeichnet werden derartige Strömungen mit dem Terminus *Transhumanismus*. Da es beim Transhumanismus nicht nur um die Technik als solche, sondern vielmehr um die ethische und anthropologische Reflexion dazu geht, wird er meist als philosophische Denkrichtung interpretiert. Dabei werden auch Menschenbilder und Werte des Humanismus auf den Prüfstand gestellt, was meist unter der Überschrift *Posthumanismus* diskutiert wird.

Der folgende Essay zeichnet zentrale Aspekte dieser Debatte nach und versucht aus ethisch-systematischer Perspektive darauf zu antworten. Dabei berücksichtigt er in besonderer Weise die Argumente von Stefan Sorgner als einem der prominentesten Vertreter des Transhumanismus; er bezieht aber auch andere Referenzautoren ein, um ein repräsentatives Bild der damit verbundenen Herausforderungen zu skizzieren. „Kritik" ist hier im Sinne Kants als Auseinandersetzung mit den erkenntnistheoretischen und normativen Prämissen des Ansatzes gemeint.

## 1. Eine neue Qualitätsstufe der Selbstoptimierung des Menschen

Die unterschiedlichen Entwicklungen und Bewegungen, welche dem Transhumanismus zugerechnet werden können, versuchen den Menschen mit Hilfe technischer Verfahren und technologischer Hilfsmittel zu optimieren.[1] Sie beabsichtigen, den Menschen intelligenter, kreativer, leistungsfähiger, robuster und gesünder zu machen, als es ihm seine gegenwärtige Lage im Rahmen des natur-

---

1  Vgl. Vogt/Weber 2020, 141–143.

gegebenen Entwicklungsstandes erlauben würde. Die menschliche Spezies soll jenseits der biologischen Evolution in Verschmelzung mit technologischen Entwicklungen ihre eigene Evolution selbstbestimmt, nach vom Menschen gewählten Zielen vorantreiben. *Ray Kurzweil*, einer der prominentesten Vertreter des Transhumanismus, sieht darin „die Fortsetzung der Evolution mit anderen Mitteln"[2]. So könne der Mensch eine weitere Evolutionsstufe gezielt selbst auslösen, indem er mithilfe von prothetischen, pharmakologischen, genetischen, nanotechnologischen, kybernetischen und digitalen Methoden neue Potenziale entfaltet, welche „über das naturgegebene Maß der Normalität oder über die menschliche Natur hinausgehen"[3]. Hiermit solle es – so ihre Vorstellung – jedem Menschen ermöglicht werden, seine Lebensqualität zu steigern, seine physischen Gegebenheiten zu modifizieren, sein Aussehen zu verbessern, seine emotionalen Befindlichkeiten für sich selbst festzulegen, seine körperliche Leistungsfähigkeit zu steigern und seine intellektuellen Fähigkeiten zu adaptieren.[4]

Die transhumanistischen Entwicklungen folgen einer langen Tradition menschlicher Eingriffe in die Natur des Menschen. Denn seit Jahrzehnten ist vor allem im medizinischen Bereich festzustellen, dass technische Entwicklungen dem Menschen zu einem besseren Leben verhelfen. Jeder, der eine Brille trägt, ein Hörgerät verwendet oder einen Herzschrittmacher hat, weiß um die positiv lebensverändernde Wirkung dieser technischen Hilfsmittel.[5] Von transhumanistischen Entwicklungen ist allerdings erst die Rede, wenn diese Eingriffe über die medizinischen und therapeutischen Maßnahmen hinausreichen, welche bislang angewendet werden, um dysfunktionale Einschränkungen eines Menschen auszugleichen und auf das Niveau eines gesunden Menschen zu heben. Beispielsweise zählt der Einsatz eines konventionellen Hörgerätes, das ein geschädigtes Gehör (annähernd) wie sein gesundes Äquivalent hören lässt, noch nicht zu transhumanistischen Eingriffen – sehr wohl hingegen ein Hörgerät, durch das mehr Frequenzen wahrgenommen werden können, als es ein nach gegenwärtigem evolutionären Stand gesundes Gehör könnte (so jedenfalls der übliche Sprachgebrauch, von dem Stefan Sorgner durch eine weitere Begriffsverwendung, die beides einbezieht, abweicht). Indem Verbesserungen vorangetrieben werden, die nicht nur körperliche Defizite therapeutisch ausgleichen, sondern darüberhinausgehend ein Spektrum neuer Fähigkeiten ermöglichen, versucht der Transhumanismus, den natürlichen Menschen mittels technologischer Fortschritte über das derzeit Menschenmögliche hinaus zu optimieren.[6] Eine entscheidende technische Basis dieser Innovationen liegt in der durch neuere Ent-

---

2  Kurzweil 2001, 60.
3  Heilinger 2010, 60.
4  Vgl. Reisinger 2014; Dickel 2016, 1.
5  Vgl. Lordick 2016.
6  Vgl. Dickel 2016, 1.

wicklungen der Nanotechnologie ermöglichten Verbesserung der Schnittstellen zwischen Gehirn und Computer, die beide mit elektrischen Impulsen arbeiten.

Vor allem im medizinischen Bereich gibt es viele technische Entwicklungen, die krankheitsbedingte Einschränkungen kompensieren oder menschliche Fähigkeiten erweitern, gegen die aus ethischer Sicht prinzipiell nichts einzuwenden ist. So ermöglicht beispielsweise die Hörprothese *Cochlea Implantat* Gehörlosen oder hochgradig Schwerhörigen, deren Hörnerv noch funktionsfähig ist, mit Hilfe eines Mikrophons, eines Sprachprozessors sowie Stimulationselektroden akustische Signale zu empfangen. Auch bei Diabeteserkrankungen wandern digitale Datenverarbeitungen zunehmend als Implantate in den Körper und ermöglichen eine effektive, automatisierte Regulation des menschlichen Zuckerhaushaltes im Blut.

Weniger invasiv, jedoch teilweise stärker über eine rein therapeutische Anwendung hinausgehend sind Medikamente, die den menschlichen Stimmungshaushalt beeinflussen und die Emotionen aufhellen. Yuval Harari geht davon aus, dass das Projekt, den Menschen durch mehr Güterwohlstand glücklicher zu machen, gescheitert sei und sich stattdessen medikamentöses *Enhancement* als „neue menschliche Agenda", dem Recht auf Glück näher zu kommen, anbiete.[7] Es ist eine knifflige ethisch-philosophische Frage, ob dies dauerhaft und breitenwirksam wünschenswert ist: Alle wollen positive Stimmungen und leistungssteigernde Emotionen. Wenn diese sich „künstlich" durch Medikamente erzeugen lassen, erscheint dies zunächst attraktiv. Aber es handelt sich in gewisser Weise um eine Selbsttäuschung, weil die Stimmungen dann nichts mit der Wahrnehmung einer positiven Situation zu tun haben. Die ethische Debatte um Doping zeigt zudem, wie empfindlich der Leistungsvergleich von Menschen gestört ist, wenn manche durch pharmazeutische Mittel ihre Fähigkeiten steigern. Es muss offensichtlich sehr genau definiert werden, was in welchem Kontext als erlaubt und was als unzulässige Manipulation gelten soll.

Insbesondere durch die Vermischung derzeitiger medizinisch-technischer Möglichkeiten mit weit ausgreifenden Zielen findet eine erhebliche Polarisierung der Debatte statt: Die visionären Versprechen der Befürworter stehen dunklen Untergangsszenarien, die das Projekt der Humanität insgesamt gefährdet sehen, unversöhnlich gegenüber. Während die Befürworter die technologischen Entwicklungen des Transhumanismus als neue Dimension des menschlichen Fortschritts preisen, warnen Kritiker derartiger Ansätze vehement vor den unvorhersehbaren Gefahren für eine humane Gesellschaft, weshalb sie bisweilen ein kategorisches Verbot jeglicher Neuerung in dieser Richtung fordern.[8]

Auch wenn die neuen Entwicklungsmöglichkeiten zu weiten Teilen potentiell und damit noch hypothetisch sind, werfen sie schon heute weitreichende nor-

---

7 Vgl. Harari 2019, 46–63.
8 Vgl. Bendel 2019.

mative Fragen auf. Um in der ethischen Verständigung voranzukommen, ist es entscheidend, voreilige Generalisierungen zu vermeiden. Die teilweise fließenden Übergänge zwischen therapeutischen und transformativen Maßnahmen sind im Einzelnen differenziert zu betrachten. Aus verantwortungsethischer Sicht ist es nötig, über allgemeine Kriterien der Bewertung hinaus darüber nachzudenken, mit welcher Legitimität und welchen Durchsetzungschancen staatliche Regulierungen ausgestattet sein können und wer gegenüber wem für was in welchen Kontexten rechenschaftspflichtig ist.

## 2. Auf dem Weg zum digitalen Übermenschen?

Zu Recht relativiert Sorgner die Unterscheidung zwischen „natürlich" und „künstlich"[9]. Wenn man unter *Cyborg* ein Mischwesen aus biologischem Organismus und Maschine versteht, wie es umgangssprachlich üblich ist, dann ist es allerdings nicht stichhaltig, ihn schon aufgrund des „elterlichen Upgrades" der kulturell übermittelten Sprache als solchen zu bezeichnen. Schon eher trifft dies auf die enge Synthese mit dem Smartphone als *extended mind* und als Bestandteil der körperlichen Integrität zu. Auch das Argument, dass die Grenzen unseres Körpers nicht so leicht eindeutig zu bestimmen seien, weil beispielsweise im Darm mehr nichtmenschliche Zellen leben als sich menschliche Zellen im ganzen Körper finden, relativiert die Unterscheidung zwischen eigen und fremd.

Die Diagnose, dass mit den dualistischen Anthropologien Platons, der Stoiker, Descartes und Kants „problematische Diskriminierungsprozesse" verbunden und bestimmte Herrschaftsstrukturen etabliert worden seien, ist zu pauschal, um als ein tragfähiges ethisches Argument zu taugen. Die Licht-Dunkel-Metaphorik des Höhlengleichnisses von Platon für Rassismus, Sexismus und Speziezismus verantwortlich zu machen, scheint wenig plausibel. Die posthumanistische Abgrenzung gegen den Humanismus beruht weitgehend auf Zerrbildern desselben. So ist auch der Dualismus von Körper und Geist nur eine Spielart des Humanismus. Dem biblischen Humanismus ist dieser beispielsweise völlig fremd. Vielmehr sind nach Ansicht des Theologen und Zukunftsforschers Philipp Reisinger gerade Hauptströmungen des Transhumanismus von einem radikalen Dualismus geprägt:

> „Der Transhumanismus tendiert dazu, den menschlichen Körper und den menschlichen Geist als zwei voneinander getrennte und verschiedene Welten zu betrachten. Der menschliche Körper wird als hochraffinierter Mechanismus, als reines Werkzeug verstanden, wie schon Jahrhunderte zuvor bei René Descartes. Jeder einzelne Körperteil kann ersetzt werden, wenn es beispielsweise mittels von bionischen Prothesen oder den Möglichkeiten der Genetik verbessert werden kann. Dass der menschliche Geist auch von sei-

---

[9] Vgl. Sorgner 2022.

nem Körper geprägt und abhängig ist, wird zu wenig deutlich gemacht. Im Gehirn wird der Sitz des menschlichen Geistes und der Menschlichkeit verortet. [...] Der Mensch ist in dieser Vision nichts anderes als eine einzigartige und individuell verknüpfte neuronale Datenbank. Der so gedachte Mensch könnte z. B. im WorldWideWeb oder als semantische und selbstlernende Steuersoftware in einem humanoiden Roboter fortleben. Mit einer derartigen Definition des Menschseins überschreiten wir aber bereits die Grenze vom Trans- zum Posthumanismus, in dem wir letztlich den aus der Evolution hervorgegangenen leibhaftigen Menschen verlieren."[10]

Die Aussage von Francis Fukuyama, dass der Transhumanismus „die gefährlichste Idee der Welt" sei,[11] trifft einen Nerv und verfehlt doch zugleich die notwendige differenzierende Auseinandersetzung: Es ist ethisch-politisch höchst gefährlich, mit dem Humanismus die tragende Säule der normativen Architektur moderner Gesellschaft in Frage zu stellen, denn dies birgt die Gefahr, dass das gesamte Gebäude instabil wird und einstürzt. Zugleich sind mit dem, was unter der Überschrift Transhumanismus diskutiert wird, jedoch Möglichkeiten der Verbesserung von Lebensqualität verbunden, die aus sozialethischer Sicht in hohem Maße begrüßenswert sind.

Darüber hinaus ist zu prüfen, ob der Humanismus selbst aufgrund der mit ihm verbundenen, systemsprengenden Ideen des Subjektivismus, des methodischen Individualismus sowie des anthropozentrischen „Gattungsegoismus" eine gefährliche Idee ist. Der Humanismus ist die Wiege der europäischen Moderne und der Aufklärung, die die Welt erobert haben, dessen Dynamik aber möglicherweise auch in die ökosoziale Selbstzerstörung treibt und kulturell mit erheblichen Machtasymmetrien verbunden ist. Die posthumanistisch-ökologischen sowie postkolonialen Anfragen an die Menschenzentriertheit der europäischen Ethik sind ernst zu nehmen. Aus meiner Sicht sind Patho-, Bio- und Ökozentrik jedoch keine tragfähigen Alternativen zur Anthropozentrik.[12] Die Anthropozentrik bedarf allerdings durchaus einer ökologischen Aufklärung und Einbettung im Blick auf die biologischen Voraussetzungen gelingenden Menschseins, wofür ich den Begriff des ökologischen Humanismus vorschlage.[13]

Ich folge dem Vorschlag Sorgners, dass Post- und Transhumanismus zwar zu unterscheiden, jedoch in der philosophischen Debatte nicht völlig zu trennen sind.[14] Denn die posthumanistische Infragestellung humanistischer Ethik gewinnt durch die Verbindung mit den technischen Möglichkeiten des Transhumanismus eine ganz eigene gesellschaftliche Brisanz. Das Verhältnis zwischen Trans- und Posthumanismus ist jedoch umstritten, was in der Sache begründet

---

10 Reisinger 2014 (ohne Seite; Zitat grammatikalisch angepasst).
11 Vgl. Fukuyama 2002, 124–146.
12 Vgl. Vogt 2021, 329–339.
13 Vgl. Vogt 2021 347–353.
14 Vgl. Sorgner 2018, 89–107.

liegt, da sich beispielsweise die transhumane Einheit von menschlicher und künstlicher Intelligenz sehr unterschiedlich bewerten lässt. Angesichts der fließenden Übergänge zwischen therapeutischen und manipulativen Eingriffen braucht man für die ethische Bewertung und Regulierung einen Maßstab. Dieser wird zentral in der ethisch-philosophischen Debatte um Humanismus und Posthumanismus ausgelotet. Dabei sind die Grundgedanken des Posthumanismus keineswegs neu, sondern beispielsweise bereits im Konzept des „Übermenschen" bei Nietzsche zu finden. Sorgner, der zu Nietzsche geforscht hat,[15] steht in dieser Tradition. Sein Vorschlag, beides unter der Kategorie „Metahumanismus" zusammenzufassen, ist originell. Er leistet einen wichtigen Beitrag zu der notwendigen Auseinandersetzung und zeigt dabei vielschichtige philosophische und ethische Zusammenhänge auf.

Eine der weltweit am intensivsten diskutierten Zuspitzungen der post- und transhumanistischen Debatte findet sich bei Yuval Harari in seinem Werk „Homo Deus".[16] Dieser geht davon aus, dass diejenigen Menschen, die sich auf eine technisch-digitale Erweiterung ihrer Handlungsmöglichkeiten und ihres Wohlbefindens einlassen, überlegen sein werden. Harari prognostiziert eine zwangsläufige Ausbreitung des digitalen Übermenschen. Für ihn ist der Mensch dem Menschen zum Gott geworden, zum sinnstiftenden Projekt der Selbstmanipulation. Man kann dies in gewisser Weise als „Hyper-Humanismus" bezeichnen. Dieser hat jedoch ethisch und anthropologisch wenig mit dem klassischen Humanismus gemein.

Ähnlich wie Harari propagiert Sorgner „gesund länger leben" als ethischen Leitmaßstab. Gesundheit ist jedoch kein Selbstzweck, kein Letztwert, sondern ein konditionaler Wert: Gesundheit ist die Voraussetzung, um viele andere Werte realisieren zu können, aber sie eignet sich nicht als sinnstiftender Lebenszweck, der maximiert werden soll. In ihrem Roman „Corpus Delicti" analysiert Juli Zeh die Verirrungen einer Gesellschaft, in der Gesundheit zum obersten ethisch-politischen Leitmaßstab wird.[17]

Sorgner beruft sich auf die „normativen Forderungen, die durch [ein] evolutionäres Weltbild nahegelegt werden". Damit ist er wie auch Harari auf der Spur der Ethik von Nietzsche. Leider fehlen jegliche Differenzierungen hinsichtlich der Frage, inwiefern Imperative der Evolution moralische Imperative sein können. Sich einfach nur auf die Evolution als moralische Rechtfertigung zu berufen, kann in ein vermeintliches Recht des Stärkeren bis hin zu sozialdarwinistischen und soziobiologischen Weltbildern münden.[18] Das ist aus der Sicht einer christlichen und ebenso einer philosophisch-systematischen Ethik völlig unzu-

---

15 Vgl. Sorgner 2010, 109–266.
16 Vgl. Harari 2019.
17 Vgl. Zeh 2009.
18 Vgl. Vogt 1997.

reichend. Das Programm des digitalen Übermenschen mündet in eine inhumane Gesellschaft.

## 3. Die „schiefe Bahn" einer genetischen Selbstoptimierung des Menschen

Pauschale Vorschläge, die moralische Qualität des Menschen durch gentechnische Manipulation zu erhöhen, nachdem die Versuche einer pädagogischen Verbesserung der Menschen durch den Humanismus gescheitert seien, wie sie Peter Sloterdijk 1999 in seinem Elmauer Vortrag „Regeln für den Menschenpark" als Antwort auf Heideggers Briefe über den Humanismus formuliert hat,[19] erscheinen mir hochgradig naiv. Erstens kann Gentechnik in absehbarer Zeit lediglich einzelne Eigenschaften, wie z. B. die Augenfarbe, verändern, nicht jedoch so komplexe Eigenschaften wie Moralfähigkeit gezielt beeinflussen. Zweitens wäre eine solche Manipulation des Menschen durch den Menschen höchst missbrauchsanfällig.

Hier hat Jürgen Habermas eine philosophisch tiefgründige Antwort formuliert,[20] worauf Stefan Sorgner zu Recht verweist. Sein Argument kann er aber meines Erachtens nicht entkräften. Die technischen Möglichkeiten der Selbstinstrumentalisierung und Selbstoptimierung einer genetisch gesteuerten Evolution des Menschen fordern uns existentiell zu neuen Grenzbestimmungen unseres Selbstverständnisses als Gattungswesen heraus. Vor dem Hintergrund dieser gattungsethischen Dimension rückt Jürgen Habermas vor allem die diskriminierenden Nebenfolgen und problematischen Gewöhnungseffekte einer gentechnischen Instrumentalisierung des beginnenden menschlichen Lebens in den Blick: Es bestehe die Gefahr, dass mit der Verschiebung der Grenzen im Umgang mit vorpersonalem menschlichem Leben der Einbettungskontext unserer Vorstellungen der Würde des Menschen erodiere.[21] Nach Habermas gerät das Menschsein auf eine „schiefe Bahn", wenn Kinder sich als Produkte der gezielten technischen Manipulation ihrer Eltern betrachten müssen. Die biotechnische Entdifferenzierung der anthropologisch tiefsitzenden Unterscheidung zwischen Subjekt und Objekt sowie Gewachsenem und Gemachtem könne die grundsätzliche Symmetrie zwischen freien und gleichen Personen und damit die lebensweltlichen Voraussetzungen unseres moralischen Selbstverständnisses unterminieren.[22] Peter Sloterdijk sieht dagegen in der strikten Unterscheidung zwischen Subjekt und

---

19  Vgl. Sloterdijk 1999.
20  Vgl. Habermas 2001.
21  Vgl. Habermas 2001, 115.
22  Vgl. Habermas 2001, 45, 121.

Objekt, die hinter der Angst vor der genetischen Selbstmanipulation des Menschen stehe, lediglich ein „Verwesungsprodukt überholter Metaphysik"[23].

Die philosophische, interdisziplinäre und öffentliche Klärung der eng mit dem Humanismus verbundenen Grundlagen unseres moralischen Selbstverständnisses, die sich angesichts der transhumanistischen Möglichkeiten der Humangenetik in neuer Weise stellen, ist notwendig. Sie ist Voraussetzung für eine konsistente Abschätzung und Bewertung der mit der Embryonenforschung verbundenen Fortschritte und Risiken.

## 4. Der Humanismus als Maßstab für wünschenswerte Innovationen

Die Euphorie, mit der Multimilliardäre wie Elon Musk und manche von ihnen geförderte Wissenschaftler transhumanistische Ideen vertreten,[24] hat Züge einer säkularen Heilslehre.[25] Der Dissens besteht nicht in der positiven Bewertung zahlreicher technischer Innovationen, die die Geschichte insbesondere in den zurückliegenden 200 Jahren hervorgebracht hat und die ganz entscheidend zur Überwindung von Hunger, Krankheiten und Armut beigetragen haben. Widerspruch ist jedoch dann ethisch notwendig, wenn sich das Vertrauen auf die Technik allein richtet. Technische Innovationen sind ethisch oft ambivalent: Sie eröffnen neue Möglichkeiten, aber in der Regel auch neue Risiken und Missbrauchsmöglichkeiten. Die entscheidende Herausforderung heutiger Zivilisation ist nicht die Erweiterung der Macht über die Natur, sondern die „Rückgewinnung der Macht über die Macht"[26]. Die Expansion der Macht des Menschen über die Natur, die das zivilisatorische Leitprogramm der letzten 500 Jahre in Europa und der westlichen Zivilisation war, ist gegenwärtig dabei, sich durch den Raubbau an den natürlichen Ressourcen selbst zu zerstören. In der Suche nach Auswegen könnten technische Innovationen eine durchaus maßgebliche Rolle spielen. Aber nicht für sich alleine. Dies lässt sich empirisch am sogenannten „Bumerangeffekt" zeigen, der in den zurückliegenden Jahrzehnten dazu führte, dass die technischen Innovationen in der Gesamtbilanz nicht zu einer Umweltentlastung geführt haben, sondern durch die noch schnellere Steigerung des Anspruchsniveaus kompensiert wurden.[27] Anschaulich zeigt dies beispielsweise das Versprechen des „papierlosen Büros", das durch Computerisierung erhofft wurde, faktisch aber wegen des kontinuierlich steigenden Papierbedarfs nie

---

23 Vgl. Sloterdijk 2001, 223.
24 Vgl. Kurzweil 2001.
25 Vgl. Dickel 2016.
26 Guardini 2022, 168.
27 Vgl. Vogt 2021, 639–673.

Wirklichkeit wurde. Wir brauchen eine „doppelte Entkoppelung"[28] von Wohlstandsentwicklung und Umweltverbrauch: Durch technische Innovationen und durch einen ökosozialen Wertewandel.

Das Plädoyer für eine Nutzung der Verfahren des *genome editing* für Lebensmittelqualität mit geringerer Belastung für Umwelt und Tiere teile ich mit Stefan Sorgner, wobei es in einzelnen Aspekten durchaus der güterethischen Abwägung bedarf. Die Herstellung von künstlichem Fleisch, das die Tötung von Tieren unnötig machen soll, ist bisher noch recht teuer und insgesamt halbherzig, da die Fixierung auf Fleischgeschmack bleibt, die kulturell determiniert ist. Eine wesentlich kostengünstigere Alternative wäre die Umstellung auf kulinarisch hochwertiges Obst und Gemüse. All dies kann man auch völlig unabhängig von der Positionierung zum Trans- und Posthumanismus ethisch diskutieren. Die Offenheit für Innovationen ausschließlich oder primär mit diesen zu assoziieren, halte ich für irreführend. Das gilt auch für den Umgang mit digitalen Daten.

Die Behauptung, dass der Humanismus technikfeindlich sei, ist unzutreffend. So weist Otfried Höffe in seinem Buch „Strategien der Humanität"[29] philosophiegeschichtlich nach, dass das Gegenteil der Fall ist: Die Idee, Ressourcen effektiv für die Steigerung des menschlichen Wohlstands zu nutzen, entstand im Schatten des Humanismus. Heute ist die Begrenzung der Überbevölkerung eine entscheidende Herausforderung. Gerade hier lässt sich zeigen, dass der Humanismus, der den Menschen ihre generative Freiheit und Selbstbestimmung zuerkennt, eine wesentlich tragfähigere Grundlage für erfolgreiche Methoden ist, als eine ohne dieses ethische Fundament agierende Bevölkerungspolitik: So sind Bildung auch für Frauen, soziale Sicherung im Alter und gesundheitliche Aufklärung entscheidende Stellgrößen für eine erfolgreiche Bevölkerungspolitik,[30] also Maßnahmen auf der Basis einer humanistischen Ethik und nicht Zwangssterilisationen, die beispielsweise in Indien mit mäßigem Erfolg versucht wurden. Wohlstandsentwicklung, die Sorgner hervorhebt, ist zwar ein wichtiger Indikator für eine Verringerung des Bevölkerungswachstums, aber nicht der einzige und alles bestimmende Faktor.

Stefan Sorgner verbindet den Transhumanismus mit der liberalen Tradition. Das ist aus der Sicht christlicher Sozialethik sympathisch. Allerdings lässt sich das nicht konsistent begründen. Denn die Grundlage des Liberalismus sind die Menschenrechte, die ihre Wurzel im humanistischen Menschenbild und der daraus hervorgegangenen Freiheitsphilosophie haben. Es mag zwar sein, dass die Mehrheit der Transhumanisten für eine plurale Gesellschaft und eine liberale Demokratie votiert; aber sie beraubt sich selbst der Möglichkeit, dies systema-

---

28 Vgl. Schneidewind 2018, 54–64.
29 Vgl. Höffe 1985.
30 Vgl. Vogt 2021, 616–638.

tisch zu begründen. Dass Alexander Dugin den Transhumanismus als „Idee des Teufels" bezeichnet, mit der LGBTQIA*-Bewegung gleichsetzt und sich in Opposition hierzu als Verteidiger der orthodoxen Wahrheit versteht, ist bloße Begriffsverwirrung und eignet sich nicht als Beleg dafür, dass der Transhumanismus unter den Liberalismus einzuordnen sei. Auch wenn der Transhumanismus in anti-autoritärem, anti-paternalistischem und anti-totalitärem Gewand daherkommt, kann er mangels systematischer Begründung der liberalen Ethik schnell in das Gegenteil umkippen. Das Risiko, dass transhumanistische Manipulationen des Menschen für totalitäre, paternalistische oder militärische Zwecke missbraucht werden können, liegt auf der Hand.[31]

Sorgner begreift das proaktive Eingreifen in die Evolution und ihr „genetisches Roulette" als „moralisch angemessene Reaktion auf die neu gegebenen technischen Möglichkeiten" (S. 146). Dabei sei der Transhumanismus allerdings keine homogene Gruppierung von libertären, utilitaristischen Hyper-Humanisten, die auf ein Schneller, Weiter, Höher abzielen, sondern ein plurales Spektrum unterschiedlicher Antworten auf die Frage, wie weit die Selbstoptimierung des Menschen gehen solle. Die transhumanistische Vision, die Persönlichkeit des Menschen auf eine Festplatte hochzuladen und so die Sterblichkeit des Körpers zu überdauern und unsterblich zu werden, lehnt Sorgner ausdrücklich ab. Diese ist aber durchaus eine nicht selten mit dem Transhumanismus verknüpfte Vorstellung.[32] Moralisch ist sie absurd. Denn ohne die Sterblichkeit des Menschen gäbe es binnen kurzer Zeit physisch und geistig keinen Platz für die neu geborenen Menschen. Humanistische Ethik geht davon aus, dass das Bewusstsein der Begrenztheit des menschlichen Lebens auch Quelle für dessen Wertschätzung sein kann.[33]

Nach den eingehenden Analysen des Wissenschaftlichen Beirates der Bundesregierung Globale Umweltveränderungen (WBGU) „Unsere gemeinsame digitale Zukunft" braucht es gerade eine verstärkte Rückversicherung der Gesellschaft hinsichtlich humaner Werte, um die Chancen der Digitalisierung zugunsten des Menschen und einer Erweiterung von Freiheit zu nutzen und den Missbrauch für fragmentierte Machtinteressen auszuschließen.[34] Die Digitalisierung ist hochgradig ambivalent. Sie ist ethisch gestaltungsbedürftig. Die beste Grundlage hierfür ist eine humanistische Ethik.

---

31 Vgl. Jansen 2015, 252–255; Franck u. a. 2017.
32 Vgl. Dickel 2016, 19: Lordick 2016.
33 Vgl. Manemann 2014, 123–129.
34 Vgl. WBGU 2019, 42–45.

## 5. Neuer Humanismus angesichts der Entgrenzung von Mensch und Maschine

Es zeigt sich, dass der Transhumanismus über Wirkdimensionen verfügt, welche das gesellschaftliche Gesamtgefüge in erheblichem Maße sowohl positiv als auch negativ beeinflussen können.[35] An der Bewertung, ob die Verschmelzung von Mensch und Technologie ein lohnenswertes Abenteuer ist, scheiden sich die Geister: Einerseits bieten die transhumanistischen Entwicklungen zahlreiche Entfaltungspotenziale, die durchaus zu Recht Anlass zu Begeisterung sein können. Andererseits ist nicht zu übersehen, dass viele überhöhte Versprechen, die damit verbunden werden, naiv und gefährlich sind, da sie die Ambivalenzen aus dem Blick verlieren. Vor diesem Hintergrund sollen abschließend unter dem Leitbegriff der „Risikomündigkeit"[36] einige Kriterien für einen verantwortlichen Umgang mit den neuen Möglichkeiten skizziert werden.

Die zentrale Frage muss lauten, wie und inwieweit die technischen Fortentwicklungen sinnvoll zum Wohle des Menschen und einer nachhaltigen Entwicklung der Gesellschaft genutzt werden können, ohne die Kontrolle über die Nebenwirkungen, Risiken und Missbrauchsmöglichkeiten zu verlieren. Angesichts der „Entgrenzung von Mensch und Maschine" sowie eines „digital ermächtigten Totalitarismus" bedarf es eines „neuen Humanismus" als global-ökologische „Kooperationskultur" und „Weiterentwicklung der Aufklärung".[37] Gerade wegen der akuten Gefahr, dass die Dynamik abstrakter Optimierungsalgorithmen den Menschen als Handlungssubjekt an den Rand drängt, ist die ethische Kategorie der „Würde" in den Mittelpunkt zu stellen.[38]

Wenn sich algorithmische Optimierungen mit Hilfe Künstlicher Intelligenz dem menschlichen Kognitionsvermögen als überlegen erweisen, dann ist damit die Gefahr einer Selbstentmündigung des Menschen verbunden. Ein Alltagsbeispiel ist das Navigations-Programm, dessen Befehlen ohne eigene Orientierung blind zu folgen wir uns immer mehr angewöhnen. Bei Autopiloten, wenn beispielsweise in einer kritischen Verkehrssituation zwischen Selbst- und Fußgängergefährdung zu entscheiden ist, betrifft dies auch ethische Fragen. Aber es sind immer noch Menschen, die die Rahmendaten für die technischen Algorithmen vorgeben und sich entscheiden, Autopiloten zu verwenden. Wenn KI hilft, Risiken zu minimieren, ist die damit verbundene Emanzipation von menschlichen Fehlentscheidungen und mangelnder Situationswahrnehmung ethisch möglicherweise höher zu bewerten als der Verlust von Souveränität.

---

35  Vgl. zum Folgenden Vogt/Weber 2016, 152–154.
36  Vgl. Vogt 2021, 412–418.
37  WBGU 2019, 6.
38  Vgl. WBGU 2019, 3.

Um zu vermeiden, dass die Würde und Autonomie des Menschen verletzt werden, muss mit normativ-rechtlichen Regulierungen und einem entsprechenden staatlichen Durchgreifen im Falle einer Regelverletzung reagiert werden. Reisinger fordert staatliche Prüfstellen für die transhumanistische Selbstoptimierung des Menschen, die ähnlich wie bei Autos oder bei Medikamenten über die Zulassung entscheiden und für fairen Wettbewerb sorgen.[39] Angesichts der vielfältigen Chancen sowie der fließenden Übergänge zwischen Therapie und *Enhancement* wären kategorische Verbote all der unter dem Begriff „Transhumanismus" diskutierten Maßnahmen weder ethisch plausibel noch international konsensfähig. Um zukunftsfähig zu sein und die Ressourcen der Problembewältigung aufrechtzuerhalten, müssen bestimmte Risiken gewagt werden. Der Begriff Risikomündigkeit fängt die paradoxe Ausgangslage ein, indem er nicht darauf abzielt, sämtliche Risiken zu neutralisieren, um verantwortungsvoll zu handeln, sondern eine „Logik systemischer Optimierung durch die Vermeidung einer kritischen Schwelle von Risiken und die Erhöhung der flexiblen Problemlösungspotentiale"[40] verfolgt. Risikomündig zu handeln bedeutet demnach, angesichts komplex bedingter Unsicherheiten im Hinblick auf die Handlungsfolgen in kluger Abwägung der unterschiedlichen Möglichkeitsszenarien rational begründete Entscheidungen zu treffen und etwaige Risiken bestmöglich zu begrenzen. Für die normative Debatte ist nicht Transhumanismus, sondern „Bioethik" der seit vielen Jahren etablierte Leitbegriff, zu dem auch die christliche Theologie vielfältige Beiträge formuliert hat.[41]

Im Hintergrund dieser Entscheidungsfindung bedarf es – wenn man den Überlegungen von Reisinger folgt – einer *Humanität 2.0*, um angesichts der neuen Herausforderungen der transhumanistischen Entwicklungen an den ethischen Standards der Menschenwürde und der Menschenrechte festzuhalten, welche die tragende Grundlage der demokratischen und liberalen Gesellschaft bilden:

> „Die Vision von einem Menschen 2.0 kann für einen humanistisch gebildeten Menschen wohl nur dann faszinierend sein, wenn er durch die Technologien rund um den Transhumanismus noch mehr, noch intensiver und noch umfassender vermenschlicht. In letzter Konsequenz heißt das auch, dass ein im Sinne des Transhumanismus verbesserter Mensch auch ein höheres Maß an Humanität besitzen muss, damit die Welt der Zukunft eine lebenswerte und lebensfreundliche Welt sein kann. Wir müssen dringend an einer solchen Humanität 2.0 zu arbeiten beginnen. Wenn wir den Transhumanismus eingebettet in eine vertiefte Menschlichkeit und Moralität denken, dann birgt die zukünftige Welt des Menschen eine Unzahl von Chancen sowohl für den einzelnen Menschen als auch für die Gesellschaft in sich. Von den Technologien des Transhumanismus profitieren

---

39 Vgl. Reisinger 2015, 25 f.
40 Vogt 2018, 89.
41 Platzer/Zissler 2014.

dann wohl zuerst die Kranken und die Menschen mit Behinderungen. Man denke da u. a. an die Möglichkeiten rund um die Genetik, die es erlauben, mittels der individuellen DNA einzelne Organe oder gar Körperteile nachzuzüchten oder über einen 3D-Drucker auszudrucken. Mittels Exoskeletten wird es möglich sein, dass Querschnittsgelähmte tatsächlich gehen, durch hochentwickelte Hör- und Sehprothesen können Blinde sehen und Taube hören. Mittels eines Machine-Brain-Interface können Menschen, die an einem Locked-In-Syndrom leiden, mit der Umwelt kommunizieren. Und auch der gesunde Mensch kann von den technologischen Entwicklungen profitieren. Man denke an Chip-Implantate oder zusätzliche Neuronenschichten, die die Leistungsfähigkeit des menschlichen Gehirns irgendwann nicht nur verbessern, sondern auch erweitern könnten."[42]

Die verantwortliche Nutzung dieser Potenziale ist keineswegs nur eine Frage der ethisch-politischen Regularien zum Schutz des einzelnen Menschen gegen Instrumentalisierungen. Letztlich stellt sich mit den neuen Möglichkeiten der technischen Selbstmanipulation die zutiefst philosophisch-kulturwissenschaftliche Frage, was wir unter Menschsein verstehen wollen.

„Durch den digitalen Wandel wird das Menschsein selbst zum Thema nachhaltiger Entwicklung. Inwieweit sind alte und neue Menschenbilder angesichts einer möglichen Verschränkung von Mensch und Technik sowie der zunehmenden Kooperation von Mensch und Maschine zu hinterfragen? Wie kann der Erhalt menschlicher Würde sichergestellt werden?"[43]

Die Zukunft des *Homo sapiens* ist im 21. Jahrhundert im Kern eine Frage des Umgangs mit Macht: Für die Rettung des Humanen wird in Zukunft nicht mehr die Expansion der Macht über die Natur ausschlaggebend sein, sondern vor allem die Frage, ob es gelingt, die Macht des Menschen über sich selbst so auszurichten, dass seine Fähigkeit zu deren verantwortlicher Steuerung in der globalisierten Gesellschaft mit der Zunahme technischer Möglichkeiten Schritt halten kann. Die Risikomündigkeit des *Homo sapiens* wird sich an der Bereitschaft zu intelligenter Selbstbeschränkung bewähren müssen.

## Literaturverzeichnis

Bendel, Oliver (2019): „Art. Human Enhancement", in: Gabler Wirtschaftslexikon, verfügbar unter: https://wirtschaftslexikon.gabler.de/definition/human-enhancement-54034 [13.04.2024].

Dickel, Sascha (2016): Der Neue Mensch – ein (technik)utopisches Upgrade: Der Traum vom Human Enhancement, in: Aus Politik und Zeitgeschichte 37–38, verfügbar unter: http://www.bpb.de/apuz/233464/der-neue-mensch-ein-technikutopisches-upgrade-der-traum-vom-human-enhancement?p=all [13.04.2024].

---

42 Reisinger 2014 (ohne Seite; Zitat grammatikalisch angepasst).
43 WBGU 2019, 26.

Franck, Georg u. a. (2017): „Wider den Transhumanismus", in: Neue Züricher Zeitung, verfügbar unter: https://www.nzz.ch/meinung/kommentare/die-gefaehrliche-utopie-der-selbst optimierung-wider-den-transhumanismus-ld.1301315 [13.04.2024].

Fukuyama, Francis (2002): Das Ende des Menschen, Stuttgart.

Guardini, Romano (2022): „Die Macht: Versuch einer Wegweisung (1952)", in: Ders.: Das Ende der Neuzeit – Die Macht, Mainz.

Habermas, Jürgen (2001): Die Zukunft der menschlichen Natur: Auf dem Weg zu einer liberales Eugenik?, Frankfurt a. M.

Harari, Yuval Noah ($^{10}$2019): Homo Deus: Eine Geschichte von Morgen, aus dem Englischen übersetzt von Andreas Wirthensohn, München.

Heilinger, Jan-Christoph (2010): Anthropologie und Ethik des Enhancements (Humanprojekt 7), Berlin/New York.

Höffe, Otfried (1985): Strategien der Humanität: Zur Ethik öffentlicher Entscheidungsprozesse, Frankfurt a. M.

Jansen, Markus (2015): Digitale Herrschaft: Über das Zeitalter der globalen Kontrolle und wie Transhumanismus und Synthetische Biologie das Leben neu definieren, Stuttgart.

Kurzweil, Ray ($^{3}$2001): Homo s@piens: Leben im 21. Jahrhundert – Was bleibt vom Menschen, Köln.

Lordick, Marina (2016): „Transhumanismus. Die Cyborgisierung des Menschen", in: Website Zukunftsinstitut, verfügbar unter: https://www.zukunftsinstitut.de/artikel/transhumanismus-die-cyborgisierung-des-menschen/ [13.04.2024].

Manemann, Jürgen (2014): Kritik des Anthropozäns: Plädoyer für eine neue Humanökologie (= XTEXTE zu Kultur und Gesellschaft), Bielefeld.

Reisinger, Philipp (2014): „Ein Mensch 2.0 bedarf auch einer Ethik 2.0", verfügbar unter: http://philippreisinger.blogspot.com/2014/09/ein-mensch-20-bedarf-auch-einer-ethik.html [13.04.2024].

Reisinger, Philipp (2015): Transhumanismus: Transformation des Menschen. Zukunftsmarkt Selbstoptimierung (Market Foresights 05/2015), Eltville.

Schneidewind, Uwe (2018): Die Große Transformation: Eine Einführung in die Kunst des gesellschaftlichen Wandels, Frankfurt a. M.

Sloterdijk, Peter (1999): Regeln für den Menschenpark. Ein Antwortschreiben zu Heideggers Brief über den Humanismus, Frankfurt a. M.

Sloterdijk, Peter (2001): „Domestikation des Seins: Die Verdeutlichung der Lichtung", in: Ders.: Nicht gerettet. Versuche nach Heidegger, Frankfurt a. M., 142–234.

Sorgner, Stefan (2010): Menschenwürde nach Nietzsche, Darmstadt.

Sorgner, Stefan (2018): Schöner neuer Mensch, Berlin.

Sorgner, Stefan (2022): We have always been cyborgs: digital data, gene technologies, and an ethics of transhumanism, Bristol.

Vogt, Markus (1997): Sozialdarwinismus. Wissenschaftstheorie, politische und theologischethische Aspekte der Evolutionstheorie, Freiburg i. Br.

Vogt, Markus (2018): Wandel als Chance oder Katastrophe, München/Grünwald.

Vogt, Markus (2021): Christliche Umweltethik: Grundlagen und zentrale Herausforderungen, Freiburg i. Br.

Vogt, Markus/Weber, Christoph (2020): „Verschmelzung von Mensch und Technologie als lohnenswertes Abenteuer? Ethische Spannungen angesichts des Transhumanismus", in: von Hauff, Michael/Reller, Armin (Hg.): Nachhaltige Digitalisierung – eine noch zu bewältigende Zukunftsaufgabe, Wiesbaden, 141–157.

WBGU – Wissenschaftlicher Beirat der Bundesregierung Globale Umweltveränderungen (2019): Unsere gemeinsame digitale Zukunft. Zusammenfassung, Berlin.

Zeh, Juli (2009): Corpus Delicti: Ein Prozess, Frankfurt a. M.

# KI, moderne Technik und menschliche Selbstoptimierung – eine tugendethische Annäherung

*Alexander Flierl, Kerstin Schlögl-Flierl*

Die Entwicklung neuer technischer Möglichkeiten wirft immer auch ethische Fragen auf. Denn technische Fortschritte eröffnen einerseits eine Vielzahl neuer Gestaltungs- und Handlungsoptionen. Andererseits ist aber ebenso zu überlegen, wie sich solche Innovationen in einem Rahmen umsetzen lassen, der schonend mit den natürlichen Ressourcen umgeht, nicht einseitig bestimmte Personengruppen bevorteilt oder die Schwächsten ausschließt. Bereits dieser kursorische Aufriss an Fragestellungen macht deutlich, dass hier vor allem Bereiche der normativen Ethik angesprochen sind.

Gerade der Einsatz moderner Techniken, die unmittelbar den menschlichen Körper modifizieren, wirft noch grundlegendere Fragen auf – beispielsweise für das Gebiet der Anthropologie. Bereits bei therapeutischen (z. B. beim Einsatz eines Defibrillators) und kompensatorischen Körpermodifikationen (z. B. Prothesen), spätestens jedoch bei Eingriffen zur Optimierung des menschlichen Körpers, stellen sich Fragen, was diese mit unserem Menschsein ‚machen' und wie diese unser Menschsein verändern. Zugespitzt könnte man fragen, ob technische Veränderungen von Körperteilen oder die Einnahme von Psychopharmaka uns weiter Mensch sein lassen oder uns zu sogenannten Cyborgs machen. Wie viel Anteil Mensch ist notwendig, um noch Mensch zu sein?

Hier kommt nun als wesentlicher Bezugspunkt das zugrunde liegende Menschenbild zum Tragen. Wer das menschliche Leben als Geschenk Gottes betrachtet, kommt möglicherweise zu ganz anderen Antworten als derjenige, der den Menschen als rein autonomes Wesen auffasst oder als hochentwickeltes Tier. Aus ethischer Sicht führt dies über den rein normativen Bereich hinaus auf tugendethisches Terrain: Wer will oder soll ich eigentlich sein angesichts der massiven Umbrüche? „Der Theologie ist abverlangt, dem eine reflexive Form zu geben, um verständlich zu machen, was es unter den Bedingungen radikaler epistemischer Transformationen bedeutet, von Gott zu sprechen."[1] Die Gottesfrage wollen wir in diesem Artikel nicht explizit aufgreifen, wohl aber überlegen, welchen Einfluss sie implizit über das christliche Menschenbild auf die aufge-

---

1 Hoff 2019, 316.

worfene Frage hat, was den Menschen eigentlich in Zeiten epochaler Entwicklungen ‚ausmacht'.

In diesem Beitrag möchten wir uns deshalb der Thematik aus einer tugendethischen Perspektive nähern. Zunächst skizzieren wir einige transhumanistische Schlaglichter – Ideen, Vorstellungen und Erwartungen, die sich mit menschlicher Selbstoptimierung verbinden (1.). In einem zweiten Schritt nähern wir uns der Frage, was den Menschen eigentlich ‚ausmacht' und zwar aus einer christlichen Perspektive (2.). Schließlich greifen wir eine tugendethische Perspektive auf und möchten daraus einige Impulse für den Umgang mit gegenwärtigen und künftigen technischen Entwicklungen ableiten (3.).

## 1. Transhumanistische Schlaglichter – die Selbstoptimierung des Menschen

Der klassische Humanismus ist zugleich Ausgangs- und Kontrapunkt für trans- und posthumanistische Ansätze. Beide „setzen einen unter humanistischen Vorzeichen verstandenen Menschen als Ausgangspunkt für ihre technologischen und wissenschaftstheoretischen Überlegungen"[2] voraus. Doch während der Transhumanismus die menschliche Evolution als generell unabgeschlossen versteht und ein ausgeprägter Technikoptimismus darauf zielt, den Menschen zum „Menschen x.0"[3] zu machen, grenzen sich posthumanistische Positionen vom klassischen Humanismus explizit ab und stellen bestimmte Elemente des Denkens des globalen Nordens grundsätzlich in Frage.

Die beiden sind also zwei durchaus heterogene Richtungen, die jeweils philosophische, sozial-, kultur- und neurowissenschaftliche Diskurse etc. zusammenbringen, um die Rolle der Technik je unterschiedlich zu definieren. Bei den Transhumanist:innen erlangen die Maschinen technische Assistenzfunktionen für beeinträchtigte oder zu erweiternde körperliche und geistige Fähigkeiten des Menschen, wohingegen der technologische Posthumanismus Technik als mögliche Superintelligenz verehrt. „Im kritischen Posthumanismus hingegen werden Maschinen neutral als artifizielles Gegenüber betrachtet."[4]

Zusammengefasst kann festgehalten werden, dass das Ziel des Transhumanismus die Perfektionierung des Menschen mittels diverser Enhancement-Technologien ist, zugespitzt: die grundlegende Neuformatierung als *Homo Deus*.[5]

---

2   Loh 2020, 46.
3   Loh 2020, 47.
4   Loh 2019, 95.
5   Vgl. Harari 2023 und dazu Merkl 2022, 53 f.

## 2. Akzente einer christlichen Anthropologie

Ein solches Verständnis des Menschen als *Homo Deus* heißt letztlich, sich in seiner eigenen Schaffenskraft als Gott ähnlich zu begreifen, sich in seiner Eigenermächtigung keinen Grenzen ausgesetzt zu sehen bzw. gottähnlich zu agieren.

Die christliche Anthropologie stellt dem ein anderes Grundcharakteristikum gegenüber: die Vorstellung des Menschen als „Ebenbild Gottes" (Gen 1,27). Der Mensch ist gerade nicht sein eigener Gott, sondern Stellvertreter und Repräsentant Gottes, als solcher mit Freiheit ausgestattet, deshalb zugleich für sein Handeln verantwortlich. Der sog. „Kulturauftrag" (Gen 1,28) macht aber auch deutlich, dass der Mensch Gottes Schöpfung nicht einfach ausgeliefert, sondern zu ihrer verantwortlichen Mitgestaltung berufen ist.

Dieses anthropologische Grunddatum zeichnet ein positives Bild des Menschen, traut es ihm doch zu, sowohl gestalterisch als auch bewahrend zu wirken. Zugleich werden jedoch die Unzulänglichkeiten und Begrenztheiten der menschlichen Existenz nicht einfach ausgeklammert. Körperliche Einschränkungen sind ebenso Teil des menschlichen Lebens wie Grenzen des Verstehens oder Gefährdungen der Freiheit. Diesen Grenzen und Schwächen ist der Mensch nicht hilflos ausgeliefert, sondern er kann sich selbst dazu verhalten und daran arbeiten, diese zu überwinden.

In seiner weltlichen Existenz findet sich der Mensch jedoch auch in Situationen wieder, in denen er oftmals hinter den objektiven, aber auch eigenen Ansprüchen des Guten wie Gerechten zurückbleibt. Hier spielen auch die biographische Situierung sowie der soziokulturelle Hintergrund mit hinein. Zudem sieht sich der Mensch in Strukturen fast schon ‚gefangen', die dieses Zurückbleiben begünstigen, wie etwa gesellschaftliche oder politische Vorgaben, die nicht durch individuelles Verhalten durchbrochen werden können.

Als möglichen Ausweg aus den Ambivalenzen einer transhumanistischen Selbstoptimierung bietet die christliche Perspektive hier den Modus der Bewährung an. Der Mensch arbeitet sich an der Wirklichkeit seines Lebens ab und passt seine Auffassungen vom Leben an. Mit den transhumanistischen Möglichkeiten scheint es diese Begrenzungen nicht zu geben, sondern man verlässt den ‚Käfig der Bewährung', des sich immer wieder Neu-Justierens an Freiheit wie Begrenzung. Ein solches, scheinbares Hinwegsetzen über die eigenen Kontingenzen ist dann etwas, was sowohl norm- wie auch tugendethisch angefragt werden kann.

Die christliche Auferstehungshoffnung steuert dabei eine Perspektive bei, den Menschen zugleich als begrenztes Wesen sowie als Erlösten und Vollendeten zu verstehen. Obwohl der Mensch seine Begrenzungen nicht selbst überwindet, darf er hoffen, dass diese in Gott aufgehoben werden. Seine ganz besondere Würde kommt dem Menschen deshalb gerade auch in seinen Begrenzungen, seinen Unzulänglichkeiten und in seinem Scheitern zu. Anders gesagt: Nach christlichem Verständnis muss sich der Mensch nicht selbst erlösen, weil ihm dies bereits von Gott zugesagt ist. Das schließt aber keineswegs aus, dass er nach einer Verbesserung seiner Entfaltungsmöglichkeiten strebt.

Ein weiterer wichtiger Aspekt christlicher Anthropologie liegt in der Einheit von Leib und Seele. Der Mensch besitzt nicht nur einen Körper, von dem er sich abstrahieren könnte. Vielmehr sind Körper, Geist und Seele elementare Teile der menschlichen Existenz, die sich nur auf analytischer Ebene voneinander trennen lassen. Dies bedeutet einerseits, dass bei körperlichen Modifikationen immer mitzubedenken ist, was dies für die geistige, personale und seelische Entwicklung des Menschen bedeutet. Andererseits erscheint eine rein geistige Existenz (wie dies im Transhumanismus manchmal als Zielperspektive formuliert wird, wenn beispielsweise über einen Upload des menschlichen Geistes spekuliert wird) nur schwer vorstellbar.

## 3. Tugendethische Impulse

Anders als normethische Ansätze fragt die Tugendethik nicht danach, wie der Mensch *handeln* soll, sondern wie er *sein* soll, um das Gute tun zu können. Statt primär auf Handlungen zielt ein solcher Ansatz also auf Haltungen bzw. Charakterdispositionen ab. Klassische Tugendansätze wie bei Platon, Aristoteles oder Thomas von Aquin gehen von einer bestimmten Natur des Menschen aus und beruhen somit auf Grundannahmen, die heute nicht mehr überzeugen können bzw. von allen geteilt werden.

> „Dass es für die Moderne kein Zurück zur platonischen Anthropologie, zum aristotelisch-thomistischen Leib/Seele-Schema, zu metaphysisch-naturrechtlichen Spekulationen über das Wesen des Menschen oder zu teleologischen Bestimmungen seines Daseins gibt, schließt aber nicht die Unmöglichkeit einer Neukonstitution des Verhältnisses von Ethik und Anthropologie ein."[6]

Auch in der Philosophie finden sich seit Alasdair MacIntyre[7] neue tugendethische Ansätze. Als Moraltheologe skizziert Michael Rosenberger Grundzüge eines Verständnisses von Tugenden: Für ihn sind sie „Grundhaltungen der befreiten Freiheit", die es dem Menschen ermöglichen, die „natürlichen Strebungen und die an ihn gerichteten gesellschaftlichen Erwartungen innerhalb des durch Vernunftgründe eröffneten Spielraums frei und spielerisch zu gestalten."[8]

Tugenden formen Erkennen und Tun und verkörpern die Bereitschaft, „seine eigenen Möglichkeiten voll auszuschöpfen"[9]. Bezugspunkt sind dabei Werte,

---

6   Höhn 2018, 397.
7   Vgl. MacIntyre 2001.
8   Rosenberger 2018, 186.
9   Rosenberger 2018, 187.

die für Rosenberger zwar einem steten Wandel unterworfen sind, deren Kern jedoch relativ stabil erhalten bleibt. Tugenden sind in diesem Sinne verfestigte Wertorientierungen, die darauf abzielen, diese Werte im alltäglichen Handeln umzusetzen.

Damit können Tugenden nicht den Anspruch erheben, allgemeingültige, objektive Richtigkeit zu formulieren, aber dem einzelnen Menschen dabei helfen, sich persönlich gut zu verhalten. Damit wird ausgehend von den Möglichkeiten der Person dessen Weg der Persönlichkeitsentwicklung begleitet.

Zu dieser Entwicklung als Person gehören aber unterschiedliche Dimensionen: die Pflege und Optimierung von Charakter und Verstand ebenso wie des menschlichen Körpers, der die biologische Grundlage für alle mentalen, psychischen und seelischen Prozesse ist. Theologisch gewendet könnte man hier auf den oben genannten, biblischen „Kulturauftrag" verweisen, der den Menschen in die Verantwortung ruft, an Gottes Schöpfung mitzuwirken. Dies schließt alles Geschaffene mit ein, also auch den Menschen inklusive seiner Leiblichkeit.

Insofern können sich hier – in der Persönlichkeitsentwicklung – die Grundanliegen einer haltungsethischen Perspektive mit Aspekten des *Human Enhancement* treffen, sofern dieses nicht ausschließlich auf einen technisch-biologischen Blickwinkel reduziert wird. Deshalb ist zu fragen, ob bzw. inwiefern körperliche Modifikationen dabei helfen können, die ganzheitliche Entwicklung als Person zu fördern.

Hier können aber gerade tugendethische Impulse eine mögliche Orientierung bieten. Weil klassische Ordnungssysteme wie Kardinaltugenden oder biblische Tugendkataloge aus heutiger Sicht nicht unproblematisch sind, kann es lohnen, den Blick auf einen „aktuellen" Zugang zu richten. So schlägt Thilo Hagendorff im Kontext einer KI-Ethik vier grundlegende Tugenden (*basic AI virtues*) vor, die jeweils für sich selbst betrachtet natürlich nicht „neu" sind: Gerechtigkeit (*justice*), Ehrlichkeit (*honesty*), Verantwortlichkeit (*responsibility*) und Fürsorge (*care*).[10]

Die Tugend der Gerechtigkeit könnte beispielsweise im Zusammenhang des *Human Enhancement* darauf verweisen, körperliche Modifikationen und Optimierungen nicht als Wettbewerbsvorteil zu missbrauchen (wie dies beispielsweise im Sport durch Doping der Fall ist) oder um nach Macht über andere zu streben. Die Zielperspektive wäre hier vielmehr, menschliches Zusammenleben zu verbessern. Einher geht damit auch die Frage nach gerechten Zugangsmöglichkeiten zu neuen Technologien – dies führt aber über den tugendethischen Bereich hinaus in strukturethische Fragestellungen. Ehrlichkeit – oder in einem umfassenderen Sinn auch die Haltung der Wahrhaftigkeit – bezieht sich auf den Umgang mit der Wahrheit gegenüber den Mitmenschen, aber auch gegenüber sich selbst. So könnte diese Tugend beispielsweise daran erinnern, in der Aner-

---

10  Vgl. Hagendorff 2022, 4–9.

kennung eigener Grenzen ehrlich gegenüber sich selbst zu sein. Das im Transhumanismus gelegentlich formulierte Ziel, den Tod zu überwinden und den menschlichen Geist unendlich weiterleben zu lassen, klingt angesichts der menschlichen Sterblichkeit sicherlich verlockend. Und doch ist es bei genauerer Betrachtung wohl eher der Ausdruck eines Wunsches als einer realistischen Perspektive. Weitere Aspekte dieser Haltung könnten sein: technische Transparenz bezüglich KI-Anwendungen, deren Herkunft und mögliche Verzerrungen aufzudecken. Mit Ehrlichkeit ist auch eine Fehlerkultur verbunden. Wenn Ehrlichkeit die Tugend ist, Grenzen anzuerkennen, dann lässt sich Verantwortlichkeit dahingehend verstehen, diese Grenzen auch zu respektieren bzw. Grenzüberschreitungen als rechtfertigungsbedürftig anzuerkennen. „Responsibility, seen as a character disposition, is a counterweight to that since it leads professionals to actually feeling liable for what they are doing, opposing negative effects of a diffusion of responsibility."[11] Fürsorge – eine nicht wirklich hinreichende deutsche Übersetzung für den englischen Begriff „*care*" – bedeutet einen Sinn für die Bedürfnisse der Anderen zu entwickeln. Empathie ist dabei eine Grundvoraussetzung, um die Perspektive des Anderen zu übernehmen.

Diese knappen tugendethischen Schlaglichter wären sicherlich noch ausführlicher zu entfalten, können aber wenigstens anzeigen, dass ein tugendethischer Ansatz durchaus ethische Perspektiven für *Human Enhancement* eröffnen kann, ohne einerseits den Gedanken einer Selbstoptimierung grundsätzlich als negativ zu betrachten oder andererseits in einen naiven Fortschrittsglauben oder unrealistischen Optimismus zu verfallen. Man kann das Verhältnis beider Aspekte auch von der entgegengesetzten Seite betrachten und überlegen, ob körperliche und kognitive Modifikationen bzw. die Optimierung des Menschen nicht auch einen Einfluss auf den Erwerb und die Pflege menschlicher Tugenden haben. Wenn Haltungen nicht einfach erworben, sondern im aristotelischen Sinne eingeübt werden müssen, dann wäre es ja vorstellbar, dass *Human Enhancement* auch die Tugendhaftigkeit eines Menschen erleichtert.

Man kann also durchaus Magnus Striet zustimmen:

> „Zwar gibt es dann, wenn die Welt als Schöpfung Gottes geglaubt (!) wird, auch eine Verpflichtung zu ihrer Bewahrung. Ein grundsätzliches Argument gegen Technologien als Mittel zur Weltgestaltung lässt sich daraus aber nicht ableiten. Entweder will Gott, dass Menschen frei sind, dann dürfen und sollen sie ihre Freiheit auch nutzen, Kultur ausprägen – und das bedeutet auch: technologisches Wissen erarbeiten und umsetzen. Die Entwicklung und der Einsatz von Digitaltechniken und KI müssen dann zwar stetig kontrolliert werden. Ein grundsätzlich theologisch motiviertes Argument lässt sich aber nicht gegen sie entwickeln."[12]

---

11   Hagendorff 2022, 7.
12   Striet 2020, 45.

## Schluss

Ethisches Denken beinhaltet eine Vielzahl unterschiedlicher Perspektiven. Es fragt danach, was gesellschaftlich und global erlaubt sein soll, welche Normen Beachtung finden müssen und was das menschliche Zusammenleben fordert und fördert. Ethisches Denken kann aber auch helfen, dem Individuum Hilfen zur Seite zu stellen, ein gelingendes Leben trotz vielfachen neuen Herausforderungen in einer sich immer schneller entwickelnden Welt zu führen. Die Tugendethik hat gegenüber einer reinen Normethik den Vorteil, bei der Disposition des je einzelnen Menschen zu starten und sehr auf die je individuellen Möglichkeiten abzuzielen. Insofern kann sie helfen, dem Einzelnen in einer unübersichtlichen Welt Orientierungen zu bieten und sich gegenüber technologischen Entwicklungen nicht hilflos ausgeliefert zu fühlen.

## Literaturverzeichnis

Hagendorff, Thilo (2022): „A Virtue-Based Framework to Support Putting AI Ethics into Practice", in: Philosophy & Technology 35/3, 1–24.

Harari, Yuval Noah ([16]2023): Homo Deus. Eine Geschichte von Morgen, München.

Hoff, Gregor Maria (2019): „Herausforderungen künstlicher Intelligenz und des Posthumanismus: Säkularität als Herausforderung des christlichen Menschenbildes und dessen Wandlungsfähigkeit oder -notwendigkeit im Horizont aktueller Diskurse", in: Rahner, Johanna/Söding, Thomas (Hg.): Kirche und Welt – ein notwendiger Dialog: Stimmen katholischer Theologie (Quaestiones disputatae 300), 309–320.

Höhn, Hans-Joachim (2016): „Fortwirkungen des Tugendgedankens in modernen Ethiken", in: Korff, Wilhelm/Vogt, Markus (Hg.): Gliederungssysteme angewandter Ethik: Ein Handbuch, Freiburg i. Br., 396–434.

Loh, Janina (2019): „Maschinenethik und Trans- und Posthumanismus", in: Bendel, Oliver (Hg.): Handbuch Maschinenethik, Wiesbaden, 95–115.

Loh, Janina (2020): „Trans- und Posthumanismus – ein Überblick", in: Knillmann, Roland/Reitmeyer, Michael (Hg.): Menschliche Gesellschaft 4.0: (Christliche) Beiträge zum Digitalen Wandel, Freiburg i. Br., 46–62.

MacIntyre, Aladair (2001): Die Anerkennung der Abhängigkeit. Über menschliche Tugenden, Hamburg.

Merkl, Alexander (2022): „Moralanthropologie", in: Ders./Schlögl-Flierl, Kerstin: Moraltheologie kompakt: Grundlagen und aktuelle Herausforderungen, Regensburg, 46–55.

Rosenberger, Michael (2018): Frei zu leben: Allgemeine Moraltheologie, Münster.

Striet, Magnus (2020): „Anthropologie und Künstliche Intelligenz", in: Knillmann, Roland/Reitmeyer, Michael (Hg.): Menschliche Gesellschaft 4.0: (Christliche) Beiträge zum Digitalen Wandel, Freiburg i. Br., 38–45.

# Verzeichnis der AutorInnen

*Flierl, Alexander*, Dr. theol., Pastoralreferent und Referent für den Bereich Grund-, Mittel-, Real-, Berufsschulen und Gymnasien des Religionspädagogischen Seminars des Bistums Regensburg. E-Mail: alexander.flierl@bistum-regensburg.de

*Forschner, Maximilian*, Dr. phil., emeritierter Professor für Praktische Philosophie am Institut für Philosophie der Friedrich-Alexander-Universität Erlangen-Nürnberg. E-Mail: maximilian.forschner@fau.de

*Frankenreiter, Ivo*, Dr. theol., wissenschaftlicher Mitarbeiter am Lehrstuhl für Christliche Sozialethik der Katholisch-Theologischen Fakultät der Ludwig-Maximilians-Universität München. E-Mail: ivo.frankenreiter@lmu.de

*Gerhardt, Volker*, Dr. phil., Professor für Praktische Philosophie, Rechts- und Sozialphilosophie am Institut für Philosophie der Humboldt-Universität zu Berlin. E-Mail: Volker.Gerhardt@Philosophie.hu-berlin.de

*Heimbach-Steins, Marianne*, Dr. theol., Professorin für Christliche Sozialwissenschaften und sozialethische Genderforschung sowie Direktorin des Instituts für Christliche Sozialwissenschaften an der Katholisch-Theologischen Fakultät der Universität Münster. E-Mail: m.heimbach-steins@uni-muenster.de

*Kravitz, Amit*, Dr. phil., wissenschaftlicher Mitarbeiter am Lehrstuhl für Philosophie I der Fakultät für Philosophie, Wissenschaftstheorie und Religionswissenschaft der Ludwig-Maximilians-Universität München. E-Mail: Amit.Kravitz@campus.lmu.de

*Küppers, Arnd*, Dr. theol., wissenschaftlicher Referent und Stellvertretender Direktor der Katholischen Sozialwissenschaftlichen Zentralstelle in Mönchengladbach. E-Mail: a.kueppers@ksz.de

*Nida-Rümelin, Julian*, Dr. phil., Staatsminister a. D., Rektor der Humanistischen Hochschule Berlin, Honorarprofessor an der Humboldt Universität Berlin, emeritierter Lehrstuhlinhaber für Philosophie und politische Theorie an der Ludwig-

Maximilians-Universität München. E-Mail: Julian.Nida-Ruemelin@lrz.uni-muenchen.de

*Nothelle-Wildfeuer, Ursula*, Dr. theol., Professorin für Christliche Gesellschaftslehre an der Theologischen Fakultät der Albert-Ludwigs-Universität Freiburg. E-Mail: Ursula.Nothelle-Wildfeuer@theol.uni-freiburg.de

*Ostheimer, Jochen*, Dr. theol., Professor für Christliche Sozialethik an der Katholisch-Theologischen Fakultät der Universität Augsburg. E-Mail: jochen.ostheimer@uni-a.de

*Schlögl-Flierl, Kerstin*, Dr. theol., Professorin für Moraltheologie an der Katholisch-Theologischen Fakultät der Universität Augsburg. E-Mail: kerstin.schloeglflierl@kthf.uni-augsburg.de

*Sorgner, Stefan Lorenz*, Dr. phil., Professor für Philosophie an der John Cabot University in Rom. E-Mail: ssorgner@johncabot.edu

*Vogt, Markus*, Dr. theol., Professor für Christliche Sozialethik an der Katholisch-Theologischen Fakultät der Ludwig-Maximilians-Universität München. E-Mail: m.vogt@kaththeol.uni-muenchen.de

Das Signet des Schwabe Verlags
ist die Druckermarke der 1488 in
Basel gegründeten Offizin Petri,
des Ursprungs des heutigen Verlags-
hauses. Das Signet verweist auf
die Anfänge des Buchdrucks und
stammt aus dem Umkreis von
Hans Holbein. Es illustriert die
Bibelstelle Jeremia 23,29:
«Ist mein Wort nicht wie Feuer,
spricht der Herr, und wie ein
Hammer, der Felsen zerschmeisst?»